サラ・ヤング 著
佐藤知津子 訳

SARAH YOUNG

Jesus Listens

Daily Devotional Prayers of Peace, Joy, and Hope

あなたがいつも聴いてくださるから

主イエスと祈り、心をつなぐ366日

いのちのことば社

Published by arrangement with Thomas Nelson,
a division of HarperCollins Christian Publishing, Inc.
through Tuttle-Mori Agency, Inc., Tokyo

装丁　前野 愛

私はこの本を、インマヌエルであるイエスさまに捧げます。いつも、ともにいてくださって、私たちのすべての祈りに耳を傾けておられるからです。

聖書は私たちに、こう確約しています——「イエスは、いつも生きていて、彼らのためにとりなしをしておられるので、ご自分によって神に近づく人々を完全に救うことがおできになります」（ヘブル人への手紙7章25節）

そして私たちが祈るとき、「御霊ご自身が、ことばにならないうめきをもって、とりなしてくださるのです」（ローマ人への手紙8章26節）。

私たちの父なる神、子なる神、聖霊なる神の三位《さんみ》一体《いったい》の神さまの、なんと偉大で栄光に満ちておられることでしょう！

こんなにも才気あふれ、しかも献身的なチームと仕事ができたことを感謝いたします。

いつも明るい出版責任者のローラ・ミンチューは、この本の出版を実に独創的に、かつ効果的に導いてくれました。

ギフトブック担当の編集主任ジェニファー・ゴットは、忍耐強く入念な仕事ぶりで、すべてをまとめ上げてくれました。

また、私が頼みとする誠実な編集者クリス・ベアスは、私の仕事を驚くほど良くわかってくれているので、私の書いたものにまさに適切な仕上げをほどこしてくれました。

最後に、私の最初の出版担当責任者で、この『あなたがいつも聴いてくださるから』のアイデアをもたらしてくれたジョーイ・ポールに、お礼を申し上げます。

これらすべての才能にあふれた友人たちの助けを得られたことは、私にとって大きな恵みでした！

はじめに

私は、イエスさまの私たちに対するこの美しい招きのことばが大好きです。「すべて疲れた人、重荷を負っている人はわたしのもとに来なさい。わたしがあなたがたを休ませてあげます」（マタイの福音書11章28節）。私の願いは、本書『あなたがいつも聴いてくださるから』があなたを励まして、イエスさまに喜びと確信をもって近づき、そのみもとで安らかな憩《いこ》いを見いだすことです。イエスさまが私たちの祈りのひとつひとつに、すべて耳を傾けてくださることを知っているのは、なんとすばらしい恵みでしょうか！

イエスさまの私たちへの愛は完全で、ご自分がおられることを私たちが気づいていようといまいと、いつも心にかけてくださっているのです。

この本もそうですが、私のディボーションの著作はすべて、あなたがイエスさまにもっと近づくのを助けることを目的としたものです。このために力を尽くすことが、今の私の心からの願いなのです——あなたのための、そして私のための……。あなたもご存じかもしれませんが、私のこれまでの著作は、読者のあなたに語りかけるイエスさまの視点から書かれています。けれども、『あなたがいつも聴いてくださるから』は、あなたが神さまに祈るという視点で書かれています。私は、あなたがこれらの祈りをただ読むだけではなく、あなた自身の祈りとして——あなたが主イエスさまに対する心からの願いをあらわす道案内として、使っていただけるよう願っています。

本書を通してあなたは、平安と喜び、希望の祈りを見つけるでしょう。私はこの本を書くとき、*Jesus Calling: Enjoying Peace in His Presence*（『わたしは決してあなたをひとりにしない』）、*Jesus Always: Embracing Joy in His Presence*（『わたしはいつもあなたとともに』）、*Jesus Today: Experience Hope Through His Presence*（『わたしの希望があなたを永遠に守る』）のテーマを参考にしました。それぞれの祈りの中で強調されている主題はほかにもあって、とくにイエスさまの、ご自分に属するすべての人々に対する無限の**変わらぬ愛**をとりあげています。

『あなたがいつも聴いてくださるから』には、一年間の毎日の祈りが入っています。これは**個人的なディボーションの祈り**で、神さまとのもっと深くもっと豊かなふれあいを、あなたがもっと続けられるようにするためのものです。これらの日々の祈りは、それ以外のあなたの祈りの出発点となるように——あなたがイエスさまと過ごす時間を楽しみ、気がかりなことをすべて携えてくるのを助けるために、書かれました。

祈ることは私たちにとって、努力なしに自然にできることではありませんね。それどころか、しばしば面倒だったり億劫《おっくう》なことのように思われています。確かに、祈るには努力がいります。でも私たちは、このことを覚えておかなければなりません。すなわち、この広大な宇宙の**創り主**であり、**支え主**であるお方と心をかわすことは驚くべき特権なのだ、ということです！　イエスさまが私たちのために犠牲になって死んでくださったことで、父なる神さまと自由に十分にふれあえる道が私たちに開かれたのです。イエスさまが亡くなった瞬間、「神殿の幕が上から下まで真っ二つに裂けた」（マタイの福音書27章51節）。私たちが祈りによって、制限なしに神さまに近づけるのは、血で贖《あがな》われた栄光の特権なのです！

神さまが私たちの祈りを、単に状況を変えるだけでなく、**私たち自身**をも変えるために用いてくださることはなんと感謝なことでしょうか。私たちは、自分の祈りのリクエストを神さまのもとに携えてきて、祈りを聴いて取り扱ってくださることを信じておゆだねするのです。私たちがイエスさまとのふれあいに時間を捧げ、おそばにいることを楽しむとき、だんだんと主のように変えられていくのです。

私にとって読者の皆さんのために祈ることは、すばらしい特権であり、責任でもあると考えています。ですから、それを果たすために毎朝かなりの時間をかけています。起きたばかりのときはどんな気分でも、このイエスさまとのかけがえのない時間を過ごしたあとは気持ちも晴れやかになって、強くなった気がします。この本を読んでいるあなたも、私があなたのために祈っていることを知ったから、励まされた気分で一日を始められますね！

祈りについての聖句で私が好きなのは、詩篇62篇8節です。この箇所でダビデ王は、私たちに「どんなときにも神に信頼せよ。あなたがたの心を 神の御前《みまえ》に注ぎ出せ」と促《うなが》しています。イエスさまは私たちの心のすべてを知っておられ、私たちがイエスさまを信頼し、祈りによって心を開き、真の自分で接することを望んでおられるのです。私たちのことを完全に理解し、永遠に愛してくださるので、安心して自分の心の中を打ち明け、重荷をおろすことができます。まさに「私たちの避《さ》け所《どころ》」なのです。

預言者エレミヤは、神さまが私たちの祈りに耳を傾けてくださることを保証しています。「あなたがたがわたしに呼びかけ、来て、わたしに祈るなら、わたしはあなたがたに耳を傾ける。あなたがたがわたしを捜し求めるとき、心を尽くしてわたしを求めるなら、わた

しを見つける」(エレミヤ書29章12〜13節)

イエスさまは、この地上に生きておられたあいだ、まわりの人々の話を実によくお聞きになりました。今も私たちに対して耳を傾けつづけてくださっていることは、なんと感謝なことでしょう! それればかりか、私たちには聖霊さまの驚異的な助けもあるのです。私たちが祈るとき、「御霊《みたま》ご自身が、ことばにならないうめきをもって、とりなしてくださるのです。人間の心を探る方は、御霊の思いが何であるかを知っておられます。なぜなら、御霊は神のみこころにしたがって、聖徒たちのためにとりなしてくださるからです」(ローマ人への手紙8章26〜27節)。私たちの祈りは断片的で不十分なものかもしれませんが、聖霊さまはそれを変えて、神のみこころに一致するものとしてくださるのです。

私は、祈りが私たちの生活のあらゆる場においてきわめて重要なものであることを確信しています。アルフレッド・ロード・テニスンの有名な言葉に、「この世界が夢見るよりも多くのものが、祈りによってもたらされる」があります。私たちの祈りの影響は、自分の目で見て理解できるものをはるかに超えたものなのです。

聖書はくりかえし、私たちに祈ることを教えています。イエスさまが弟子たちに教えた祈りが、**主の祈り**と呼ばれているものです。

「天にいます私たちの父よ。

御名《みな》が聖なるものとされますように。

御国《みくに》が来ますように。

みこころが天で行われるように、
地でも行われますように。

私たちの日ごとの糧《かて》を、今日もお与えください。

私たちの負《お》い目をお赦《ゆる》しください。

私たちも、私たちに負い目のある人たちを赦します。

私たちを試みにあわせないで、
悪からお救いください。

〔国と力と栄えは、とこしえにあなたのものだからです〕」（マタイの福音書6章9〜13節）

祈りがこたえられないとがっかりしてしまうことは、私にはよくわかります。答えを待っているあいだ、私たちに必要なのは、神さまが自分の祈りを聴いてくださり、全知全能の神の無限の視点から見て、完全に意味のある形でこたえてくださると信頼することです。神さまは私たちに、みことばで語っておられます。「天が地よりも高いように、わたしの道は、あなたがたの道よりも高……い」（イザヤ書55章9節）。私たちがもっと理解できたらいいのにとどんなに思っても、私たち限りある被造物《ひぞうぶつ》にとっては、神さまのなさり方《かた》を推《お》し量《はか》るのは不可能なことが多いのです。

聖書は私たちに、忍耐強く祈るように励ましています。私は、ある人たちの救いのために何十年も祈ってきましたが、これからも祈りつづけるつもりです。私のお気に入りのたとえ話に、不正な裁判官に対するしつこい未亡人の話があります。このたとえ話が教えているのは、「いつでも祈るべきで、失望してはいけない」ことです。裁判官は人々のことや正義のことなど気にもとめていませんでしたが、未亡人のしつこさについに根負けして、その要求を認めたのです（ルカの福音書18章1〜8節）。愛と正義の神さまなら、その完璧《かんぺき》な方法とタイミングで、それよりもはるかに豊かに私たちの祈りにこたえてくださることでしょう！

私たちの生きている時代はストレスにあふれていて、多くの人が不安と闘っています。使徒パウロは、ピリピ人に宛《あ》てた手紙の中で、きわめて実際的で時にかなった教えを伝えています。「何も思い煩《わずら》わないで、あらゆる場合に、感謝をもってささげる祈りと願いによって、あなたがたの願い事を神に知っていただきなさい。そうすれば、すべての理解を超えた神の平安が、あなたがたの心と思いをキリスト・イエスにあって守ってくれます」（ピリピ人への手紙4章6〜7節）

不安を感じるとき、私たちは問題ばかりにとらわれないで、イエスさまのもとに、自分の葛藤《かっとう》や混乱、祈りと懇願《こんがん》、感謝と賛美とを何もかも携えてくることができるのです。イエスさまに自分の心を注《そそ》ぎ出したあとは、その驚くばかりの平安で満たしてくださるようにお願いすることができます。この栄光の贈り物を受けるために必要なのは、イエスさまのもとで安らぎ、「心を尽くして主に拠《よ》り頼め。自分の悟りに頼るな」（箴言3章5節）というみことばに従うことです。

私はストレスを感じたときは、静かに座ってゆっくりと深呼吸をしながらこう祈ります――〝イエスさま、あなたの平安によって心を休められるように助けてください〟。何分かこんなふうに祈りつづけていると、必ず緊張がほどけて心が穏やかになってくるのです。

この『あなたがいつも聴いてくださるから』の祈りが強調しているのは、イエスさまに信頼し、おゆだねして生きることです。聖書には、**主に信頼せよ**との愛に満ちた命令があふれています。それが、主のもとで生きるための決定的な条件なのです。この本が信頼を強調しているのは、この聖書の教えと、それからどんなときにも神に信頼するための私の個人的な闘いを反映しています。その闘いとは、たとえ世界が不確実さにあふれ、物ごとが自分の望んでいたようにならなくても、常に神さまに信頼するということです。そんなときに助けられ、励まされるのはこうささやくことです。〝イエスさま、あなたを信じおゆだねします。あなたは私の希望です〟と……。

私は何年にもわたってイエスさまと時を過ごし、みことばを学ぶにつれ、感謝の態度でのぞむことの重要さがわかってきました。ですから、感謝に関するテーマがこの本の中に頻繁《ひんぱん》に登場します。たとえば、テサロニケ人への手紙第一5章17～18節は私たちに、「絶えず祈りなさい。すべてのことにおいて感謝しなさい」と教えています。感謝の祈りには力があります！　そのおかげで私たちは、イエスさまが常にともにいてくださることを決して忘れず、そのかけがえのない約束に心を集中させることができるのです。

私は最近、“The Power of Thankful Prayers”（「感謝の祈りの力」）という題で、自分の個人的な話を書きました。その一部を、ここに紹介したいと思います。私たちのふたりの子ども、ステファニーとエリックがまだ十代の頃のことです。ふたりはテネシー州のナッシュビルから、私たちの住んでいるオーストラリアのメルボルンまで、自分たちだけで旅する予定を立てました。私たちは当時メルボルンで、宣教師として労していたからです。これは大変な長旅で、主要な空港で何度も乗り換えをしなければなりませんでした。私はふたりだけで旅をさせるのが不安で、この旅のことをほとんど絶えまなく祈りつづけていました。ところが私の祈りは、実は神さまへの信頼よりも心配のほうが大きかったのです。やがて私は、こうした祈りは神さまに喜ばれない——それに確かに、自分の不安を解消してもくれない、ということに気がつきました。そこである朝、私は自分の心配をイエスさまのもとに携えていき、もっと良い祈り方を教えてくださるようお願いしたのです。イエスさまは、私の祈りの焦点を、自分の心配を何度も何度も声に出して言うことから、これまでいかにイエスさまが私の祈りに**こたえてくださった**かを感謝することへと、変えるように教えてくださいました。この祈りの焦点を変えることは、私の心を静めるのに実に役立ちました。それでも私は、私たち全員を待ちかまえている驚くべき冒険のことは少しも知りませんでした！　その話の全貌《ぜんぼう》を、この「はじめに」で語るには紙面が足りませんが、私の多くの感謝の祈りは、奇跡としか思えない形でこたえられたのです！　この物語の顛末《てんまつ》は、*Jesus Calling: 365 Devotions with Real-Life Stories* に記されています。

感謝と賛美は、実にみごとに調和します。私は、賛美の祈りが心の底から自分を生き返らせてくれることを知りました。しかも、イエスさまがいてくださることにもっと気づくようになるのです。私たちは何度もくりかえし、聖句を通して、**主を賛美せよ**というきわめて重要な命令を見いだします。この命令に喜んで従うことができるのは、神さまは私たちの賛美に完全にふさわしいお方だからで、神さまを賛美することはかぎりない恵みを与えてくれます。私たちの賛美の言葉は、神さまがいかに偉大で栄光に満ちた方であるかを思い起こすのを助けてくれるのです！　神さまを賛美することは、私たちが祈るお方は、たとえこの世界が恐ろしいほど制御《せいぎょ》不能になったと感じるときでも制御してくださるという確信を強めてくれるのです。

何年も前のこと、私はカウンセリングと聖書学の修士号を取得するために、セントルイスのカベナント神学校で学びました。とりわけ楽しかったのは、聖書の知恵文学に関するコースで、担当の教授が実に賢明な方でした。教授が授《さず》けてくれた膨大《ぼうだい》な知識の中で、今日までの歳月ずっと私から離れることのないひとつの教えがあります。それはごくシンプルなもので、教授は私たちに自分が実践している私的な祈りを教えてくれたのです。それは一日じゅう「聖霊さま、助けてください」と祈ることでした。かかってきた電話に出るまえに、玄関のチャイムが鳴って出ていくまえに、重要な会話に加わるときに、面倒なことをおこなおうとするときに……。私は恩師の助言に従い、やがてこの短い祈りは私の一部となりました。今では努力なしに祈れるようになり、私はひとりじゃない、ということを思い起こさせてくれるのです。三位一体《さんみいったい》の三番目のお方は、いつも私を助けようと待っていてくださるのですから！

この本に出てくるディボーションの祈りは、神さまの約束に満ちています。こうしたかけがえのない約束から恵みを得るには、イエスさまをあなたの救い主として知ることが欠かせません。イエスさまは神であられるので、その十字架上の死は、イエスさまのもとに来る人々のすべての罪の代価を払うのに十分なものでした。もしもあなたがこれまで自分の罪深さを認めたことがなくて、イエスさまに救い主になってくださるようにお願いしたことがなかったら、ぜひそうなさることをお勧めします。「それは御子を信じる者が、一人として滅びることなく、永遠のいのちを持つためである」（ヨハネの福音書3章16節）。私も祈ってあなたを応援しますから……。私は、神さまが私の著書を用いてくださって、まだクリスチャンになっていない多くの読者の方《かた》が**神の永遠の家族**に加わるように、毎日祈っています。

最後に、愛する読者の皆さんへ。『あなたがいつも聴いてくださるから』の祈りを丹念《たんねん》に読んで、ご自分にあてはめてみることをお勧めします。一月一日《ついたち》から始める必要はありません。今日の祈りから始めればいいのです。そして一日ずつ進んでいってください。私があなたのためにずっとお祈りしていることを忘れないでくださいね。いちばん大切なのは、このことを心から離さないことです――イエスさまがいつもあなたとともにおられて、あなたのすべての祈りを聴いてくださっていることを……。

あなたにあふれるばかりの恵みがありますように！

Sarah Young

1月

　わたし自身、あなたがたのために立てている計画をよく知っている——主のことば——。それはわざわいではなく平安を与える計画であり、あなたがたに将来と希望を与えるためのものだ。　（エレミヤ書29章11節）

1月1日

生きておられる私の神イエスさま、

新しい年が始まりました。あなたが私の人生にずっと働きかけ、新しさをもたらしてくださることを喜んでいます。「あなたが新しいことをおこなわれる」ので、私は「昔のことに心をとめてはならない」のです。去年の落胆や失敗に影響されたり、期待に水をさされたりするようなことは絶対にしたくありません。今日は、新たな始まりのための日なのですから！　あなたの創造の力に限りなどないことを知っているから、私の前に広がるこの年に、すてきなサプライズ——思いがけない喜びに出会うのを楽しみにしています。

主イエスさま、「この日」をあなたからのかけがえのない贈り物として受け止めます。今のこの瞬間が、あなたが私に会ってくださる場所であることがわかっているからです。「これは、あなたが設《もう》けられた日」。あなたはこの日を、どんな細《こま》かなところまでも優しく気を配って、私のために注意深く備えてくださいました。ですから私は、「この日を喜び楽しむ」ことができるのです！

私は「いのちの道」を旅しながら、愛するあなたがともにいてくださるしるしを探していきます。私の道に——時には思いがけない場所に、あなたが散りばめてくださる小さな祝福を見つけるのが楽しみです。そのひとつひとつを見つけるたびに、あなたに感謝を捧げます。そうすることで、ずっとあなたのそばにいられて、自分の旅に喜びを見いだすことができるからです。

あなたの幸いなお名前によってお祈りします、アーメン。

イザヤ43:18-19、詩篇118:24、詩篇16:11

1月2日

愛するイエスさま、

私は何もかもすっかりあなたのものとなりたいのです！　私があなた以外のものに頼ろうとしたら、引き離してください。私が安全でいられるのはただあなたおひとりによるもの——ほかのどんな人によるものでも、自分のどんな状況によるものでもないことを、あなたが教えてくださったからです。

ただあなたおひとりに頼ろうとすることは、時には、ぴんと張った綱の上を歩いているような気がすることがあります。それでも落ちることを恐れる必要はありません。あなたの「永遠の腕」が、私の下に安全網《あんぜんもう》のように支えてくださっているからです。

イエスさま、私が前を向いてあなたを見続けることができるように助け導いてください。あなたがいつも前におられて、一歩一歩進むように招いてくださっていることを、私は知っています。静かな時間をあなたと過ごしていると、あなたがこうささやいてくださるのが聞こえるようです——〝愛する子よ、わたしについておいで〟と……。

主イエスさま、「私はこう確信しています。死もいのちも、天使たちもサタンの手下たちも、現在のものも将来のものも、力あるものも、高いものも深いものも、そのほかのどんな被造物《ひぞうぶつ》も、あなたの愛から、私を引き離すことはできません！」

あなたの尊《とうと》いお名前によってお祈りします、アーメン。

申命33:27、箴言16:9、ローマ8:38-39

１月３日

あわれみ深い主イエスさま、
　あなたはみことばによって、こう私に語っておられます――「永遠の愛をもって、わたしはあなたを愛した。それゆえ、わたしはあなたに真実の愛を尽くし続けた」。これは、時の始まるまえからあなたは私のことを知っておられ、愛してくださっていた、ということです！　それなのに私は、何年間も無意味という海の中を泳ぎまわっていたのです。愛を探して、希望を求めて……。そのあいだずっとあなたは、私のことを追い求めてくださっていた。あなたの思いやりに満ちた腕で、いつでも私を抱きしめられるように……。
　まさに適切なときに、あなたはご自身を私に現してくださいました。私を絶望の海から引き上げて、確かな土台の上に置いてくださったのです。私は時おり、自分が裸になって、あなたがおられることを示す光を浴びている感じがしました。そしてあなたは、私に純白の衣《ころも》――「正義の上着をまとわせてくださった」のです。あなたは私に、愛の歌を歌ってくださった。初めと終わりが永遠の内に覆《おお》い隠されている歌を……。そして私の心に、意味と調和とを吹きこんでくださいました。私はあなたと一緒に、あなたの歌を歌いたいのです。どうか私の声を、あなたが用いられるどのような形でもお使いください。「あなたの民を、闇の中からご自分の驚くべき光の中へと招き入れてくださる」そのときに……。
　あなたの輝かしいお名前によってお祈りします、アーメン。

エレミヤ31:3、イザヤ61:10、Ｉペテロ2:9

1月4日

すべてをご存じの神イエスさま、

私は「自分が完全に知られている」という真理を喜んでいます！　私のことは何もかも完全にご存じなのに、それでも私を「変わることのない」完全な「愛」で愛してくださっている。私は何年間も自分のことをもっと理解して受け入れようと努《つと》めてきました。その根底にあるのは、このままの私を本当に理解して受け入れてくれる誰かを見つけたいという願いなのです。そして**あなた**こそが、私の心の奥底にあるその願いを満たすことのできるお方であることを知りました。あなたとの関係において、私はもっと完全に真の自分になっていくのです。

あなたに対して、もっともっと本当の自分でいられるように助け導いてください。すべての見せかけを捨てて、あなたに対して自分を完全に開くことができるように……。「神よ、私を調べ、私の心を知ってください。私を試《ため》し、私の思い煩《わずら》いを知ってください」。あなたの聖《きよ》い視線の光によって、私は自分が変えなければいけないたくさんのことを見ることができます。でも、私が努力しているときもあなたがともにいてくださることを知っているので、絶望することはありません。かえって、あなたのもとで安心して憩《いこ》うことができます。あなたに対して自分を開くことで、私の中にふんだんに注ぎこまれるあなたの愛を受けながら……。この力強い愛にひたる時間を取るとき、その愛は私のからっぽの空間を満たし、喜びに満ちた賛美へとあふれ出すのです。自分が完全に知られていて、永遠に愛されていることは、なんとうれしいことでしょう！

愛に満ちたあなたのお名前によってお祈りします、アーメン。

Ⅰコリント13:12、詩篇147:11、詩篇139:23-24

1月5日

至高の神イエスさま、

私の人生におけるさまざまな問題とうまくつきあっていけるように、助け導いてください。私にとってうまくいっていないように思えることはたくさんありますが、あなたがすべてのことを支配しておられることを忘れてはいけません。「神を愛する人たち、すなわち、神のご計画にしたがって召された人たちのためには、すべてのことがともに働いて益となる」と、みことばが私に保証してくれているからです。あなたに信頼することを通して、この偉大な約束に達することができるのです。

どの問題からも何かを学ぶことができます。あなたが意図してくださった人間になれるように、少しずつ私を変えてくれるのです。でも疑ったり無視したりするような反応だと、その同じ問題がつまずきの石となりかねません。あなたに信頼しているかどうかを、日々何度も確かめなければならなくなるからです。

自分の悩みと友だちになる最良の方法は、そのことをあなたに感謝することだと気づきました。直観とは真逆のこの行為は、困難なことから恵みが生まれ得る可能性に対して、私の心を開いてくれました。そればかりか、私があなたに祈りを「感謝をこめてささげる」とき、不安は消滅し、「あらゆる理解を超えたあなたの平安が、私の心と思いとを守ってくれる」のです。

あなたのすばらしいお名前によってお祈りします、アーメン。

ヤコブ1:2、ローマ8:28、ピリピ4:6-7

1月6日

「私の主」イエスさま、

私が自分の問題も含めて「あらゆることについて感謝する」ことができるように助け導いてください。何か困難なことに心がとらわれたら、すぐにその問題を「感謝をもって」あなたのもとに携えていかなければなりません。そうすれば、その状況に対処するために**あなたの**道を示してくださるようにお願いできるからです。あなたへの感謝の行為そのものが、私の心が否定的なことにとらわれそうになるのを救ってくれるのです。注意をあなたに向けることで、私の問題はあまり重要なものではなくなり、私をつまずかせる力を失います。その問題に真《ま》っ向《こう》からぶつかるにしろ、あとでじっくり考えるように脇へ置いておくにしろ、もっとも効果的な方法で対処するようにあなたが導いてくださるからです。

私が心をとらわれている状況のほとんどは、今日の心配ごとではありません。明日とか来週とか来月、あるいは来年からの借り物です。そういう場合は、その問題を私の思いから引き上げ、私の目からおおい隠して未来に置いてください。そして私の注意を今おられるあなたに引き戻してください。あなたの「平安」を楽しむことができるように……。

あなたの完全なお名前によってお祈りします、アーメン。

エペソ5:20、ピリピ4:6、詩篇25:4-5、ヨハネ14:27

1月7日

聖なる主イエスさま、

私は「聖なる装いをして、あなたを礼拝する」のが好きです。あなたの創造の麗《うるわ》しさはあなたの一面を反映しており、私に喜びをもたらしてくれるからです！　あなたは私の内に、あなたのみわざをおこなってくださっています。聖なる**芸術家**が私の内にも愛らしいものを造り出しておられるのです。あなたは私の中の瓦礫《がれき》や残骸《ざんがい》をきれいに片づけて、聖霊さまが十分に住める場所を作ってくださっています。あなたが取り去ると決めたものは、どんなものでも喜んで手放せるように、私にもこのことを手伝わせてください。あなたは私に何が必要かを正確にご存じで、そのすべてを豊かに与えてくださると約束しておられるからです！

私は自分の安全に対する感覚を、自分の所有物や自分のやり方を通すことに注ぎたいとは思いません。あなたは、私があなただけに頼り、愛するあなたのもとで達成感を得られるように訓練してくださっているのですから……。これには、この世の良きものを、多少にかかわらず私へのあなたのみこころとして受け入れることも含まれています。がっちりとつかんで自分の思いのままにしようとするのではなく、手放して受け取ることを、私は学んでいるのです。この受け入れの姿勢を養うために、私はあなたにもっと信頼する必要があります。「ありとあらゆる境遇に対処する」ことができるように……。

あなたの美しいお名前によってお祈りします、アーメン。

詩篇29:2、詩篇27:4、ピリピ4:19、ピリピ4:12

1月8日

「私の避《さ》け所《どころ》である」神イエスさま、

私が「昔のことに心を留《と》めない」ように助け導いてください。過去から学ぶことはできますが、そのことに心をとらわれたくはありません。どんなにがんばっても、すでに起こってしまったことは元に戻せないのです。ですから私は、あなたが「どんなときにも信頼できる、私の避け所である」ことを思い起こして、「自分の心をあなたの御前に注ぎ出す」ためにやって来るのです。

あなたへの信頼を築き上げることのできるひとつの方法は、〝主イエスさま、あなたに信頼しています〟としょっちゅう告げることです。こんなふうに確かな信頼を口にすることは、私の日々をすごく明るくしてくれる。不安の黒雲を吹き飛ばしてくれるのです。

あなたは常に「新しいことを行《おこな》っておられます」！　ですから私は、あなたが私の人生におこなってくださっているあらゆることを見ていなければなりません。どうか私の心の目を開いて、私の歩む道に沿ってあなたが置いてくださったたくさんのチャンスを見ることができるようにしてください。そして同じ古いことばかり見て新しいことを見逃してしまうような、よくありがちな生き方に陥《おちい》らないように守ってください。

私は、あなたがまったく道のないように見えるところにも道を造られることを学んでいるところなのです。「あなたにはどんなことでもおできになる」のですから！

あなたの驚くべきお名前によってお祈りします、アーメン。

イザヤ43:18-19、詩篇62:8、マタイ19:26

1月9日

全能の神イエスさま、

「あなたは私に力を帯びさせてくださいます」。ですから私は、このままの自分で——罪も弱さもすべてそのままにして、あなたのもとに来ました。自分には多くの罪があることを告白し、「東が西から遠く離れているように、私の罪を私から遠く離してくださる」ようにお願いして、自分の欠点も包みかくさずにあなたのもとで憩《いこ》うのです。

私は「土の器」のように弱さに満ちたものですが、「あなたの力は弱さのうちに完全に現れる」ことを知っています。ですから私は、自分の不十分さを感謝しています。あなたに頼って、私の内に力を吹きこんでいただくのを助けてくれるからです。あなたが限りなく十分に満たしてくださることは、なんという喜びでしょう。

そしてまたあなたは、「私の道を全《まった》きものとしてくださいます」。危険から守ってくださるだけでなく、心配ごとやあれこれ計画を立てすぎることからも守ってくださるのです。私は、まだわからない先のことばかりを見つめないで、あなたのことを心に置いてこの日を旅していきたい。あなたと親しく心を通わせつづけられるように努力して、私が道をはずれないように導いてくださるようおゆだねしたいのです。あなたは常に私の隣《となり》にいながら、同時に私の前を進み、前方の道にある障害をとりのぞいてくださいます。私が自分の人生においてあなたの道を達成できるように、あなたが私の人生行路を最善の状態に整えてくださっていることを信じ、おゆだねしているのです。

あなたの力強いお名前によってお祈りします、
アーメン。

詩篇18:32、詩篇103:12、Ⅱコリント4:7、Ⅱコリント12:9

１月10日

親愛なるイエスさま、

どうか私が困難な日々を感謝することを学べるように――落ちこんでしまうのではなく、むしろ自分が出会う挑戦に刺激を受けられるように、助け導いてください。荒れ地をあなたと旅することで、あなたと一緒ならどんなことにも対処できると知って自信を得られるからです。このことは、三つの恵みを土台にしています。あなたが常にそばにいてくださること。聖書の貴重な約束の数々。そしてあなたに頼ることでうまく対処してこられた過去の経験です。

自分の人生をふりかえってみると、過去の困難な日々にどれだけあなたが私を助けてくださってきたかがわかります。それなのに私は、こんなふうに考える罠にたやすくはまってしまうのです――〝確かにそうだけど、でもあれは過去のことで、これは今のこと……〟。そうではなく、どんなに自分の状況が変化しても、時を超えて永遠に「あなたは変わることがない」ことを忘れてはなりません。しかも、「私はあなたの中に生き、動き、存在している」のです。あなたのそばで生きることで――あなたの愛を知ることで、私はどれほど過酷な時にも確信をもって進むことができるのです。

あなたの尊《とうと》いお名前によってお祈りします、アーメン。

イザヤ41:10、詩篇102:27、ピリピ4:13、使徒17:27-28

1月11日

いつもそばにいてくださるイエスさま、

あなたは私に、常にあなたとふれあって人生を送るように招いてくださっています。たとえ混乱と混迷の中に首までつかっているときでもその状況に巻きこまれずに生きることも、そうした訓練の一部です。私があこがれているのは、あなたとのふれあいのときを邪魔されないごく簡素化した生活様式ですが、あなたは私に、混乱と混迷のない世界という幻想を捨て去るように求めておられるのです。私に必要なのは、一日《いちにち》一日をもたらされるままに受け入れること——そしてそのすべての中心で、あなたを「探し求める」ことなのです。

私は自分の感情も含めて、自分の一日のあらゆる面についてあなたと話せることを感謝しています。どうか私が、自分の究極の目標はまわりのすべてのことをコントロールしたり決めたりするこ**とではなく**、あなたとふれあいつづけることだ、と心に刻みこめるように導いてください。たとえ一日の終わりにやり残したことがたくさんあっても、ずっとあなたのそばにいられた日は、私にとって**成功した**日であることを、あなたは教えてくださってきたからです。

自分で作った〝やることリスト〟を、自分の人生を支配する偶像にしてはなりません。それよりも、聖霊さまに一瞬一瞬を導いてください、とお願いすることができるのです。聖霊さまは、私をずっとあなたのそばにとどめてくださるのですから。

導いてくださるあなたのお名前によってお祈りします、アーメン。

コロサイ4:2、エレミヤ29:13、箴言3:6、ガラテヤ5:25

1月12日

愛に満ちた私の道連れのイエスさま、

私はあなたとの冒険の道を歩んでいます。これは楽な時間ではありませんが、それでもなおすばらしい——戦いもあるけれど、恵みもあふれているのです。進むのに骨折れる地をあなたとともに旅しながら、あなたが教えてくださるすべてのことを受け入れることができますように。そして慣れっこになった気楽さを手放して、この冒険に対して**はい、行きます！**と心から言えるように助け導いてください。

私が直面する挑戦に対処するのに必要なものは、すべてあなたが与えてくださいます。ですから先々《さきざき》の自分の状況を想像して——**まだ**時が来ていないのに心の中であれこれ考えて、エネルギーを無駄に使いたくはありません。これは一種の不信仰——私が必要な**時に**必要なものを備えてくださるあなたの力を疑うことだからです。

私はあなたと旅をするのに、賢明《けんめい》な選択をしたいと願っています。これらの決定をするには、あなたの完全な知恵に信頼して「絶えず祈りつづける」必要があるからです。あなたは、私の道の前方に何があるかも含めて、**何もかも**ご存じです。私のせわしない心は、自分が行くべき道についてさまざまな計画をたてようとしがちですが、あなたこそが「私の歩みを導き、確かにされる」お方なのですから。

限りない知恵にあふれたあなたのお名前によってお祈りします、アーメン。

ピリピ4:19、申命29:29、Ⅰテサロニケ5:17、箴言16:9

1月13日

よみがえった、私の救い主イエスさま、「あなたが死者の中からよみがえられたことによって、私を新たに生まれさせ、生ける希望を与えてくださった」ことを心から感謝します！　そればかりか、「私は新しく造られた者です。古いものは過ぎ去って、すべてが新しくなったのです！」

私は、あなたを自分の救い主の神として最初に信じたときから、あなたの王家の一員として迎えられました。その瞬間、私の霊的な状態は死から命へ――永遠の**いのち**へと変わったのです。私は「朽ちることも、汚れることも、消えることもない資産を受け継ぎました。これらは、私のために天に蓄えられています」。私の心は、あなたがこの栄光に満ちた資産を与えてくださったことへの感謝で満ちあふれています！

あなたは、私が「新しく造られた者」であっても、私が変えられたことは聖霊さまが私の内でおこなっているみわざのほんの始まりにすぎないことを教えてくださいました。私には「霊と心において新たにされ」、「神にかたどって造られた新しい人を着ること」が――ますます正しく聖なるものとなることが、必要なのです。こうした生涯にわたる真剣なたゆみない努力を続けることが、私に、あなたと**栄光**のうちに永遠に過ごすための備えをさせてくれるのです！　どうかこの務《つと》めを勇気と感謝をもって受け止められるように――常に注意を怠らず、あなたが私の人生におこなっておられるすばらしいことを何ひとつ見過ごすことのないように、助け導いてください。

あなたの大いなるお名前によってお祈りします、アーメン。

Ｉペテロ1:3-4、Ⅱコリント5:17、エペソ4:22-24、ローマ6:4

1月14日

頼もしい主イエスさま、
どうか私があなたを「信頼して、恐れない」ように助け導いてください。手に負えそうもないことがたくさんあって、日常のことがすんなりと運ばないのです。自分の人生の状況がもっと予想のつくものなら、もっとずっと安心していられるのに……。どうか「私よりはるかに高くそびえる大岩へと、私を導いてください」。主イエスさま、「私は、あなたの御翼の陰に身を避けたいのです」――私が完全に安心していられる場所に……。

快適におこなっている日常のつとめから振り落とされそうなとき、私に必要なのは、あなたの手にしっかりつかまって、成長する機会を求めることです。心地よい安らぎを失ったことを嘆いてエネルギーを浪費することなく、何か新しいことへの挑戦を受け入れることができるからです。

私が将来起こる可能性のある問題を予想することで、さらに困難を増やしてしまうことのないように守ってください。この傾向は、物ごとを自分の思いどおりに運ぼうとすることから来ているのはわかっています。「明日のことまで心配しないで」、あなたのもとでくつろいで、問題が起きたときに対処できるように助けていただきたいのです。今の困難な状況を恐れるよりも、むしろその困難を用いて、私を「栄光から栄光へと、姿を変えられる」ようにしてください。私があなたの王国にふさわしくなるように……。

「私の避《さ》け所《どころ》」であるあなたのお名前によってお祈りします、アーメン。

イザヤ12:2、詩篇61:2-4、マタイ6:34、Ⅱコリント3:18

１月15日

恵みあふれる神イエスさま、

今日あなたと旅をするにあたって、一日じゅうあなたに感謝できるように導いてください。この習慣は、使徒パウロが教えているように「絶えず祈る」ことを、私がもっと実行できるようにしてくれるのです。私は常に祈りつづけることを心から願っていますが、どんな状況でもあなたに感謝することで、この願いがかなえられやすくなります。感謝をこめた祈りは、堅固な土台となって、その上にすべての祈りを築くことができるからです。さらに、感謝に満ちた態度でいるときは、あなたと自由にふれあうことがもっともっとたやすくなるのですから……。

あなたへの感謝で心をいっぱいにしつづければ、くよくよしたり、ぶつぶつ文句を言ったりするような有害な思考パターンには陥《おちい》りにくくなります。常に感謝することを実践していると、ネガティブな思考パターンがしだいに弱くなっていくのです。

感謝にあふれた心は、「あなたに近づく」道を私に開いてくれます。そして栄光に満ちたあなたの御前にいるとき、私は「喜びと平安で満たされる」のです。

喜びに満ちたあなたのお名前によってお祈りします、アーメン。

Ｉテサロニケ5:16-18、ヤコブ4:8、ローマ15:13

１月16日

至高の神イエスさま、
どうか私が、苦しみの只中《ただなか》でも喜んで生きられるように助け導いてください。今経験しているよりも、もっと自由でもっと自立した生き方をしたいのです。

私は熱く祈っては、自分が求めている変化を期待して待つのですが、あなたが私の祈りに対して、私の望んだようにこたえてくださらないときは、落ちこんでしまいます。まるで自分が何か間違ったことをしているかのような——私にとって最善であるものを見逃してしまっているかのような気持ちになりやすいのです。けれどもそんなふうに思うときは、いちばん重要な真実を見逃しているときです。それはあなたが**最高の主権者**であること。あなたが常に支配しておられ、私のことを心にかけてくださっていることを心に刻みつけておかなければなりません。

私の依存した生き方はあなたからの贈り物であることを、私が認めて受け入れられるように導いてください。さらに、この贈り物を喜んで——喜びと感謝にあふれた心で受けられるように助けてください。あなたに感謝し、あなたを賛美することよりも速《すみ》やかに、ふさぎこんだ私の心を引き上げてくれるものはないことを知りました。あなたとともに過ごすことをもっと喜び楽しめるようにさせてくれるものは、ほかにありません！　あなたの**御顔**を求めるとき、私はあなたの愛をこめた教えのことばを聞く喜びに満たされるのです——「感謝しつつ、わたしの門に、賛美しつつ、わたしの大庭に入れ」と……。

頼《たの》みとするあなたのお名前によってお祈りします、アーメン。

イザヤ40:10、Ｉペテロ5:7、ローマ9:20、詩篇100:4-5

1月17日

高く上げられた主イエスさま、

「あなたは私の力、私の歌です！」 それなのに今朝は、実を言うと気持ちがくじけそうなのです。前方に立ちはだかるいくつもの困難を目にして、自分の限られた力で対処することを考えているからです。でもこれらの問題は、今日やらなければならないことではありません。明日でさえなくてもいいのです。まだ先のこととして置いておいて、あなたとのふれあいを楽しむことのできる今現在のことに戻らないといけません。あなたは私の**力**だから、困難がふりかかるたびにそれに対処する力を私に与えることができる。そして、あなたは私の歌だから、私があなたのそばで労するときに**喜び**を与えることがおできになるのです。

どうか私の心を、何度もくりかえし、今のこの瞬間に引き戻してください。将来の出来事を予想する驚くべき能力はあなたからの恵みですが、使い方を誤るとそれは呪いになってしまいます。「明日のことを心配する」ことに心を働かせると、自分自身に暗い不信仰の衣《ころも》を着せてしまうことになるからです。そんなふうに心配ごとに罪深いまでに溺れることなく、もっともっとあなたに信頼したいのです。

私の思いが天国の希望に満たされるとき、そばにおられるあなたの**光**が私を包んで**平安**で満たしてくれることを知りました。主イエスさま、あなたは「私の救いです」。ですから私には、「信頼して、恐れない」十分な理由があるのです。

あなたの聖なるお名前によってお祈りします、アーメン。

イザヤ12:2、Ⅱコリント10:5、マタイ6:34、Ⅰペテロ1:3-4

1月18日

私の偉大なる神イエスさま、

私は、あなたがみことばを通して、「わたしはすべてを新しくする！」と語ってくださるのを聞くのが好きです。これは、私が生活している死と荒廃の世界で起こっていることと正反対のことだからです。私は、自分が一日生きるということは、地上における寿命が一日分減ることだと理解しています。でも私は、イエスさま、あなたのものだから、そう思ってもやきもきしません。一日が終わるたびに、これで天の国に一歩近づいたことを心に刻みこむのです。

この世界は絶望的に堕落した状況に陥《おちい》っているので、「すべてを新しくする」というあなたの約束は、私の唯一の希望です。物ごとを改善しようといくら努力してもうまくいかないとき、私が落ちこんでしまうことがないように助けてください。私のあらゆる努力は、私の周囲と私の内面の堕落によってそこなわれてしまうことを忘れてはなりません。私はあなたに頼って、自分の最善を尽くす努力をやめないつもりですが、この世界は単なる調整や修復では全然足りないことはわかっています。完全に新しくされる必要があるのです！それが、終わりの時に起こることは完全に保証されています。「あなたのことばは真実であり、信頼できる」からです。

私には喜び祝う十分な理由があります。あなたが、私も含めてすべてを新しくすると——すべてのものをすばらしく完全なものとすると、約束してくださったからです！

勝利をおさめたあなたのお名前によってお祈りします、アーメン。

黙示録21:5、ピリピ1:21、ローマ8:22-23

1月19日

平和の救い主イエスさま、

「どうかあなたの平安が、私の心と思いとを守ってくれますように」。「あなたは近い」ことを忘れずに、「いつもあなたによって喜ぶ」ことができるように助け導いてください。あなたとともに時間を過ごし、「感謝をこめて祈りと願いをささげる」とき、あなたは「人のあらゆる理解を超えた平安」を与えてくださり、そうすることで「私の心と思いを守ってくださる」のです。これはあなたと私がともに努力する共同作業のようなもの……。どんなことにも自分ひとりで立ち向かわずにすむことを感謝します！

私はあなたのものだから、ひとりぼっちだ、などというのは錯覚にすぎません。けれどもそれは、うつ状態や自己憐憫を引き起こしかねない危険なものでもあるのです。サタンとその手下たちは、私の認識を曇らせてあなたの存在を覆《おお》い隠そうと必死に画策《かくさく》している。ですからどうあっても、彼らの攻撃に気づいて阻止しなければなりません。「生きていて、力がある」力強いみことばによって――それを読み、熟考し、暗記し、声に出して語ることによって、反撃することができるのです。

自分はひとりなのだと感じるときでさえ、私はあなたと自由に語りあうことができます。「あなたがいつも私とともにおられる」ことに信頼しているからです。あなたと長く語りあえばあうほど、自分がどんなにあなたの近くにいるかに気づくのです。こんなふうに、あなたがいてくださることに気づくことで、私の心と思いはあなたの**平安**に満たされるのです。

あなたの親愛なるお名前によってお祈りします、アーメン。

ピリピ4:4-7、ヘブル4:12、マタイ28:20

1月20日

私の**案内人**であるイエスさま、

私が今日一日、あなたから目を離さずおだやかに過ごせるように助けてください。私の**案内人**であるあなたとともに、「いのちの道」に沿って信頼の歩みができるように、目の前の道を切り開いてくださるようお願いします。

私は時々、自分の前の道が閉ざされているように見えることがあります。障害物そのものや、それを迂回《うかい》する道を探すことに気を取られすぎると、道をはずれてしまうことがわかってきたからです。ですから私は、自分の人生の旅路を導いてくださっている「牧者」のあなたに心を集中しつづけなければなりません。ずっとあなたから目を離さずにいれば、**障害物**はいつのまにか後方《こうほう》に退いているる。どんなふうにそこを通り抜けたのかさえ気づかないかもしれないのです。

これはあなたの王国における成功の、重要な秘策です。自分の周りの目に見える世界を意識しつづけるにしても、何よりも**あなた**を第一に意識していたいのです。目の前の道が岩だらけに見えても、あなたがその荒れた一角を通り抜けさせてくださると信頼できるからです。何が起ころうとも、あなたが私とともにいてくださるから、私は自信をもってそれぞれの日に向き合うことができるのです。

勇気づけてくださるあなたのお名前によってお祈りします、アーメン。

詩篇16:11、ヨハネ10:14-15、イザヤ26:7、箴言3:26

１月21日

優しいイエスさま、

私の前に広がっている今日という日に目をやると、曲がりくねった複雑な道が見えます。あらゆる方向に枝分かれしているのです。どうすればこの迷路の中に自分の道を見つけることができるだろうと悩みはじめるとき、心に浮かぶのは「あなたが絶えず私とともにいて、私の右の手をしっかりとつかんでいてくださる」ことです。「あなたの真理によって私を導き、教えてくださる」という約束を思い出すと、心が楽になってきます。そして再び自分の道に目をやると、そこには穏やかな霧がかかっていて視界を覆《おお》い隠しているのに気づくのです。目の前のほんの数歩しか見えないから、注意をもっと完全にあなたに向けて、今あなたとともにいることを楽しめるようになるのです。

あなたは、その霧が私のために備えた――私を現在の瞬間に呼び戻し、守ってくれるものであることを教えてくださいました。あなたはすべての時間と空間の内に住まわれるお方なのに、私と、**今ここで**心を通い合わせてくださるのです。どうか私が、あなたご自身と目の前の道とに集中できるように訓練してください。そうすれば、日々あなたと歩むのに霧はもう必要なくなるでしょうから。

心を楽にしてくださるあなたのお名前によってお祈りします、アーメン。

詩篇73:23-24、詩篇25:4-5、Ⅰコリント13:12、Ⅱコリント5:7

１月22日

主権者である神イエスさま、

私はあなたご自身と、私に対するあなたのみこころに自分を開いて、もっと一貫してあなたのそばで生きていきたいと願っています。それなのに、自分の計画や願望を妨害するものがあると、その邪魔ものに腹が立ってしまう。そうした腹立たしい気持ちを抑えこもうとするかわりに私に必要なのは、そうした感情にもっと気づいて、ちゃんと表面に出てくるようにすることです。私のネガティブな感情をあなたの**光**の中に携《たずさ》えてくれれば、あなたが私をそこから解き放ってくださるのですから。

こうした私の反抗的な傾向に対する究極の解決策は、私に対するあなたの権威にお従いすることです。私は頭では、あなたの主権を喜んでいます。もしもあなたが主権によって治めてくださらなかったら、この世界は恐ろしい場所になってしまうでしょう。なのに、主権者であるあなたのみこころが私のちっぽけな支配の領域に侵略してくると、私はしばしば隠しても隠し切れない憤《いきどお》りをもって反応してしまうのです。

みことばは、何かを失ったり希望がくじかれたときの最善の対応は賛美であることを教えています。「主は与え、主は取られる。主の御名はほむべきかな」と……。すべての良きものはあなたからの贈り物であることを、私が忘れないように導いてください。自分には恵みを受ける資格があるのだ、などと思わずに、感謝をもって受け止められるように私を訓練してください。そして、あなたが私から取り去るならどんなものでも手放せるようになる訓練も……。でも、あなたの手だけは放したくありません！

あなたのほむべきお名前によってお祈りします、アーメン。

詩篇139:24、Ⅰペテロ5:6、ヨブ1:21

1月23日

生きておられる私の救い主イエスさま、
あなたに従う者は喜びと恐れを同時にもつことができると、みことばが教えています。あなたの墓に来た女性たちに、あなたがよみがえったことを天使が告げたとき、「彼女たちは、恐れながらも大いに喜んだ」からです。だからあなたがいてくださる**喜び**を私が経験することを、恐れに邪魔されることはないのです。この喜びは、私の問題が――そしてこの世界の危機が制御されているように見えるときのためにとっておく贅沢などではありません。私とともにいてくださるあなたの愛は、今日も明日も、そして永遠に私のものだからです！

主イエスさま、どうか私が、現在や将来に関する心配ごとに押しつぶされて、喜びのない生き方に屈してしまわないように助け導いてください。「現在のものも将来のものも、力あるものも、高いところにあるものも深いところにあるものも、そのほかのどんな被造物《ひぞうぶつ》も、あなたの愛から私を引き離すことはできない」ことを決して忘れてはならないからです。

自分の思いや感情をありのままにあらわして、不安に思っていることをあなたに自由に話せることを感謝しています。あなたのもとでくつろぎ、気がかりなことをすべてあなたにおゆだねするとき、あなたの**喜び**で私を満たしてください。「その喜びを私から奪い去る者はいない」からです。

あなたの喜びに満ちたお名前によってお祈りします、アーメン。

マタイ28:8、ローマ8:38-39、ヨハネ16:22

１月24日

私の救い主であり王であるイエスさま、
あなたの尊い「正義の衣《ころも》」が私の頭から爪先《つまさき》まで覆《おお》ってくださることを感謝します。あなたがこの栄光の衣のために払ってくださった代価は、数字に表せないほど膨大なもの――あなたご自身の聖なる血潮でした。この王の衣は、私がどんなにがんばって労しても**決して**買い取ることはできなかったものです。ですから「あなたの正義」が無償の贈り物であることは、どんなに感謝してもしきれるものではありません。この驚くべき真実を忘れてしまったら、王者の衣を着ていても心が安まることはないでしょう。時には、ビロードのようななめらかな布地がまるでチクチクする麻の袋で作られているかのように感じて、体をよじったりするのです。
　主イエスさま、私の願いは、あなたに信頼して、あなたの王国における自分の特権ある地位を忘れることなく、幾重にもひだのある豪華な衣を着てくつろげるようになることです。**あなた**から目を離すことなく、この「救いの衣」をまとって歩む練習をしなければならないからです。
　私は自分のふるまいが**王**の子どもとしてふさわしくないとき、王者の衣を脱ぎ捨てたい誘惑にかられます。正義の衣ではなく、不義の行《おこな》いを「脱ぎ捨てる」ことができるように助け導いてください！　そうすれば、この恵みの衣に安らぎを感じ、世界を創造する前にあなたが私のために造ってくださった贈り物を喜んで着ることができるからです。
　王であるあなたのお名前によってお祈りします、
アーメン。

イザヤ61:10、Ⅱコリント5:21、エペソ4:22-24

１月25日

栄光のイエスさま、

私は、あなたが導いてくださるところならどこへでもお従いしたいと思っています。喜びと期待に歩みを早めて、全身全霊であなたのあとを追えるように助け導いてください。行《ゆ》く先に何があるか私にはわかりませんが、**あなた**は知っておられる。もうそれで十分です！　あなたのもっとも豊かな恵みが、すぐそこの角を曲がったところで待っていると信じているからです。目には見えなくてもちゃんと実在しているのです。これらのかけがえのない贈り物を受け取るためには、「見えるものによらず、信仰によって歩む」必要があります。これは自分のまわりのあらゆるものに対して目を閉じていろ、という意味ではありません。目に見える世界を、私の魂の、目には見えない羊飼いであるあなたの下に置くという意味なのです。

あなたは時おり、高い山の上まで私を導いてくださることがあります。ただあなたの手だけを私の支えとして……。高く登っていけばいくほど、眺めはすばらしくなり、問題だらけの世界から引き離されていることをもっと強く感じるようになります。これによって私は解放され、輝かしい現実をあなたがともにいてくださるという喜ばしい現実をさらに十分に経験することができるのです。こんなふうにあなたと**栄光**の時間を過ごせることは、なんという喜びでしょう！

やがてあなたは、私を導いて山をくだり、ほかの人々との生活の場に戻してくださいます。どうか、あなたの**光**が私を照らしつづけ、私をほかの人たちへの恵みとしてくださいますように……。

あなたの壮大なお名前によってお祈りします、アーメン。

Ⅱコリント5:7、詩篇96:6、ヨハネ8:12、詩篇36:9

１月26日

「ああ、主イエスさま、
あなたは私の灯《ともしび》をともし、私の闇を照らされます」。私は時おり、「重荷を負って疲れている」と感じることがあります。自分の灯が今にも消えてしまいそうに感じることがあります。ちらちらゆらいで、燃料切れになりかけているような……。そうなるたびにあなたを大声で呼んで、あなたのそばに行かなければなりません。あなたのもとで心を休めるとき、**あなた**は私の灯に油を満たしてくださるお方であることを思い起こすのです。あなたこそ「私の力」なのだと！

そしてまたあなたは、私の**光**でもあります。私があなたに向かいつづけているかぎり、あなたの**栄光**は私の上に輝くのです。あなたのまばゆいばかりの美が、私の人生を輝かせ、私の見方を変えてくれる。あなたの輝きから目をそらして、この世界の闇に眼を向けると、たやすく落胆してしまいます。それでも、この壊れかけた世界がどんなに多くの問題と困難を抱えていても、主イエスさま、私は常にあなたのことを喜ぶことができるのです。「あなたは闇の中に輝いている光です」。だから私は、どんなに物ごとが殺伐《さつばつ》としているように見えても恐れなくていいのです。

問題ばかりにとらわれないで、私は全身全霊であなたに信頼したいのです。どうか、あなたが私の闇を**光**に変えてくださるのを期待して待てるように助け導いてください。

あなたの輝く幸いなお名前によってお祈りします、アーメン。

詩篇18:28–29、マタイ11:28、詩篇18:1、ヨハネ1:5

１月27日

惜しみなく与えてくださる神イエスさま、

あなたは、巧妙な細やかさとあふれるほどの豊かさの両方を兼ね備えた神であられます。私が自分の人生の細部にいたるまであなたにおゆだねするとき、あなたが私の願いごとにどれほど完全にこたえてくださるかに驚くことがしばしばあります。「絶えず祈りなさい」という聖書の教えに助けられて、あなたのもとにどんな願いごとでも自由に持ちこむことができるのです。そして、希望に満ちた注意深い態度で祈れば祈るほど、多くの答えを受け取れることもわかりました。何よりすばらしいのは、あなたが私の具体的な祈りに対していかに的確にこたえてくださるかを目にして、私の信仰が強められることです。

あなたがすべてにおいて無限であられることはなんと喜ばしいことでしょう！　「豊かさ」は、あなたがどんなお方であるかを示す確信ですから、あなたが与えてくださる源《みなもと》が枯渇《こかつ》してしまうことを不安に思う必要はありません。私は、自分に必要なものをすべて――時にはもっともっと多くのものを受け取る喜びに満ちた期待をもって、あなたのもとに来ることができるのです。

あなたが私に注いでくださる豊かな恵みを心から感謝いたします！　私の人生における困難でさえも、あなたの恵みとみなすことができます。それによって私は忍耐強くなるように訓練され、変えられて、天国への備えをさせられるからです。だから私は心を開き、両手を広げてあなたのもとにやって来るのです。あなたが私のために備えてくださったすべてのものを受けられるように……。

あなたの偉大なるお名前によってお祈りします、アーメン。

Ｉテサロニケ5:17、詩篇36:7-8、詩篇132:15

１月28日

あわれみ深いイエスさま、

私があなたによってどんなに守られ、どんなに安全であるかを忘れないように助け導いてください。あなたが私とともにおられることは事実であり、私の感情とはまったく関《かか》わりのないものであることを、聖書は確信させてくれます。あなたの十字架上の死が私のすべての罪を贖《あがな》ってくれたので、私は天の国にいく途上にあることがわかっています。その栄光ある目的地に到着するのを妨げられるものは、**何ひとつとしてありません**。そこで私は、「顔と顔とを合わせて、あなたを見ることになります」。私の**喜び**は計り知れないものとなることでしょう！

私は**この**世界においても、あなたから決して切り離されないことを感謝しています。それでも今は、信仰の目を通してあなたを見ることで満足しなければなりません。時の終わりまで、永遠に向かって私とともに歩んでくださるというあなたの約束を喜びながら……。

あなたがずっとそばにいてくださることは保証されていますが、単にこの真実を知っているだけでは自分の感情を自動的に変えることはできません。あなたに心を集中することを忘れてしまうとき、私は恐れや不安や寂しさなどの歓迎しない感情に陥《おちい》りやすくなります。それでも、あなたがともにいてくださると**意識する**ことで、こうしたつらい感情を追い払い、あなたの**平安**に置き換えることができるのです。どうか、日々あなたに心を集中してともに歩むことができるように私を訓練してください。

心を穏やかにしてくださるあなたのお名前によってお祈りします、アーメン。

ヨハネ10:28-29、Ⅱコリント5:1、Ⅰコリント13:12、詩篇29:11

１月29日

尊《とうと》い救い主イエスさま、

私が「あなたのもとに来る」のは、あなたのそばで「休みたい」からです。今日のこの日が困難をもたらすものであることは確かなので、これから直面する試練をどうしたら切り抜けられるか、ずっと考えてきました。それでも、何が先に待っているだろうかということばかりを考えていると、「私がどこに行っても、あなたがともにいてくださる」という事実を見失ってしまうのです。「わたしは、決してあなたをひとりにしない」とおっしゃってくださっているのに……。

実は私は、自分の心配ごとに対する対処法をあらかじめ心の中で何回もくりかえすところがあって、このために、苦痛な問題を何度も経験することになるのです。けれども耐えなければいけないのは、たった一度だけ――その問題が実際に起こったときでいいのです。どうか私がこんなふうに自分の苦しみを増やしてしまうことをやめられるように助けてください！

問題に集中するかわりに、私はあなたのもとに来て、あなたの愛に包まれて心安らぐことを選びます。主イエスさま、どうか私を強めて、今日という日に私を備えてください。私の恐れを、「あなたに対する確かな信頼」へと変えてくださいますように……。

頼《たの》みとするあなたのお名前によってお祈りします、アーメン。

マタイ11:28-30、ヨシュア1:5、9、イザヤ30:15

１月30日

力強いイエスさま、

「あなたにはどんなことでもおできになります！」　聖書のこの力強いことばは、私の心を明るくし、力づけてくれます。あなたは、私が「目に見えるものによらず、信仰によって生きる」ようにと訓練してくださっているのです。だから、今この瞬間に物ごとがどのように見えようとも、それに怯《おび》えないようにしなければなりません。

私は、目が見えるというあなたからのすばらしい贈り物を感謝しています。けれども自分の周りの、目に見える刺激に心を奪われて、あなたを心の奥底においやってしまいやすいのです。どうか、そんなことにならないように、何よりも**あなた**を第一にして、あなたの約束に信頼し、あなたの視点から物ごとを見られるように導いてください。

主イエスさま、どうしたらあなたともっと近しくなれるか教えてください。あなたは私の救い主であり、友であると知っているのは私の喜びですが、全能の神としてのあなたとの関係も大切にしたいのです。あなたがこの世界で人として生きておられたとき、「あなたは奇跡のしるしを行《おこな》って、その栄光を現されました」。あなたがご自分のみこころと目的にかなった奇跡を今もおこないつづけておられることを、私は知っています。どうか私の思いをあなたのみこころに沿ったものとし、「あなたを仰ぎ見て、あなたのみわざを待ち望む」ように訓練してください。

あなたの力あるお名前によってお祈りします、アーメン。

マルコ10:27、Ⅱコリント5:7、ヨハネ2:11、ミカ7:7

１月31日

「王の王」なるイエスさま、

あなたは私の主！　あなたを私の友であり、私の魂が愛するお方と呼べることはなんという喜びでしょう。それでも、あなたが「主の主、王の王」であり、あらゆるものに君臨しておられることはわかっています。目の前に広がる今日という日を見つめることで計画を立てることはできますが、その計画は一時的なものとしなければなりません。あなたには、ほかのお考えがあるかもしれないからです。決めなければならないもっとも重要なことは、あなたは私が今、何をすることを望んでおられるかということです。

私は自分の人生の地平線を見つめて、いつかやるべきことを探すことに時間を浪費してしまうことがよくあります。それよりも、今自分の目の前にある課題や、私のそばを決して離れることのないあなたというお方に心を集中できるように助け導いてください。ほかのすべてのことが背景に消え去っていくようにすれば、わたしの心もきちんと整理されて、私の思いをあなたがもっともっと占めてくださるゆとりを造ることができるからです。

私が今おこなっている働きを終えれば、次に何をすべきか示してください、とあなたにお願いすることができます。あなたに信頼しおゆだねしている「平和の道」を歩んでいく私を、あなたは一歩一歩導いてくださいます。主イエスさま、「私に力を与えてくださり、平安のうちに祝福してくださる」ことを感謝いたします。

高められたあなたのお名前によってお祈りします、アーメン。

黙示録17:14、箴言19:21、ルカ1:79、詩篇29:11

2月

イエスは再び人々に語られた。「わたしは世の光です。わたしに従う者は、決して闇の中を歩むことがなく、いのちの光を持ちます。」　（ヨハネの福音書８章12節）

２月１日

常におられる神イエスさま、

私は、自分が経験するすべてのことをあなたの光に照らしていただきたいのです。あなたの観点から物ごとを見ることができるように……。私が出会うすべての状況において、あなたのことを心にとめ続けることができるように導いてください。

私は、聖書に書かれた父祖ヤコブの話に励まされています。ヤコブは怒り狂った兄のもとを逃げ出し、荒涼とした土地で石を枕にして眠らなければならなかった。ところが天国と天使たち、そして「わたしはあなたとともにいる」というあなたの約束のことを夢見たあと、目覚めてこう言ったのです――「確かに主がこの場所におられるのに、私はそれを知らなかった」と……。ヤコブのこのすばらしい発見が、ただ彼ひとりのためのものではなく、あなたのことをもっとよく知りたいと求めるすべての人のものであること――そしてそれには、確実に私も含まれていることを感謝いたします。

主イエスさま、私がどこにいようと何が起ころうと、あなたがいつもともにいてくださることに、もっと気づけるようにしてください。あなたが遠く感じられるたびに、「あなたはこの場所に」、私のそばにおられるのだ、と思い起こさせてください。「ほかのどんな被造物《ひぞうぶつ》も、あなたの愛から私を引き離すことはできない」ことは、なんとありがたく感謝なことでしょうか！

あなたの偉大なるお名前によってお祈りします、

アーメン。

創世28:11-16、ローマ8:39

２月２日

生きておられる私の主イエスさま、「昼には、あなたはご自分の愛をつかわし、夜には、あなたの歌が私とともにあります」。あなたは「私のいのちなる神」だからです。あなたがすべてのことを取り計《はか》らっておられるのを知っているのは、なんと心安らかにいられることでしょう！　あなたは昼には、ご自分の愛に、数えきれないほどの恵みを私に与えるように命じてくださっています。ですから私は、あなたが私の道に沿って置いてくださるたくさんの良いものを求めて――あなたの恵みを探して、ひとつ見つけるたびにあなたに感謝するのです。たとえ困難なことに遭遇しても「私が落胆しないで」、深く堕《お》ちた世界で生きるにはこういうこともあるのだ、と受け入れられるように導いてください。

「あなたの歌が一晩じゅう私とともにあり」、あなたが愛をもって見守ってくださることが私の喜びです。もし眠れなくても、「あなたの御顔を慕い求めて」あなたがそばにいてくださる心安らかなときとして、楽しむことができるでしょう。「私が床の上であなたを思い起こすとき――ひと晩じゅう見守ってくださるあなたのことを思いめぐらすときに」、あなたとのやさしく穏やかな絆が育《はぐく》まれていくのです。私が眠っていても目覚めていても変わりなく、あなたは常に私とともにいてくださいます。あなたはまさしく「私のいのちなる神」だからです！

あなたの幸いなるお名前によってお祈りします、アーメン。

詩篇42:8、Ⅱコリント4:16–17、詩篇27:8、詩篇63:6–7

２月３日

親愛なるイエスさま、
　私は自分の弱さをあなたのもとに携えてきて、あなたの**平安**を受けたいと願っています。あなたがすべてのものを統《す》べ治めておられることを心に刻んで、自分自身と今置かれている状況をそのまま受け入れられるように助け導いてください。あれこれ分析したり、計画したりすることで自分自身を消耗させることから守ってください。それよりも、感謝と信頼によって今日のこの日が導かれ、あなたのそばにずっといられるようになりたいのです。

　聖書は、あなたは私と**ともに**いるだけではなく、私の**ために**いてくださる、と教えています。私は**何ひとつ**自分ひとりで立ち向かわなくていいのだと知るのは、なんとすばらしいことでしょう！　不安を感じるときは、目に見える世界に焦点を合わせていて、あなたを視界に入れていないから……。その解決法は、「見えるものにではなく、見えないものに目を留《と》める」こと。あなたを信じておゆだねすれば、今日のこの日を——そしてすべての日を安全に過ごすことができるのです。

　光り輝くあなたのもとで生きるとき、あなたの**平安**が私を照らし、自分がどんなに弱いかと、くよくよ思い悩むのをやめさせてくれます。あなたとのこの親しい旅を続けていくことで、あなたの約束に祝福され、恵みを受け、強められるのです。私がたどっているこの道は天国に向かっている、という約束に……。

　あなたの輝かしいお名前によってお祈りします、アーメン。

ローマ8:31、Ⅱコリント4:18、民数6:24-26、詩篇29:11

2月4日

輝かしいイエスさま、

どうか私が、「闇のわざを脱ぎ捨て、光の武具を身に着ける」ことができるように――この輝かしい防具を、感謝の心をもってまとうことができるように助け導いてください。この世界の闇は、私のまわりすべてに広がっているのです。あなたの美しい光の武具は、私が物ごとをもっとはっきり見られるようにしてくれます。私のまわりを取り囲む世俗的なことに惑わされることから守ってくれるのです。

あなたとともに「光の中を歩むこと」――あなたの愛を感じながらあなたのそばで生きることは、私にとって大きな喜びです。毎朝、衣服を身に着けるように、日々「あなたを着なければなりません」。こんなふうにあなたのそばにいられることで、正しい決定ができるからです。それでも時には、罪につながる間違った選択をしてしまうことがあります。そのときには必ず、あなたの十字架上の犠牲は、私のすべての罪に対して十分であることを私が思い起こせるようにしてください。そればかりか、あなたのかけがえのない犠牲の血は、私を洗いきよめて光の中を歩みつづけられるようにしてくれるのですから……。

聖書は私に、「もし私が自分の罪を告白するなら、あなたは真実で正しい方だから、その罪を赦《ゆる》し、あらゆる不正からきよめてくださる」と保証しています。私の救い主であるあなたは、私の大いなる喜びなのです！

あわれみ深いあなたのお名前によってお祈りします、アーメン。

ローマ13:12、Ⅰヨハネ1:7、ローマ13:14、Ⅰヨハネ1:9

２月５日

私の偉大なる神イエスさま、

私は、ただ**あなた**おひとりによって変わらぬ**喜び**を見いだすことができます。この世界には幸せを生み出す源泉がたくさんあって、ときにはそれがあふれて**喜び**となることもあります。とくに、私が自分の喜びをあなたと分かち合うときに……。あなたは実に多くの恵みを私の人生に注いでくださる！　あなたの恵みを喜びと感謝に満ちた心で受け止めて、そのひとつひとつを書きとめておきたいと思います。感謝の心であなたのもとに近づけば近づくほど、あなたのおそばにいられる**喜び**が、あなたの恵みから受ける喜びと楽しさをさらに増してくれるのです。

喜びが遠い記憶となってしまったように思える日には、これまでよりもっと「あなたの御顔を慕い求め」なければなりません。その場の状況や感情に押しつぶされることなく、聖書の真理によって自分自身を励ますことができるからです――「あなたは常に私とともにおられます。あなたは私の右の手をしっかりと握っていてくださいます。あなたは私をさとして導き、やがて栄光のうちに受け入れてくださいます」。私はこれらの栄光の真理に全力でしがみついて、この壊れた世界の瓦《が》礫《れき》の中を進んでいかなければなりません。あなたご自身が「真理である」ことを、私が忘れないように助け導いてください。あなたはまた「道でもある」ので、あなたのあとをついていくのは賢明《けんめい》なことです。「あなたの御顔の光」が私を照らし、私の前に広がる道を明るくしてくれるからです。

あなたの輝かしいお名前によってお祈りします、アーメン。

詩篇105:4、詩篇73:23-24、ヨハネ14:6、詩篇89:15

2月6日

あわれみ深い神イエスさま、

「あなたのいつくしみは絶えることがなく、そのあわれみは尽きることがない。それは朝ごとに新しい」。私はこの真理によって憩《いこ》いを得たいと必死に願っているのですが、そのために悪戦苦闘しています。今日、終わりがないように見えるのは私が抱えている問題と苦痛だけです。それでもあなたが**ここに**おられること――この日一日、私が安全で過ごせるように優しく手を貸そうとしておられることはわかっているのです。あなたの愛は、私が絶望してすべてをあきらめてしまうことから守ってくれる命綱なのですから。

物ごとが順調に運び、あなたの変わらぬ**愛**にたやすく信頼できる日もあります。けれども予想もしていなかった新たな問題が起こると、あなたに信頼することにはずっと大きな努力がいるようになる。そんなときは、あなたの常に新しいあわれみは私の問題をはるかにしのぐものだ、ということを思い起こさなければなりません。「あなたの真実は偉大です！」

私は着替えをしながら「あなたが私に救いの衣を着せてくださった」ことをよく思い浮かべます。私は、あなたの「正義の上着をまとって」いるのだから、天の国へ向かう途中なのです！　これは信じられないほどすばらしい恵みの行為です。地獄に呑みこまれそうな私を引きつかんで救い出し、**栄光**への道に置いてくださるのです。今日私が直面するものの中で、「永遠のいのち」というあなたの驚くべき贈り物に匹敵するものなど何ひとつありません！

勝利者であるあなたのお名前によってお祈りします、アーメン。

哀歌3:22–23、イザヤ61:10、ヨハネ3:16

２月７日

喜びをくださるイエスさま、

あなたは私の**喜び**です！　私は心の中にこの言葉を鳴り響かせるのが好きです。もっとも奥深いところまで染みこむように……。私の**道連れ**であり、私を「決して見捨てない」あなたは、**喜び**の無限の源なのですから！　このすばらしい真理に心を集中させることで、私の人生の一日《いちにち》一日を幸《さいわ》いな日として取り組むことができるようになるのです。だから、私がどれほどひどくもがいているときにも、**悪い日**のレッテルを用いたりしないように導いてください。自分の置かれた状況がどんなに厳《きび》しいものでも、「あなたが常に私とともにいて、私の右の手をしっかり握ってくださる」ことを私は知っています。今日の**この**日――そしてすべての日に、良いことを見つけられるのは、あなたがいつもともにいてくださり、変わることなく**愛して**くださっているからです。

「あなたの変わらぬ、尊い愛」はなんという喜びでしょう！　この**愛**は、たとえ何が起ころうとも、私は「あなたのみつばさの陰に身を避けることができる」と保証しているのです。しかも「喜びの川で私を潤《うるお》してくれる」のですから。私の世界に喜びがまるでないように見えるとき、どうか、この豊かな川に私を引き寄せ、あなたの愛を深く飲みとることができるようにしてください。困難なとき**も**楽なとき**も**、あなたは私の**喜び**なのです！

比べるもののないあなたのお名前によってお祈りします、アーメン。

申命31:8、詩篇73:23、詩篇36:7-8

2月8日

愛に満ちた救い主イエスさま、

「あなたは私を広いところに導き出し、助け出してくださいました。私を喜びとなさったからです」。あなたが私を喜びとしてくださったのは、私自身に何か価値があるからではありません。みこころのままに私にふんだんに**愛**を注ぎ、「罪の奴隷」から救い出して、広々した救いの場所へと導いてくださったのです。私がどんなに努力しても自分自身を救うにはまったく足りないから、「あなたが私を助け出して」ご自身の完全な「正義の上着をまとわせてくださった」のです。どうか、私があふれるばかりの**喜び**を抱いて、この「救いの衣」をまとい、あなたの義の光に守られて「光の子どもとして」生きられるように助け導いてください。

救いは、私が受けることのできるもっとも偉大な、もっともかけがえのない贈り物です。どれほどあなたに感謝しても感謝しきれるものではありません！　朝の目覚めに、あなたが私を王族の一員に加えてくださったことを喜び、夜の眠りにつくまえに、あなたのすばらしい恵みに対してあなたを賛美するのです。

主イエスさま、私はほかの人々が**あなた**を豊かな、決して終わりのない**いのちの源**《みなもと》と見るのを助けられる生き方をしたいのです！

正義であり王であるあなたのお名前によってお祈りします、アーメン。

詩篇18:19、ヨハネ8:34、イザヤ61:10、エペソ5:8

2月9日

「至高の主」イエスさま、

「あなたは私の力です！」　あなたは、私の弱さをすべてご存じです。私の力が自分の直面する試練に対処するのに不十分であることを、わかってくださっています。自分がこんなにも弱いことは不安に感じますが、これは祝福の場所になり得るのだということを学んできました。自分の必要に気づくことは、あなたのもとに向かい、「あなたの栄光の富に応じて、私に必要なものをすべて満たしてくださる」というあなたの約束にすがることを思い起こさせてくれるのです。

エネルギー切れになりそうなときは、「私の力」であるあなたにぜひともつながっていなければなりません。あなたのもとで時間を過ごすことで、あふれるほどの活力で満たしてくださるときもあれば、ゆっくり前へ進みつづけられるだけのエネルギーを与えて少しずつしか強めてくださらないときもある。ゆっくりしたペースのときはがっかりしがちですが、それによって、あなたに心を集中させる時間がもっと与えられるのです。これはもしかしたら、私が人生の旅路においてあなたのそばから離れないように、あなたがあえてなさっているのかもしれないと気がつきました。そうすれば、あなたが**愛しているよ**とささやいてくださるのを聞くことができるから……。そのささやきを聞きつづけるためには、**至高の主なる**あなたが私の人生を引き受けてくださり、私の旅路が、たとえどんなに困難なものであっても、恵みにあふれていることを確信していなければなりません。どうか、あなたにもっともっと信頼できるように導いてください！

力に満ちたあなたのお名前によってお祈りします、アーメン。

ハバクク3:19、ピリピ4:19、詩篇96:6-7

２月10日

かけがえのないイエスさま、

みことばが私に、「あなたの御前には満ち足りた喜びがある」と告げています。あなたのもとで憩《いこ》いながら、すべての**力**と**栄光**を備えたあなたがどんなお方であるかを思いめぐらし、あなたが永遠に私を守ると約束してくださっていることをうれしく思うのです。「高いところにあるものも、深いところにあるものも、そのほかのどんな被造《ひぞう》物《ぶつ》も、あなたの愛から私を引き離すことはできません！」あなたとの関係は、あなたを、すべてを満たしてくださる救い主であると信じおゆだねしたときからずっとゆるぎないものです。自分があなたの愛する子どもであることを私が忘れないように助け導いてください。**これ**は永遠に変わらない私の身分証明なのですから……。

あなたは、私がこの深く壊れてしまった世界においても**喜び**を見つけられることを教えてくださいました。「あなたがいつも、私とともにいてくださる」からです。それにはあなたのもとで時を過ごして、気持ちを一新させる必要があります。そこで心からくつろいで、ほかの何よりも「あなたを自分の喜びとする」ことを学ぶことができるのです。

私は、あなたとの**愛の絆**が強まっていくにつれて、あなたからいただいている恵みをほかの人たちも楽しめるように手助けしたい、と強く思うようになってきました。あなたの**愛**が、私を通してほかの人々の生活にもふんだんに流れこんでほしいのです。どうか「いのちの道」に沿って私を導き、どうしたらあなたの**愛**をほかの人に示すことができるか教えてください。

大切なあなたのお名前によってお祈りします、アーメン。

詩篇16:11、ローマ8:39、マタイ28:20、詩篇37:4

2月11日

愛するイエスさま、

私は、あなたの平安によって憩《いこ》うためにあなたのもとに来ました。あなたの御顔の光が私を照らし、「あらゆる理解を超えたあなたの平安」を与えてくれます。自分自身で物ごとを理解しようとせずに、あなたのところに来て、何もかもご存じで理解しておられるあなたにおゆだねして心からくつろぎたいと思うのです。子どものようにあなたに頼ることで、安らぎを感じ、自分は大丈夫だと思う。私がそんなふうに、あなたと深く結びついて生きられるように、あなたが創造してくださったからです。こうして今あなたと時を過ごし、愛に満ちたあなたの存在を感じられることがうれしくてなりません。

周りにほかの人たちがいるときは、私はその人たちの期待に——それが現実のものであれ、空想のものであれ、こたえようとしがちです。人々を喜ばせることに思いを集中するにつれて、あなたの存在への意識がぼやけてきてしまう。人々の称賛を得ようとがんばりすぎて疲れ果ててしまうのです。こんなふうな生き方をしていたら、私は自分の内を流れる聖霊さまの「生ける水」ではなく、干からびたパンのかけらしか人に提供できなくなります。こんなことは、私のためのあなたのご計画ではないことはわかっているのに……。

どうか、どんなに忙しいときでもずっとあなたとふれあっていられるように助け導いてください。あなたの平安の光の内に生きることで、ほかの人々の生活に語りかける恵みの言葉を聖霊さまが私に与えてくださいますように。

恵みあふれるあなたのお名前によってお祈りします、アーメン。

ピリピ4:6-7、ヨハネ7:38、エペソ5:18-20

２月12日

栄光の神イエスさま、

聖書には、「あなたは私を、ご自分のかたちに創造してくださった」と書かれています。そればかりか、「あなたは私を、天使にわずかに劣る者とされ、栄光と誉《ほま》れの冠を授《さず》けてくださいました」。ですから、どうか私が自分の重要さを疑うことがないように助け導いてください。あなたは私に、驚くべき脳を創ってくださいました。そのおかげで、あなたと心を通わせることもできるし、論理的に考えたり、創作したり、物ごとを決めたり、そのほかもっといろんなことができるようになったのです。あなたは人間たちに「海の魚、空の鳥、地の上を這《は》うあらゆる生き物を支配させてくださいました」。あなたが創造したすべてのものの中で、人間だけが「あなたのかたちに」造られている。これはすばらしい特権であり、責任でもあり、私の人生の一瞬一瞬を意味深いものとしているのです。

私は、自分の人生における主要な目的は、あなたを永遠にあがめ、喜ぶことであることを学んできました。「あなたが私に、栄光と誉れの冠を授《さず》けてくださった」のは、私が「あなたの栄光を映す」ことができるように――この暗い世界を明るくし、ほかの人々の心をあなたに向けるようにするためです。どうしたらあなたをもっともっと楽しむことができるか教えてください。あなたを限りなく喜び楽しむことができるように私を創ってくださったことを感謝します。今この場所であなたによって見いだす喜びは、天国で私を待っている莫大《ばくだい》な永遠の喜びを、前もってほんの少し味わうだけなのです！

あなたの驚くべきお名前によってお祈りします、

アーメン。

創世1:27-28、詩篇8:5、Ⅱコリント3:18

２月13日

「平和の主」イエスさま、

日々の生活で起こることや考えることで不安になったときは、「あなたのもとに来て」あなたに聞いていただく必要があります。ですから今日は、思い切ってあなたのもとに来ました。「感謝をこめてささげる祈りと願いとを携えて……」。主イエスさま、あなたにもっと「信頼する」この機会を与えてくださってありがとうございます。あなたのくださる信頼のレッスンは困難に包まれていることが多いですが、それによって得られるものは、その代価をはるかにまさることを学んできたのです。

あなたは、しっかりと築かれた信頼は多くの恵みをもたらすことを教えてくださいました。その少なからぬものが、あなたによる**平安**です。みことばが私に保証してくれています。「あなたを信頼し、あなたから心を離さずにいれば、あなたは私を全き平安のうちに守ってくださる」ことを。

この世界は間違ったことばかり……。平安というものは、お金や持ち物、保険や防犯装置が十分にあってこそ得られるものだと宣言しているからです。感謝なことに**あなたの平安**は、すべてを包括した贈り物だから、状況に左右されたりはしません。私が今学んでいるのは、たとえどんなに失うものが多くても、あなたの「全き平安」が得られれば実に豊かでいられる、ということです。このすばらしい贈り物を受けるに値《あたい》する信頼を、あなたに向けられるように助け導いてください！

信頼するあなたのお名前によってお祈りします、アーメン。

Ⅱテサロニケ3:16、マタイ11:28、ピリピ4:6、イザヤ26:3

２月14日

あわれみ深い神イエスさま、

あなたは、孤独を完全に癒やす解毒剤のようなお方です。「あなたは主、私の神であり、私の右の手を固く握って、『恐れるな。わたしがあなたを助ける』と言ってくださるからです」。時々私は、自分の右手を、**あなたの**手を握りしめるように握ってみることがあります。この象徴的なしぐさをすることで、生きてここにおられるあなたとつながっている気持ちになれるからです。このつながっているという感覚は、孤独を感じたり、不安だったりするときにとくに必要になります。

私は、自分の気持ちや今闘っていることについてあなたにお話しできることを感謝しています。あなたはすでに何もかもご存じですが、あなたのもとにそれを携えてくると、ほっと心が安らぐのです。あなたのもとであなたの**光**に包まれて時を過ごしていると、自分がどんなに安全に守られているかに気づくからです。私の人生の一瞬一瞬に「あなたが私とともにいてくださる」から、私は決してひとりになることはありません！

私が**あなたの御顔**《みかお》を求めれば求めるほど、あなたが私の人生をどう見ておられるかがわかってきます。時々、自分の祈りの課題を書き出しておくと役立つことに気づくことがあります。こうすることで自分の考えていることがはっきりするし、祈りの記録にもなる。自分の問題をあなたにおゆだねする手段にもなるのです。あなたがいつもずっと「見守っていてくださる」ことはなんと大きな喜びでしょうか。

あなたの尊《とうと》いお名前によってお祈りします、アーメン。

イザヤ41:13、マタイ28:20、詩篇27:4、詩篇121:3

2月15日

私の羊飼いイエスさま、

私はあなたが、私の心にこうささやいてくださるのを聞くのが大好きです。〝わが子よ、わたしはあなたのことをいつも気にかけているよ〟と……。時々私は、自分がこの壊れかけた世界のさまざまな要素にさらされて、ひとりぼっちで無防備な気がすることがあります。そんなふうに感じるときは立ち止まって、「あなたが私のことを心配してくださる」ことを思い出す必要があります。この約束は私を安心させ、あなたにもっと近づかせてくれます。あなたのもとで心を休ませていると、これからどうなっていくのだろうかと考えたり、先々のことに備えなければと思わなくなるのです。

どうか私が、いつもあなたに見守られていることを忘れないように助けてください。どんなに状況が複雑で、どの道に進んだらいいのかわからないときも……。**あなた**が、私と、私の置かれている状況について何もかも知っておられることを感謝します。そして将来についても完全にご存じであることが、私を勇気づけ、希望を与えてくれるのです。

私が不安になったときは、そのたびに「あなたがともにいてくださる」ことを思い出せるようにしてください。あなたは「決して私を見捨てず、私を離れない」と約束してくださいました。それだけでなく、私がどこへ行くにも、「あなたご自身が私の先に立って進んでくださる」のです。

私が「深い苦難の谷を歩むときも」、このみことばが心にあふれつづけて、私を慰め、力づけてくれることでしょう――「私はわざわいを恐れません。あなたがともにいてくださるからです」

いつも守ってくださるあなたのお名前によってお祈りします、アーメン。

Ⅰペテロ5:7、詩篇23:4、申命31:8

２月16日

優しいイエスさま、

あなたは、私の人生には偶然なことは何ひとつないことを教えてくださいました。**今、この瞬間**が私の日々の生活を構成し、成り立たせているのです。この瞬間は、時が永遠と交差するだけではなく、私の永遠の救い主である**あなた**と出会う場所でもあります。日々の一瞬一瞬が活気あるものとなるのは、栄光に満ちたあなたがおられるからこそです！　私の思いが決してあなたからそれることなく、**今ここで**あなたと過ごせることを楽しめるように助け導いてください。

実を言うと、私は多くの時間を中途半端に指からすり抜けさせてしまっているのです。将来のことを心配したり、もっと良い時や場所を望んで、現在をおろそかにしているからです。どうか私の目を開き、心を目覚めさせて、今日のこの日に含まれるすべてのものを見られるようにしてください！　私がおこなうすべてのことにあなたが関わってくださることで、私が「自分のつとめを心から行《おこな》える」ようになりたいのです。あなたとの共同作業で私の荷が軽くなり、自分の務《つと》めを楽しめるようになるからです。

あなたとともに過ごす時間が増えれば増えるほど、心配ごとが減ることはわかっています。そうすることで解放され、聖霊さまによって「私の足を平和の道に導いていただける」のです。

私を導いてくださるあなたのお名前によってお祈りします、アーメン。

ルカ12:25-26、コロサイ3:23、ヨハネ10:10、ルカ1:79

2月17日

無敵のイエスさま、

あなたは、私のすべての希望と願いの頂点となるお方です。「あなたはアルファでありオメガであり、最初の者であり最後の者。今おられ、かつておられ、やがて来られる方、全能者です」。わたしはあなたを知るまえは、あなたに対する願いを、自分を傷つけてしまうような形であらわしていました。**あなた**が私の探しているお方であることに気づかなかったからです。この世界で私を取り巻く悪に対してもまるで無防備でした。でも今は、あなたのもとであなたの愛と優しさに包まれて、安全に守られています。あなたが私を「闇の中から、ご自分の驚くべき光の中へと引き上げてくださった」からです。

あなたは私の人生に多くの楽しみをもたらしてくださっていますが、そのどれも絶対に欠かせないものではありません。どうか私が、両手を広げてあなたの恵みを受け取り、あなたの良き贈り物を**軽く**もって楽しめるように助けてください。**あなた**以外のどんなものにもしがみつきたくはないからです。

「あらゆる良い贈り物、あらゆる完全な賜物」を**与えてくださるお方**に注意を向けつづけることで、私はあなたによって完全でいられることを知って安心できます。私に絶対に必要なものは、私が決して失うことのできないただひとつのもの——あなたがともにいてくださることなのです！　私にとってこれ以上の喜びがあるでしょうか。

あなたの偉大なるお名前によってお祈りします、

アーメン。

詩篇62:5、黙示録1:8、Ⅰペテロ2:9、ヤコブ1:17

2月18日

大切な主イエスさま、

あなたのもとで静かに座っているとき、私の心と思いを感謝でいっぱいにしてください。それが、あなたと時間を過ごすのにいちばんうれしいことだからです。私の思いに焦点が必要なときは、十字架であなたが私のために流してくださった愛をみつめることができます。私に必要なのは「高いものも、深いものも、そのほかのどんな被造物《ひぞうぶつ》も、あなたの愛から私を引き離すことはできない」ことを思い起こすこと……。このことを心に刻みつけることで、私の中に感謝の礎《いしずえ》を――どんな状況も決してゆるがすことのできない「土台」を、築くことができるのです。

今日一日を過ごすときに願っているのは、あなたが私の道に備えてくださっているすべての宝を見つけることです。あなたが愛をこめて私の前を歩み、私の一日を明るくするために、小さな喜びを植えつけてくださっているのを知っているからです。私はこれらの恵みを注意深く探して、ひとつひとつ摘み取ります。そして一日の終わりには、それを集めて愛らしい花束をこしらえましょう。私はその花束を、跪《ひざまず》いて、主イエスさま、あなたに捧げます。心にあふれる感謝とともに……。私が眠りにつくまえに、あなたのもとでくつろぎ、あなたの平安を得られるように導いてください。心の中で、感謝の思いが子守唄をかなでるのを聞きながら……。

心を癒やすあなたのお名前によってお祈りします、アーメン。

ローマ8:38-39、Ⅰコリント3:11、詩篇4:7-8

２月19日

贖《あがな》い主イエスさま、

私はあなたによって喜んでいます。あなたが十字架にかかって犠牲になってくださったことで私の罪のすべてが——過去も現在も未来においても、すっかり拭い去られたのを知っているからです。「今や、あなたに属する者が罪に定められることは決してありません！」

私は罪から解放され、あなたの子どもとしての資格を与えられたおかげで、自分の人生の一日一日《いちにち》を喜んで生きていくことができるのです。アダムとエバがエデンの園で神さまに背《そむ》いて以来、この世界は罪に捕らわれてしまいました。あなたの犠牲の死がこの恐ろしい問題への解決を与えてくださったことを、心から感謝いたします。福音は、想像し得るかぎり最高の**良き知らせ**です！　あなたは私の罪を負って、「私のために罪となり」、あなたご自身の完全なる**義**を私に与えてくださったのです。

どうか私が、あなたの王国における罪なき身分を十分に喜び楽しむことを学べるように導いてください。「あなたによるいのちの御霊の法則が、私を解放したからです」。これは、軽率な罪深い生き方に飛びこんでもいい、という誘いには**なりません**。あなたは私が感謝して生きられるように——永遠にあなたのものであるという驚くべき特権を喜び祝えるようにしてくださったのですから！　私は本当はどんな者なのか——「神の愛する子ども」である、と知ることはなんとすばらしい恵みでしょう。これが私の真《まこと》の身元証明であり、私の人生の一瞬一瞬を意味あるものとしてくれているのです。

あなたのかけがえのないお名前によってお祈りします、アーメン。

ローマ8:1-2、創世3:6、Ⅱコリント5:21、ヨハネ1:11-12

２月20日

私の愛する主イエスさま、

「朝にはあなたの変わらぬ愛に満たされて、すべての日々を楽しみ、喜び歌うことができますように」。これまで私は、満足させてくれるものをさまざまな方法で探してきましたが、心を傷つけられるものが大半でした。それがどんなに良いものであっても、あなたの上に置いてしまえば、満足できるものにはなり得ないことがわかったのです。ですから今朝は、空っぽの自分と願いだけを抱いてあなたのもとにやってきました。あなたのそばに静かに座って、あなたと心を交《か》わしながら、あなたの限りない愛に百パーセント満たしてくださるようにお願いするのです。この恵みの大海原《おおうなばら》の「広さ、長さ、高さ、深さがどれほどであるか」を考えるのは、なんと楽しいことでしょう！

ほかの何よりもあなたに喜びを見いだすことが、わたしの人生にゆるぎない土台をもたらしてくれます。この確固とした土台の上に築いていくことで、喜びと確信をもって日々を送ることができるのです。こんなにもひどく壊れかけた世界に生きているのだから、私はこれからも困難に遭遇しつづけることでしょう。けれどもあなたにおゆだねしてしがみついていれば、安心して自分の道を導いていただけるのです。主イエスさま、あなたは私の人生を、意味のある満足のいくものとしてくださっています。私の最終的な目的地――「栄光の」門へと向かう旅路を！

あなたの栄光のお名前によってお祈りします、アーメン。

詩篇90:14、エペソ3:17-18、ピリピ4:13、詩篇73:24

２月21日

私の「平和の主」イエスさま、

あなたは「平和の主、どんな時にもどんな場合にも、平安を与えてくださいます」。私の内にはぽっかりとあいた深い穴があって、それはあなたの**平安**でしか満たすことはできません。あなたを知るまえの私は、その穴をさまざまな方法で埋めようとしていた――いいえ、ただ穴なんかないふりをしていただけでした。今でもしばしば、あなたの平安を自分がどれだけ必要としているかを十分にわかっていないときがあります。あなたの**平安**を、「どんな時にも、どんな場合にも」どれほど深く必要としているかを……。それればかりかあなたは、私が自分の必要を認めることは闘いの半分にしかすぎないことを教えてくださってきました。残りの半分は、あなたは「私の必要をすべて満たす」ことができるし、またそうしてくださる、と信じることなのです。

あなたは亡くなるまえに、弟子たちに――そしてあなたを信じ従うようになるすべての人に「平安を残す」ことを約束されました。それはあなたが愛をこめて豊かに与えてくださる贈り物であることを明らかになさったのです。私の役割は、この栄光の贈り物を必要としているだけではなく、心から望んでいることを認めて、ただ**受け取る**こと。どうか私が、あなたの**平安**をあふれるほど受けることを熱く期待して、あなたのもとで忍耐強く待つことができるように助けてください。両手を高く上げてこう言うことで、この贈り物を心から迎えることができるのです。〝イエスさま、あなたの平安を受け取ります〟と……。

安らぎを与えてくださるあなたのお名前によってお祈りします、アーメン。

Ⅱテサロニケ3:16、ピリピ4:19、ヨハネ14:27

２月22日

最愛のイエスさま、

私の人生を一歩一歩導いてくださることを感謝します。どうか、今日の**この**日も私を導いてください。子どものようにあなたに頼って、あなたの手をしっかり握っていますから……。私の未来は不確かで薄っぺらに、危なっかしくさえ見えます。あなたが私の前の道を切り開いてくださることを信じて、「見えるものによらず、信仰によって歩む」必要があるのです。

あなたへの信頼を確認するたびに、まるであなたの信仰の金庫に硬貨を入れるような気がします。そんなふうにして私は苦難の日々の備えをしているのです。感謝なことに、あなたは私が投資した信頼をすべてみこころのうちに安全に管理して、利息を複利で増やしつづけてくださっています。私があなたに信頼する努力をすればするほど、あなたは私にそうする力を与えてくださってきたのです。

私は、平穏な日々にも――大したことは起こりそうにないときにも、あなたに信頼することを実践しなければなりません。そうすれば嵐が来たときに、私の信仰の残高はたっぷりあって、そうした難局を切り抜けられるからです。どうか、私にあなたへの信頼を断言することを思い起こさせてください。心の中で、ささやき声で、歓声をあげて、歌うことで、あなたに対する信頼をあらわせるように……。これを実践することで、あなたの栄光を讃《たた》え、ずっとあなたのそばにいて、あなたの平安に憩《いこ》うことができるのですから。

信頼するあなたのお名前によってお祈りします、アーメン。

Ⅱコリント5:7、詩篇56:3-4、マタイ6:20、イザヤ26:3

２月23日

私の導きの神イエスさま、
　私があなたの導きに喜んで従っていけるように――私自身をあなたと、私のためのあなたのご計画にもっと十分に開くことができるように、助け導いてください。自分の計画に集中しすぎるあまり、あなたが私のために備えてくださったことを見逃したくないのです。それよりも、私が「心を新たにして、あなたに自分を造り変えていただき」、あなたの新しさを私の内に働かせてくださるあいだ、あなたとともにくつろぐことを選びます。私に必要なのは、あなたのもとで「静まり」、自分の期待や要望を手放すほどにあなたに信頼することなのですから……。
　私は時々、自分の望んでいることを思いどおりのタイミングで実現させようとするあまり、かえって邪魔《じゃま》してしまうことがあります。でもあなたは、私の心の願いを知っておられるだけでなく、その目標に到達するための最良の方法と時とをご存じです。ですから私は、**あなたの**みこころとタイミングとに従うことを学んでいるのです。自分で自分を制御しようと奮闘するよりも、私に必要なのは「あなたの御顔を慕い求め」、あなたのもとでくつろぎ、心を開いてあなたと語ること……。ひとたび気持ちが新たになったのを感じたら、あなたに、この先の道を示してくださいとお願いすることができるからです。私は、あなたが約束してくださったこのことばに勇気づけられています――「わたしはあなたの人生の最良の道にあなたを導こう。あなたを見守り、あなたに助言を与えよう」と……。
　私を変えてくださるあなたのお名前によってお祈りします、アーメン。

ローマ12:2、詩篇46:10、Ⅰ歴代16:11、詩篇32:8

２月24日

麗《うるわ》しき救い主イエスさま、

私は、「人の知恵をはるかに超えたあなたの愛の広さと深さがどれほどであるかを理解したい」と願っています！　あなたに関して単なる知識として知ることと、実際にあなたを知ることのあいだにはとてつもなく大きな違いがあることを見てきたからです。あなたに関するいくつかの事実をただ知ることよりも、愛にあふれたあなたのもとで過ごせるすばらしい体験を楽しみたいのです。

そのためには、聖霊さまの助けが必要なことはわかっています。「聖霊さまが力をもって私の内なる人を強めてくださり、私に対するあなたの愛がどれほど広く、長く、高く、深いものであるかをしっかり理解できるようにしてくださる」ことを……。

私が救われた瞬間から、あなたは私の心の中で生きておられます。「私の内なる人」の中にあなたのための場所を増やせば増やすほど、あなたがご自分の愛で私を満たしてくださることも経験してきました。あなたと豊かな時間を過ごし、あなたのことばを吸収することで私の心の中のこの空間を広げていくことを教えてくださったのです。

私は、「絶えず祈る」ことによってあなたと、もっともっとつながりつづけていたい。この喜びにあふれた訓練は、私をずっとあなたのそばにとどめてくれるからです。

主イエスさま、どうかあなたの愛が、私を通してほかの人たちの人生に流れこむことができるようにしてください。こうすることで「あなたの愛が私の内に全《まっと》うされる」のですから。

愛にあふれるあなたのお名前によってお祈りします、アーメン。

エペソ3:16-19、Ｉテサロニケ5:17、ヨハネ4:12

2月25日

私の救い主であり神であるイエスさま、

どうか私が、この世界に関する悩みごとを忘れて、あなたによって心から憩《いこ》えるように助け導いてください。「神が私たちとともにおられる」という意味の、インマヌエル」であるあなたに心を集中することで、生きて働いておられるあなたのもとで**平安**に包まれますように……。「あなたは、きのうも今日も、とこしえに変わることのないお方である」と知って、あなたが永遠に守ってくださることに安らぎを見いだしています。

私は時々、人生の表面的なことばかり——絶えず変化している現象ばかりに、気を取られて暮らしていることがあります。もしもずっとこんなふうに生きていたら、いつかはソロモンの感傷的な言葉をくりかえすことになってしまうでしょう——「空《くう》の空。すべては空である」と……。

私は、自分の人生の日々に意味を注ぎこむ方法は、あなたと力を合わせて生きていくことだと学んできました。あなたとふたりだけで一日を始める必要があるのは、あなたが本当に生きて働いておられることを実感するためです。あなたとみことばに集中して時を過ごしながら、私の前の道を一歩一歩開いていってくださるようにお願いする。そして、あなたと過ごすこの平和な時間から立ち上がって一日の旅を始めるとき、あなたが隣にいてともに歩んでくださっていることに気づくのです。あなたにおゆだねしてあなたの手をしっかり握りしめると、あなたは、「私の進む道をまっすぐにしてくださいます」。感謝します、イエスさま！

強く頼もしいあなたのお名前によってお祈りします、アーメン。

マタイ1:23、ヘブル13:8、伝道者1:2、箴言3:6

２月26日

頼《たの》みとする主イエスさま、

どうか私があなたに信頼して、あなたのもとで安らぎ、くつろげるように助け導いてください。実は私は、しばしば超過敏状態で生活している――まるで非常事態の只中《ただなか》にいるかのように感じ、行動していることが多いのです。みことばが「私は驚くべきすばらしいものに造り上げられた」ことを教えています。私の体《からだ》は必要に迫られると**高速ギア**になり、危機が去れば**低速ギア**に下げるように入念に造られています。それなのに私は、不完全な体で不完全な世界に生きているために、警戒をゆるめて心からくつろぐのが難しいことに気づいたのです。

私が忘れてはならないのは、あなたがずっとそばにいてくださること、あなたこそすべての確信と信頼を託《たく》すのにふさわしいお方だということです。私は「自分の心をあなたの御前に注ぎ出す」ことができる――私を悩ませているすべてのことを、至高の存在であるあなたにおゆだねすることができるのです。

「心を尽くしてあなたに信頼する」ように、私を訓練してくださっていることを感謝します。あなたに信頼して「あなたに頼れば頼るほど」、あなたのそばで過ごせることをもっと十分に楽しむことができます。あなたの癒やしの**光**に包まれてほっとひと息つくとき、あなたは私の心の中に**平安**の輝きを注ぎ入れてくださる。あなたとともにゆったりと時間を過ごすあいだ、あなたの存在をさらに強く心に刻みこみ、「あなたの変わらぬ愛」が自分の内にしみこんでいくのを感じるのです。

あなたの聖《きよ》い癒やしのお名前によってお祈りします、アーメン。

詩篇139:14、詩篇62:8、箴言3:5、詩篇52:8

2月27日

王なるイエスさま、

あなたは私の王であるだけではなく、私のいちばんの親友です。私は自分の人生を、あなたと手を携えて歩んでいきたい。今日何が起ころうと――喜びも困難も、冒険にも失望にも向き合えるように、一歩一歩あなたに頼って進んでいけるように助け導いてください。あなたと分かち合うなら、何ひとつ無駄になることはありません。あなたは、失った夢の「灰の中から、麗《うるわ》しい王冠を取り出すことのできる方」。悲しみの中から喜びを、逆境の中から平安を引き出すことのできるお方です。この驚くべき変化をなしとげることのできるのは、王の王でもある友《とも》ただおひとり。主イエスさま、あなたのようなお方はほかにいません！

あなたが私に与えてくださる友情は、実際的、現実的なものでありながら、天の栄光に満ちあふれているものです。あなたのもとで生きることは、ふたつの世界を――目に見える世界と、目には見えない永遠の現実とを同時に生きることでもあります。主イエスさま、ほこりまみれの世俗的な道を歩むときも、ずっとあなたを意識していられる力を与えてくださることを感謝します。みことばが断言しているように、「私は畏《おそ》れ多いほどに驚くべきものに造り上げられた」のですから。

畏《おそ》れ敬《うやま》うべきあなたのお名前によってお祈りします、アーメン。

ヨハネ15:15、イザヤ61:3、Ⅱコリント6:10、詩篇139:14

２月28日

喜びのイエスさま、

どうか私が「あなたの御顔の光の中を歩み――あなたの御名を喜び称《たた》えて、あなたの義によって高く上げられる」ように助け導いてください。あなたを称賛することは、叫んだり拍手喝采することも含めて、強く熱心にあなたを賛美することです。私はあなたのすべてを――あなたが私の**救い主**であり、**羊飼い**であり、私の**主**であり、私の**神**であり、私の**至高の王**であり、「変わらぬ愛」で私を愛してくださる私の**友**であることを喜ぶことで、あなたの御名を喜ぶのです。

私は、あなたがご自分の義をかけがえのない聖なる贈り物として**私**にくださったという驚くべき真実を、何よりもうれしく感謝しています。あなたの完全な義は、もうすでに私の口座に振りこまれているのです――私は自分の人生においてまだ罪と闘いつづけているのに……。

私があなたの輝かしい**光**の中を歩みつづけるなら、「あなたの血がすべての罪から私をきよめてくれます」。私が赦《ゆる》しを必要としている罪びとであることを自分の意志で認め、あなたのもとで生きることを求めるなら、あなたの輝かしい光によって「きよめられる」。そればかりか、このきよめの恵みによって「ほかのクリスチャンたちとの交流をもつ」ことができるのです。

主イエスさま、私はあなたとともに**光**の中を歩めることを喜んでいます――あなたの輝く愛に包まれて歩むことを……。

あなたの輝かしいお名前によってお祈りします、アーメン。

詩篇89:15-16、詩篇31:16、ローマ3:22、Ｉヨハネ1:7

２月29日

恵みあふれる主イエスさま、

私は何かを求めて熱心に祈り、その答えを熱望して待つことがよくあります。あなたが私の願いを聞きとげてくださったら、私は喜んで感謝して受け止めます。ところが感謝の態度は長くは続かず、むしろ、あまりにも早く次の願いごとに移ってしまうのです。主イエスさま、私はあふれんばかりの感謝を短く経験するよりも、感謝の思いが先々まで広がりつづけるように、感謝に満ちた**喜び**の態度を保《たも》ちつづけることを学びたいと思っています。

どうか、私の願いに対するあなたの恵みあふれる答えを心に刻みつけられるように助け導いてください。あなたからいただいた恵みについて、ほかの人たちに話すことが有益なことがわかったからです。答えられた祈りを忘れないようにするもうひとつの方法は、しょっちゅう目にする場所にその答えを書きつけておくことです。

どうか私に、感謝をもって「あなたのおこなった奇《く》しきみわざを思い起こす」ことを教えてください。感謝の心によって私への恵みが二倍になることを、あなたは示してくださいました。祈りが答えられた喜びの記憶と、私の幸せをあなたと分かち合う喜びとによって……。

あなたの喜びのお名前によってお祈りします、アーメン。

詩篇95:2、Ⅰコリント15:57、Ⅰ歴代16:12

3月

　イエスは彼に言われた。「わたしが道であり、真理であり、いのちなのです。わたしを通してでなければ、だれも父のみもとに行くことはできません。」

（ヨハネの福音書14章６節）

3月1日

私の宝、イエスさま、

どうか私に、その場の状況に左右されない**喜び**を――**あなたご自身**を与えてください。「知恵と知識の宝はすべて、あなたの内に隠されている」と、みことばが語っています。あなたはかぎりない知恵と知識を備えておられる。それはつまり、あなたの内に宝を求めれば決して尽きることはない、ということです。

あなたは私の人生にあふれるほどに流れこむ**喜びの泉**……。ですから私は、自分の心と思いと精神を全開にして、あなたを十分に受け入れようと努《つと》めているのです。あなたの**喜び**はどんな困難な状況においても共存できることは、なんと感謝なことでしょう。私の人生にたとえどんなことが起ころうとも、「あなたの御顔の光」はずっと私を照らしつづけてくれます。私が信頼の心でずっとあなたに目を向けつづけていられるように導いてください。たゆまずあなたを探し求めつづけていれば、ついには**喜びの光**がどんなに暗い嵐の雲をも突き抜けて差しこんでくる。あなたの天上の**光**が私の内にあふれるにつれて、私の視界も明るくなり、崇高《すうこう》な喜びに満たされるのです。

「天に蓄えられている、朽ちることも、汚れることも、消えることもない資産を受け継ぐ者として くださった」ことを心から感謝しています。「ことばに尽くせない、栄光の喜び」は、今もそして永遠に、私のものなのですから！

喜びに満ちたあなたのお名前によってお祈りします、アーメン。

コロサイ2:3、詩篇89:15、Ⅰペテロ1:3-4、8

３月２日

誠実な神イエスさま、

「あなたは、朝ごとに私を呼び覚まし、あなたのみこころを理解できるようにしてくださいます」。いつも私のことを心にかけておられることを感謝します。あなたは決して眠らないお方だから、私が眠っているあいだも見守ってくださっていることを知って安心しています。しかも、「私が目覚めても、あなたはそばにいてくださる」。あなたがともにおられることに気づくようになるにつれて、あなたは、私がもっと注意深くなって、半分眠っているような思考のもつれを解きほぐせるように助けてくださるのです。私は「あなたに近づいていく」ことで、あなたの愛をこめた呼びかけにこたえることができます。あなたのもとで楽しんで時を過ごし、みことばで魂を養うことは、何よりの喜びなのです。

私は、あなたに捧げる時間が自分に大きな恵みと力を与えてくれることに気づきました。あなたはみことばに対する私の理解を広げて、私が聖句をもっとよく理解し、自分の生活に適用できるようにしてくださいます。私が今日のこの日の計画を立てるのに、あなたのみこころをはっきり見分けられるように助け導いてください。あなたと並んで歩みながら、あなたのみこころをおこなおうと努《つと》めるとき、行《ゆ》く道に何が来ても対処できる力を、あなたは与えてくださるのです。

主イエスさま、「どんなときにも」――どんな状況においても、「あなたに信頼する」ことができるように私を導いてください。

頼《たの》みとするあなたのお名前によってお祈りします、アーメン。

イザヤ50:4、詩篇139:17-18、ヤコブ4:8、詩篇62:8

3月3日

かけがえのない主イエスさま、

私は、あなたがこうおっしゃるのを聞くのが好きです――「わたしは、あなたの名を呼んだ。あなたは、わたしのもの！」と……。時には遠く離れているように感じることがあっても、私はあなたのものだと知っていることで、とても安心します。私の罪の代価をすべて支払って、「罪から解き放ってくださった」ことを感謝いたします。あなたが私をもっとも個人的な形でご自分のもとに呼んで、私の生活状況にまで手をさしのべ、心や思いの複雑な部分にも語りかけてくださることが本当にうれしいのです。あなたにお従いするクリスチャンの数は数えきれないほど多いのに、あなたにとって私は、決してその数のひとつではありません。いつも必ず「私の名を呼んで」、語りかけてくださる。聖書は、私はあなたにとってかけがえのないものだから、「あなたは私を手のひらに刻みつけた」、「どんな被造物《ひぞうぶつ》も、あなたの愛から私を引き離すことはできない」と教えています。

この世界の目まぐるしい出来事に取り巻かれ、自分の個人的な世界も不安定なときは、これらのストレスの要因について、いつまでもぐずぐず考えていたくはありません。たとえ、この世界が問題ばかりでも、あなたが支配しておられ、私とともにいてくださるという事実に思いを集中できるように助け導いてください。あなたは、私が自分個人の問題からあなたご自身の存在へと主題を変えるように、私を訓練してくださっています。〝でも、イエスさまが一緒にいてくださるんだから〟と小声で言って、あなたに向き合うことによって……。

勝利者であるあなたのお名前によってお祈りします、アーメン。

イザヤ43:1、イザヤ49:16、ローマ8:38-39

３月４日

親愛なるイエスさま、
私はあなたがそばにいてくださることを知っています。ですから、私が不安にならないように助けてください。私は心配で胸が騒ぐときに、あなたの「落ち着きなさい！」という声を聞くのが好きです。あなたはたとえ何が起こっても、「わたしはあなたを見放さず、あなたを見捨てない」と言って、安心させてくださっているからです。この確かな約束を心にしみこませるとき、私の心は確信と信頼でいっぱいになります。

マスメディアは、容赦なく悪いニュースを流しつづけています。朝食用に、昼食用に、夕食用に、と。相も変わらず提供されるニュースの定食を取りつづけると、病気になってしまいそう……。ですから、変わりやすく移ろいやすいニュースに集中するかわりに、生きたみことば、常に変わらぬお方であるあなたにチャンネルを合わせるようにしているのです。

私が望んでいるのは、聖書のことばで心と思いをいっぱいにして、いのちの道をあなたとしっかり歩いていけるようにすることです。みことばが私に、「たとえ地が揺らぎ、山々が海のただ中に移ろうとも」恐れる必要はない、と言っているからです。

明日、何が起こるか私にはわかりませんが、自分の最終的な目的地のことは百パーセント確信できます――「あなたは、私の右の手をしっかりとつかんでくださる。私に助言を与えて導き、やがては栄光のうちに私を受け入れてくださいます」。ハレルヤ！

あなたの大いなるお名前によってお祈りします、アーメン。

マルコ4:39、申命31:6、詩篇46:1-2、詩篇73:23-24

3月5日

至高の主イエスさま、

私は、物ごとが自分の思うようにいかない時でも明るくしていられることを学びたいのです。自分の思いどおりに事を運ぼうとがんばって一日を始めがちだからです。それでも毎日、少なくともひとつは自分の思いどおりにならないことにぶつかってきました。それは、鏡に映る自分の姿のようにささいなこともあれば、愛する人の深刻な病《やまい》のように重大なものもあります。

あなたの目的は、私の望みをすべてかなえたり、私の人生を楽なものにしたりすることでは**ない**ことはわかっています。私が自分の人生におけるあなたのやり方を受け入れて、どんな状況においてもあなたを信じおゆだねできるように助け導いてください。

自分の感情を制御しようとがんばる日々は、挫《ざ》折感《せっかん》を感じる時間が長くなり、すでに起きてしまったことを後悔してエネルギーを浪費してしまいます。でも過去は変えられないことはわかっているのです。どうか私に、あなたが与えてくださる現在の助けと「将来」に対する「希望」とに感謝することを教えてください。

どうしたらもっと心を楽にして——私の人生を**あなた**が支配してくださることを信じて、あなたがいつもそばにいてくださることを忘れないでいられるでしょうか。みことばが保証しているのは、「あなたは、御前にいる私を喜びで満たしてくださる」こと。そして「喜びとともに御顔の光で、私を照らしてくださる」ことなのです！

あなたの輝かしいお名前によってお祈りします、

アーメン。

詩篇62:8、箴言23:18、使徒2:28、民数6:25

3月6日

愛にあふれる主イエスさま、

私は、**あなたの変わらぬ愛に満たしてください**とお願いするために、あなたのもとに来るのです。「あなたの御顔を求める」最適な時間は、「朝」めざめてすぐです。朝早くからあなたとふれあうことは、私に一日の備えをさせてくれます。あなたの尽きせぬ愛は、どれほど私を満ち足らせてくれることでしょう。私はかけがえのない存在で大切にされているのだと信じさせてくれ、あなたと一緒なら、この日何があっても対処できると思い起こさせてくれるからです。自分は永遠に愛されるのだと知ることは、私を元気づけ、苦難のときにも耐え忍ぶ勇気を与えてくれるのです。

愛にあふれるあなたにお会いすることは、私を「喜び歌い、楽しむ」気持ちにさせてくれます。「王の王、主の主」であるお方に、自分の家という私的な場所でお会いできるなんて、なんとすごい特権なのでしょう！　さらにうれしいのは、私の名前が「子羊――イエスさまの、いのちの書に」消えないインクで「記《しる》されている」ことです！

私が望むのは、あなたのもとで楽しんで過ごせる時間を取ること――聖書を読んで祈り、お話ししたり、賛美の歌を歌ったりすることです。「どんな被造物《ひぞうぶつ》も、あなたの愛から私を引き離すことはできない」という驚くべき真理は、なんという喜びでしょうか！

あなたの栄光のお名前によってお祈りします、アーメン。

詩篇90:14、黙示録19:16、黙示録21:27、ローマ8:39

３月７日

あわれみ深いイエスさま、

　私は、自分にずっと重くのしかかっている事がらについてあなたにお話ししなければなりません。あなたはもうすでに何もかも知っておられることはわかっていますが、声に出してあなたに言うことで、ずっと抱えてきた重い荷物から解放されるからです。

　落ちこんでいるときはいつも、「あなたを思い起こして」時を過ごすことが欠かせません。あなたがどんなお方であるか――「私の主、私の神」、私の**救い主**であり、私の**羊飼い**、「決して私を見捨てない」**友**であると思うことで、気持ちが高められ、見通しが明るくなるのです。あなたが、私の思いや感情も含めて、私の生活のすべての面を知ってくださっていることを感謝します。私に関することはすべて、あなたにとって重要なことなのです！　あなたのもとであなたの愛に包まれてくつろぐとき、まさに私が必要としているものをあなたが備えてくださり、いろいろな面で心をかけてくださっていることを、私が忘れないように助け導いてください。

　私はあなたのもとであなたの**光**を受け、物ごとをもっとはっきり見て、何が必要で何が必要でないかを選別することができます。あなたと過ごす時間が長くなるにつれて、あなたの**御顔の光**が私を照らし、私に恵みを与え、励まし、慰めてくれるのです。「私はなおも、あなたをほめたたえます。『御顔こそ、わが救い』と……」

　あなたの力あるお名前によってお祈りします、アーメン。

詩篇42:6、ヨハネ20:28、申命31:8、詩篇42:5

3月8日

主イエスさま、

あなたが私のために意図してくださっていることが、私が希望したり、期待していたものとは大幅に違うときがあります。そんなときでも私は、あなたが意図しておられることは良いものなのだと信頼しようと努《つと》めています。「あなたは光であり、あなたには闇がまったくない」のですから。私が、自分の置かれている状況にあなたの光を見いだそうとしているのは、あなたは私の人生の一瞬一瞬に豊かに存在しておられるからです。私は、あなたご自身と、私に対するあなたのすべてのなさり方を喜んで受け入れたいと思っています。これは時として、私にとってかけがえのない夢や計画を手放すことを要求されることもあります。そうしたとき私に必要なのは、それがどんなに困難な道であっても「あなたの道は完全である」ことを思い出すこと――そして、それを心の底から信じることなのです。

「主は、御もとに逃れる者すべての盾」。私が失望や不安を感じるとき、どうかあなたのもとに引き寄せて、あなたは私が逃げこむ隠れ家であることを思い出させてください。あなたがすべてのことから完全にかくまってくださるわけではないことはわかっています。試練の中には、私が対処するようにあなたが備えてくださったものもあるからです。私に、この世界で果たすべき意義のある役割を与えてくださって感謝します。どうか私が喜びをもってあなたをよりどころとし、「あなたの定めてくださった人生を送れる」ように助け導いてください。そうすれば、「私の魂は、極上の食物をふるまわれたかのように満ち足りて、私の口はあなたへの賛美を歌い出すことでしょう！」

あなたの至高のお名前によってお祈りします、アーメン。

Ｉヨハネ1:5、詩篇18:30、Ｉコリント7:17、詩篇63:5

3月9日

常におられる私の主イエスさま、

私は先の不確かなことに目をやっては、不安にさせられています。恐れや落胆が、私の将来へと続く道沿いに待ち構えていて、隙《すき》あらばつきまとおうとして手ぐすね引いているのがわかります。「あなたが私に先立って進み、私とともにおられ、私の右の手をしっかりとつかんでくださっている」ことを、どうか私が忘れることのありませんように……。あなたは時を超えて生きておられるから、今私のいる場所で私の横に並びながら、**同時に**道の前方にもいてくださるのです。私は信仰の目を通して、まばゆく輝くあなたのお姿を見ることができます。私を招き、あなたから決して目を離さないようにと勇気づけてくださるのを……。ですから私は、あなたの右手にしっかりつかまって、これらの恐れや落胆の暗い存在を通り越して歩んでいくのです。どうか私が、**変わらぬ愛**と果てしない励ましの光で照らしてくださるあなたに目を向けつづけられるように助けてください。

私があなたに信頼しているのは、「あなたがずっとともにいてくださる」こと、すでに私の将来にもおられて、私の前の道を備えてくださっていることを知っているからです。注意深く耳をすませば、道の前方からあなたが私に呼び返してくださるのを聞くことができます。この警告と知恵、勇気と希望のことばを——「恐れるな。わたしはあなたとともにいる。たじろぐな。わたしがあなたの神だから。わたしはあなたを強くし、必ずあなたを助け、あなたを守る」と……。

あなたの力強いお名前によってお祈りします、アーメン。

申命31:8、詩篇73:23、詩篇119:76、イザヤ41:10

３月10日

私の偉大な神イエスさま、
私はどんな状況になっても、怯《おび》えていたくはありません。どうか、私の毎日が挑戦的なものであればあるほどあなたが与えてくださる**力**も増すことを、私が忘れることのありませんように。

　これまで私は、あなたが日々同じ力を与えてくださるのだと思ってきましたが、そうではないことを学びました。それでもまだ、毎朝目覚めるとすぐに自分の前にあるいくつかの困難の程度を推し量ろうとして、自分のふだんの力と比べてみたりしています。こうした思い煩《わずら》いは取りこし苦労にすぎないことはわかっているし、もう解放されたいのです！

　主イエスさま、**あなた**は私の毎日に何が起こるかをご存じだから、それに応じた力を私に与えてくださることを信じておゆだねすることができます。あなたがその一日に私をどれだけ強めてくださるかは、主《おも》にふたつの不定要素に基《もと》づいています。私の置かれている状況の困難さと、それらの試練に対処する際にあなたをよりどころにしようとする私の意志です。

　どうか私が、こうした困難な日々を、いつもよりもっと**あなたの力**を受けられる機会とみなせるように、助け導いてください。つらい時にもパニックにならずに、自分に必要なすべてのものをあなたが与えてくださるのを待ち望むことができるように……。私を安心させ、元気づけてくれるみことばを感謝します——「あなたの力強さが、あなたの生きるかぎり続くように」

　あなたの力強いお名前によってお祈りします、
アーメン。

Ⅱコリント12:9、詩篇105:4、申命33:25

３月11日

私の慰め主イエスさま、

私が「ただあなただけを待ち望む」ように助け導いてください。「私の望みはあなたから来るからです」。私の心は落ち着くときがありません。次から次へと飛び回って、めったにじっとしている時がないのです。けれどもみことばが「静まって、あなたこそ神であることを知る」ように教えています。あなたのもとで静かに座っていると、あなたが「わたしのもとに来なさい。わたしがあなたを休ませてあげよう」と言ってくださるのを聞くことができるのです。

あなたは、私を真に満ち足らせ強めてくださる、私の心にとって唯一の休息所です。私に必要なのは、自分の思いを直接あなたに伝えるための時間を取り、あなたの名前をささやき、あなたの聖なる場所で過ごすこと。あなたと過ごすこの活動の合間《あいま》の時間が、私の心と魂の両方をみずみずしく回復させてくれるのです。

真《まこと》の希望はあなたから来るもの……。偽りの希望は、さまざまな出所《でどころ》があります。説得力のある宣伝活動もそのひとつです。どうか、希望の道を歩もうとするときに見抜く力を与えてください。たくさんの声が私に呼びかけてくるからです。〝こっちの道だよ！〟と。私の注意を引こうと声を張り上げているすべての情報の処理を行《おこな》おうとする際に、だまされないように守ってください。情報過多から逃れる最善の方法は、**あなた**に改めて自分の思いを集中させることだということがわかってきました。あなたの平安に包まれてあなたのもとで憩《いこ》うとき、真の希望が私の内で育っていくのです。

私を慰めてくださるあなたのお名前によってお祈りします、アーメン。

詩篇62:5、詩篇46:10、マタイ11:28-29、詩篇42:5

３月12日

大切なイエスさま、

私は時々、自分がぼろぼろにすり切れてしまったような気がすることがあります。周りの人々や状況に、あっちに引っ張られ、こっちに引っ張られて……。そんなときはすぐに立ち止まってあなたのもとに向き直らなければいけないのに、もっともっとやらなくちゃと自分を追い立ててしまうのです。なんとか体《からだ》を落ち着かせることはできても、私の心は将来の問題を先走って懸念し、解決法を探して必死に疾走しつづけるのです。

どうか私が、「知恵と知識の宝はすべて、あなたの内に隠されている」という驚くべき真理に心を集中できるように助け導いてください。あなたのこのことばをたびたび思い起こして、自分の心にささやくことができるように……。〝愛する人よ、わたしはあなたの宝だから、わたしによってあなたは完全なのだよ〟。ほかの誰よりもあなたを賛美し、「私の初めの愛」であるあなたを喜ぶとき、私は自分がばらばらになってしまったと感じなくてもすむように守られるのです。あなたは私をしっかり成長させてくださるお方だから、私の思いがあなたのもとからさまよい出すたびにご自分に戻すように、私を訓練してくださっているのです。主イエスさま、忍耐強く私に働いてくださっていることを感謝します。

あなたのそばで生き、あなたと過ごせる喜びには、あなたの命令に従うことも含まれています。実を言うと、私はしょっちゅう失敗しているのですが……。「あなたが私に救いの衣を着せ、正義の上着をまとわせてくださる」ことを感謝しています。ずっとずっといつまでも……。

あなたの聖なるお名前によってお祈りします、アーメン。

コロサイ2:2-3、黙示録2:4、イザヤ61:10

３月13日

すべてをご存じの神イエスさま、

どうか私を、目の前に広がる今日という日に備えさせてください。あなたはこの日に何があるか**正確に**ご存じですが、私には漠然とした考えしかありません。今日の旅のくねくねした道も曲がり角も、すべて教えてくれる地図を見ることができたらいいのに……。前方の道に何があるかをどうにかして見ることができたら、ずいぶん心の準備が違うことでしょう。でもあなたは、私が今日**どんなことに**遭遇しても対処できる、もっと良い道を教えてくださっています。それは、あなたと上質の時を過ごすことです。

前方の道に何が待っているかわからなくても、あなたが今日の旅のために私に十分な備えをしてくださっていることを信頼しています。一足ごとにあなたが私の**道連れ**になってくださるという約束に、心を躍らせているのです！　それに、あなたに自分の思いを向け直す必要があるときは、あなたの名前をささやいて、あなたとさらに深く心を交《か》わすことを学んでもいます。この習慣のおかげで、一日じゅうあなたに心の焦点を置いて歩みつづけることができるのです。

主イエスさま、あなたがずっと変わらずそばにいてくださることを喜んでいます。最高の道路地図よりも安心できるからです！

喜びにあふれたあなたのお名前によってお祈りします、アーメン。

出エジプト33:14、ピリピ4:4、ヨハネ15:4-5

３月14日

栄光の主イエスさま、

あなたは、希望とは私を天国につなぐ金の糸のようなものだ、と教えてくださいました。この糸のおかげで、さまざまな試練に翻弄《ほんろう》されているときでも、しゃっきりと顔を上げていられるのです。私は、あなたが決して私のそばを離れず、私の手を放したりはなさらないことを知っています。けれども希望の糸がないと、私はあなたと上り坂の旅をしているときに、頭をがっくりとたれ、足を引きずりはじめたりもするのです。希望は、私の疲れた足から目を上げさせ、高みにある確かな道から見渡すことのできるすばらしい景色へと視線を移させてくれるのです！

主イエスさま、いつもそばにいてくださってありがとうございます。私たちがともに旅している道は、最後には天国に通じる本道《ほんどう》です。この栄光の目的地に思いを馳《は》せると、前方の道がでこぼこなのか平坦なのかは気にならなくなります。どうか私が、心の中にふたつの焦点をもてるように訓練してください――いつもともにいてくださるあなたと、天国の希望と……。

あなたのすばらしいお名前によってお祈りします、アーメン。

ローマ12:12、Ⅰテサロニケ5:8、ヘブル6:19-20、ローマ15:13

３月15日

愛するイエスさま、
　みことばは、「私が光の中を歩み、あなたから離れずに生きるなら、あなたの血によってあらゆる罪からきよめられる」と告げています。ですから私は、あなたのもとに自分の罪を携えてきて、それらの罪を告白し、必要な変化をおこなえるように助けてくださいとお願いするのです。

　私は、あなたに対する自分の立場《たちば》が、自分の罪をどれだけ速《すみ》やかに、どれだけ完全に告白するかによるものではないことを感謝しています。私があなたに対して正しくありつづけられるのは、唯一**あなたの**完全なる「正義」によるものであることを教えてくださったからです。この貴重な贈り物を、私がクリスチャンになったときからふんだんに、永遠に与えてくださることを感謝します。**私はあなたのもの**だから、「あなたの正義の衣で」輝かんばかりに「着飾って」、栄光のあなたのもとに確信して来ることができるのです。

　私は「あなたの御顔の光の中を歩む」ことが、数えきれないほどの形で恵みを与えてくれることを見てきました。あなたと分かち合えば、良いことはもっと良くなり、悪いことはもっと耐えやすいものになります。あなたの**愛の光**を喜んでいるから、私はほかの人たちをもっと十分に愛し、「交流をもつ」ことができるのです。そればかりか、つまずいたり、過ちをおかすことも少なくなります。あなたの聖なる**光**に照らされて、罪は火をみるより明らかにされるからです。

　主イエスさま、私が「一日じゅう、あなたの御名によって喜び」、あなたと過ごす時間を楽しむことができるように導いてください。「あなたの義によって高く上げられる」ように！

　あなたの聖なるお名前によってお祈りします、アーメン。

Ｉヨハネ1:7、イザヤ61:10、詩篇89:15-16

３月16日

至高の神イエスさま、

私に必要なのは、自分の人生をきちんと制御できているという思いこみを捨てること……。物ごとが順調に進んでいるときは、自分がちゃんとやっているからだと思いこみやすいからです。それでも、私の主人は自分自身なのだと受け止めることが長くなるにつれて、この役割が心地よくなり、危険にさらされることも増えてくるのです。

私は穏やかな航海の時を楽しみ、それを感謝することができます。けれども、自分の人生の主人は自分だという思いに――それを当然のようにみなして、耽溺《たんでき》するようになってはいけないのです。これまでの経験から、嵐がやってくると、不確かな不安の影が水平線にぬうっと姿を現すことを学んできました。もし自分自身で制御することに固執して、自分のやり方で物ごとを進める資格があると思いこんでいたら、困難に遭遇したときに沈没してしまうでしょう。

どうか、「どんなときにもあなたに信頼して、自分の心をあなたの御前に注ぎ出す」ことができるように助け導いてください。「あなたは私の避《さ》け所《どころ》なのです」から……。あなたが逆境や苦難を用いて私を、自分が制御するのだという幻想から解き放してくださることを感謝します。自分の置かれている状況や自分の将来が不確実なことだらけのとき、私はあなたのもとに逃げこんで、あなたを「避け所」とすることができる。「あなたを知ること」に安全と安心を見いだしたいのです。私の人生の嵐と――そしてすべてのものを統《す》べ治める主人であるあなたを知ることに！

あなたの偉大なるお名前によってお祈りします、アーメン。

ヤコブ4:13-14、詩篇62:8、ヨハネ17:3

３月17日

かけがえのないイエスさま、

「あなたはよみがえりです。いのちです。あなたを信じる者は死んでも生きるのです」。あなたがこの力強い真理をマルタに語ったとき、弟のラザロは死んで四日《よっか》たっていましたが、マルタはあなたのことばを信じました。そしてあなたが「ラザロよ、出て来なさい」と命令すると、ラザロは墓から出てきたのです！

私は「あなたが道であり、真理であり、いのちである」というあなたの教えに思いを馳せるのが好きです。あなたは私が必要とするすべてです。この人生においても、次の人生においても……。「あなたの内に、知恵と知識の宝がすべて隠されているのです」。この真理を信じることで、私の人生は平易なものとなり、あなたに心を集中する助けとなります。どうか、あなたをほかの何よりも大切な宝物として心に留《とど》めるという喜ばしい規律によって、私を訓練してください。

あなたは私のすべての苦闘に対する答えであり、あらゆる時間と状況に満ちわたる**喜び**です。つらい時を耐えられるものとし、良い時はさらに良いものにしてくださる。ですから私は、このままの自分で「あなたのもとに来る」のです。自分の人生をもっともっとあなたと分かち合いたくて……。あなたと旅をつづけていけるのがどれほどうれしいことでしょう。一足ひとあし、私を導いてくださる「道」であり、永遠の**いのち**をくださる「よみがえり」であるあなたとともに……。

王であるあなたのお名前によってお祈りします、アーメン。

ヨハネ11:25、43–44、ヨハネ14:6、コロサイ2:2–3、マタイ11:28

３月18日

最愛のイエスさま、

「あなたが私のことを心配してくださっている」ことを知るのは、なんとすばらしいことでしょう！　あなたとともに時間を過ごしているとき——あなたの愛に包まれてそのぬくもりと安心感とにひたっているときは、私の人生はすみずみまであなたが支配してくださっているのだと信頼しやすくなります。聖書は「神を愛する人たち、すなわち、神のご計画にしたがって召された人たちのためには、すべてのことがともに働いて益となる」と確言しています。

世界がこんなふうに異常な堕落した状態に陥《おちい》っているので、時々、まるで運や偶然が天地万物を支配しているのではないかと感じることがあります。見たところほとんど、あるいはまったく意味のない出来事が突発的に起こっているようで……。けれどもあなたは、私が世界をそんなふうに見ているとき、いちばん重要な事実を見落としていることを教えてくださったのです。それは、私の理解には限りがあること。目に見える世界の表面下には、「私には知り得ない驚くべきこと」が潜《ひそ》んでいることです！

あなたがどれほど私の近くにいて、どれほど絶え間なく私のために働いてくださっているかを実際に**見る**ことができたら、あなたの私への驚嘆すべき心配《こころくば》りを二度と再び疑うことはないでしょう。それでも、みことばは私に、「見えるものによらず、信仰によって生きる」ように教えています。どうか私が、宇宙を統《す》べ治めるあなたの、「私には知り得ない神秘の力」に信頼するように助け導いてください。

あなたの壮大なお名前によってお祈りします、アーメン。

ローマ8:28、ヨブ42:3、Ⅰペテロ5:7、Ⅱコリント5:7

３月19日

高く挙《あ》げられたイエスさま、

どうか私が、一度に一歩ずつあなたに従っていけるように助け導いてください。これは、あなたが私に求めておられるいちばん重要なことだということはわかっているのです。実際に、自分がこの時間空間の世界を移動することのできる唯一の方法は、一歩一歩進むことだということも理解しています。それでも前方に目をやると、巨大な山々がそびえたっていて、あんな高さまでどうやって登っていけるのかと心配になってくるのです。そうしているあいだにも、どこに向かっているかちゃんと見ていないから、今あなたが導いてくださっている楽な道につまずいたりする。あなたが助け起こしてくださると、前方の険しい崖のことが心配で心配でたまらない、と訴えるのです。

あなたはそんな私に、やさしく思い起こさせてくださいます。今日何が起こるかもわからないのに、まして明日《あす》のことなど知りようもないということを……。私たちの道が急に曲がって、あのそびえたつ峰々を避けられるかもしれない。あるいは山を登るのに、この距離からでは見えないもっと楽な道があるかもしれない。私にわかっているのは、どれほど急な道でもあなたが導いてくださるなら、厳《きび》しい登攀《とうはん》にも完全に備えられる、ということです。「私のために天使たちに命じて、すべての道で私を守ってくださる」のですから。

私は、今のこの旅に思いを集中して、あなたとともに旅ができることを楽しみたい、と心から願っています。どうか、「見えるものによらずに、信仰によって歩む」ことを教えてください。あなたが私の前の道を切り開いてくださることを信じて……。

あわれみ深いあなたのお名前によってお祈りします、アーメン。

詩篇18:29、詩篇91:11-12、Ⅱコリント5:7

３月20日

創造主であり神であるイエスさま、
みことばが私に、「あなたは私の足を雌鹿のようにし、高い所に立たせてくださる」と教えています。あなたは、鹿が険しい山々を楽々と登って高所でも恐がらずに立てるようにお造りになりました。また、あなたは私をも創造し、罪を贖《あがな》ってくださいました。あなたに信頼することで、私が**自分の足で立てる**ようにしてくださったのです。このことは私に、「困難や責務や苦難の高所を歩み、前進できる」確信を与えてくれています。

今私が生きているのは、私の霊的な敵たちが決して休戦を宣言することのない世界です。そのことを絶対に忘れてはなりません。どうか、私が常に「目を覚ましていて」あなたが備えてくださる「すべての武具を身につけられる」ように助け導いてください。たとえ何がおころうとも、「自分の場所を確保し、また、すべてを成し遂げてしっかりと立つ」ことができるようになりたいのです。

私が闘いの真っ只中《ただなか》にいるときは、いつもあなたへの信頼を——あなたが私の隣にいて、一緒に戦ってくださるのだ、という信頼と確信を、思い起こさせてください。まるで負け戦《いくさ》のようだと感じるときでさえも、あきらめてはいけない。私のなすべきことは、あなたの手をしっかりと握って「ずっと立ちつづけている」こと。これこそが勝利なのですから！

勝利者であるあなたのお名前によってお祈りします、アーメン。

Ⅱサムエル22:34、ハバクク3:19、Ⅰペテロ5:8、エペソ6:13

3月21日

恵み深いイエスさま、

あなたの御顔が私を照らし、「あらゆる理解を超えた神の平安」が輝きわたります。私は問題の海に囲まれているけれど、私の**平安**であるあなたと「顔と顔を合わせて」向き合っています。「あなたから目を離さずにいれば」、私は安全なのです。自分のまわりの無数の問題ばかりを長く見つめすぎていたら、自分の重荷の重圧に沈められてしまうでしょう。感謝なのは、もし「沈みかけても、『主よ、助けてください』と叫べる」こと。そうすれば、あなたが引き上げてくださるからです。

あなたの近くで生きれば生きるほど、安心感を得られます。私を取り巻く状況が大きくうねって波立ち、遠くにはいかにも恐ろしげな高波が見える。私には「あなたからずっと目を離さないでいる」ことが必要なのです。決して変わることのないあなたから……。遠くの大波が私のところに達するときには、あなたが造られたときの穏やかな波に戻ることを知っているからです。あなたが常にともにいてくださり、**今日の**高波に向き合う私を強め、勇気づけてくださることが何よりうれしいのです。

あなたは、先々のことは私を怯《おび》えさせようとする幻影であることを教えてくださいました。私が先のことを笑い飛ばせるように助けてください。そして、ずっとあなたのおそばにいられますように……。

嵐や高波の避《さ》け所《どころ》であるあなたのお名前によってお祈りします、アーメン。

ピリピ4:7、マタイ14:29-30、ヘブル12:2、ヘブル13:8

３月22日

私の愛の神イエスさま、

時々、あなたが私の心にこうささやいてくださるのが聞こえます――〝わが子よ、肩の力を抜きなさい。わたしがすべてを支配しているのだから〟。私は、あなたの果てしない愛を確信させてくれるそのことばを、何度もくりかえし全身に浴びたいのです。美しい浜辺でやさしく打ち寄せる波を浴びるように……。

実は私は、まだ実際に起こってもいないうちから物ごとを理解しようとして多くの時間とエネルギーを浪費しているのです。あなたは私の前に道を備えるためにずっと働いてくださっているのに……。あなたが私のために成し遂げてくださった思いがけない喜び――**あなた**にしか統制できない状況を見ることができるように、私の目を開いてください。どうか私が「あなたに愛されている者」であることをずっと心に留《とど》めていられますように……。あなたは私の隣にいて、私にとって最善のことを望んでおられるからです。

恵み深い権力者に愛されている人は、豊かな恵みを受け取ることを期待できます。私は、自分が宇宙の**王**である**あなた**に愛されていること、そして「あなたが私のために良き計画を立てておられる」ことがうれしくてなりません。私が未知の未来に目をやるとき、自分が「あなたに愛されている者」であるという確信を得て、安心できるように助け導いてください。そうすれば、自信をもって前に進むことができるからです。あなたの手にしっかりつかまって……。あなたと私が一緒に「いのちの道」を歩んでいくとき、あなたは私の心を**喜び**と**平安**でいっぱいにしてくださるのです。

あなたの美しいお名前によってお祈りします、アーメン。

エレミヤ29:11、申命33:12、詩篇16:11

3月23日

勝利の主イエスさま、

どうか私が「苦難さえも喜べる」ように導いてください。「苦難が忍耐を生み出し、忍耐が練られた品性を生み出し、練られた品性が希望を生み出す」ことを心から信じて……。苦痛と問題が実は恵みになり得ることを知っているのは、とても励まされ、希望を強めてくれます。それでも、これが自動的に起こるものでないことはわかっています。聖霊さまが、私を苦難のときに導いてくださるのに協力しなければならないからです。

近頃では、忍耐はまれな特質となりました。大部分の人と同じように、私も手っ取り早い解決策を見つけたくて探しています。けれどもあなたは、みことばを通して私に示してくださいました。長く続く苦難は、あなたへの信頼と確信をもって受け入れるなら、私の性質を変えて、もっとあなたに似たものとしてくれることを……。こうして私は、問題から解放されてあなたとともに生きる永遠に備えることができるのです。

私があなたに似た者となるにつれて、さらに希望を経験するようになります。自分の性格がこのように変化することで、私は本当にあなたのものなのだ、という確信が得られるのです！　あなたの近くにいることは、問題に対処するうえでも助けになります。あなたと私が一緒に問題を処理することができると確信できるからです。そして燦《さん》然《ぜん》と輝く天の希望が、私を照らし、私を強め励ましてくれるのです。

あなたの栄光のお名前によってお祈りします、アーメン。

ローマ5:3-4、ヨハネ14:16-17、ピリピ4:13

3月24日

「救いをもたらす神」イエスさま、「たとえ私が苦難の中を歩《あゆ》んでいても、あなたは私を生かしてくださいます」。ですからどんな問題が起きても、私は怯《おび》えたりはしません。それどころか、「救いをもたらす勇者である」あなたが「私のただ中におられる」こと、そしてあなたは世界中のどんな苦難よりも強く偉大であることを思い起こすのです！　聖書は「あなたの右の手が私を救ってくださる」と断言して、私を安心させてくれます。あなたの右手にしっかりつかまってさえいれば、どれほどつらい時にも確信をもって歩いていくことができるのです。

私はあなたが、困難を耐えられるようにしてくださるだけでなく、その苦難を通して私を強く成長させてくださることを感謝しています。それでもつらく厳《きび》しい旅のあいだには、疲れ切って弱気になってしまう時があります。そんなとき、これはあなたが私を不快に思っておられるからだと思いこまずに、壊れかかった世界で生きることの一部だからなのだと、自分の弱さを受け入れられるように助けてください。自分ひとりで戦っているのではないことを、どうか私が忘れることのありませんように……。あなたがともにいてくださり、「世界中で、クリスチャンの兄弟姉妹たちが同じ苦難を経験しているのです」。この苦難と挑戦にあふれた道をゆくとき、私は常にあなたとつながっていなければなりません。あなたが生きてともにいてくださることが、私を生かし、「私に力を与え、平安のうちに祝福してくれる」のです。

あなたの比類なきお名前によってお祈りします、アーメン。

詩篇138:7、ゼパニヤ3:17、Ｉペテロ5:9、詩篇29:11

3月25日

「私の避《さ》け所《どころ》である」イエスさま、

私はあなたのもとに、弱り、疲れ果てて――限界まで打ちひしがれて、やってきました。あなたは私の困難の深さも広さも完全にわかっておられます。そのことを知っているのはなんと慰められることでしょう。あなたに隠されているものは、ひとつとしてありません。

私は「あなたの御前に、心を注ぎ出します。あなたは私の避け所だからです」。自分を守るための防具や仮面をはずして、あなたに対して、**そして**自分自身に対しても、真の自分でいられるのはなんという救いでしょう。私の闘いについて何もかもあなたにお話しすることは、あなたとの関係を強め、平安に満ちた親密さを生み出してくれます。どうか私が、あなたのもとで安全に憩《いこ》えるように助けてください。あなたが私を完全に理解し、「とこしえの愛で私を愛してくださる」ことに信頼して……。

あなたのもとでくつろいでいるあいだに、あなたは私をみずみずしく回復させ、新しくして、前へ進むのに最善の道を示してくださるのです。あなたが決して私のそばを去らないこと――「私の手をしっかり握りしめて離さずにいてくださる」ことを感謝します。このことを知っているから、自分の旅を続けていく勇気と確信がもてるのです。あなたとともに自分の道を歩んでいくとき、あなたがこう「告げてくださる」のを聞くことができるからです――「怖がらなくていい。わたしがここにいて、あなたを助けるのだから」と……。

勇気をくださるあなたのお名前によってお祈りします、アーメン。

詩篇62:8、エレミヤ31:3、詩篇46:10、イザヤ41:13

3月26日

常におられる神イエスさま、
私の存在に関するもっとも重要な事実は、あなたが常にともにいて、私を気にかけてくださっていることです。あなたは時間にも空間にも制限されないお方であり、私とともにいてくださることが永遠に約束されているのはなんと感謝なことでしょう。ですから私は、将来のことについても、あなたがすでにそこにいてくださることを信じて、落ち着いて向き合うことができるのです。
みことばは、私が永遠に向かって飛翔《ひしょう》するとき、あなたが天の国で私を待っていてくださることを保証しています。私の未来はあなたの手の中にあるのだから、「明日のことまで心配する」必要はありません。私が不安を感じはじめたらいつも、あなたがこう言ってくださるのを聞くことができるように助けてください――〝わが子よ、もう「心配するのはやめなさい」〟と……。

主イエスさま、私は今日のこの日を豊かに生きたいのです。見るべきものはすべて見て、なすべきことはすべておこなう。先々の心配に心を悩ませることなく、そのすべてをあなたにおゆだねしようと思います。人生の一日《いちにち》一日があなたからのすばらしい贈り物なのに、私は今日という束縛の中で生きることにもがいているのです。しばしば、豊かに生きるための私のエネルギーは、時間の枠を超えて、明日の心配や過去の後悔へと流れこんでしまいます。こんなふうに自分の貴重なエネルギーを浪費するときは、一日を「十分に」生きるかわりに、その日をよろめき進むことになります。けれども今のあなたの存在に心を集中させていれば、自信をもって歩き、喜びにあふれて元気に生きることができるのです。
宝物であるあなたのお名前によってお祈りします、アーメン。

箴言3:5-6、マタイ6:34、ヨハネ10:10

３月27日

永遠の神イエスさま、

私は、問題が起こるのは避けられないことだ――この壊れかけた世界という織物に織りこまれてしまっているのだ、ということはわかっています。それなのに、問題解決モードにいつもすぐにのめりこんでしまうのです。まるで自分にはすべてを解決する能力があるかのように……。これは習慣的な反応で、反射的にそうなってしまうので、意識して考えるのを回避することが多いのです。この習慣は私自身が不満を感じるだけではなく、あなたとの距離も広げてしまうのに……。

私は自分の人生において、**物ごとを修復すること**にそうした高い優先権を与えたくはありません。この不完全な世界における悪しきことをすべて正す能力が、いかに私には限られているかにますます気づくようになったからです。自分の責任ではないことで自分自身を打ちのめしてしまうかわりに、あなたとの関係をもっとも重要な焦点とすることを、切に求めているのです。どうか私が自分の心にあることは何でもあなたにお話しして、その状況についてのあなたの判断を仰ぐように気づかせてください。自分のまわりのことを何もかも修復しようとするのではなく、今日あなたが私におこなうように望んでおられることを教えてくださるようにお願いできるのですから。そのほかのことは何も心配せずに……。

主イエスさま、私は自分が天の国へと向かう途中にいるのだというすばらしい真実を考えることに喜びを感じています。あなたをずっと心の中心に置きつづけることができるように助け導いてください。私の抱えている問題が、永遠の栄光の光の中で色あせ、消えてしまうように……。

あなたの輝かしいお名前によってお祈りします、

アーメン。

詩篇32:8、ルカ10:41-42、ピリピ3:20、ヨハネ14:2-3

３月28日

恵み深い主イエスさま、

どうか私が「まだ見ていないものを望む」ように――「忍耐して、切に待ち望める」ように助け導いてください。人間の五感の中で、私がもっとも価値をおいているのは視覚です。あなたは世界をすばらしく麗《うるわ》しく造ってくださいました。あなたが創られたものの美しさを見ることは私の喜びです。けれども希望は、それ自体が心で見るものとも言えるので、視覚よりさらにすばらしいことを実感しています。希望は、私の心の目を通して「**まだ**見ていないもの」を私に見せてくれるのです。これについてもっとも驚くべき例は、天国の希望です。みことばが私に語っているのは、私の究極の目的は天国であなたの**栄光**にあずかることだ、ということです。わたしがこの偉大な約束に信頼できるのは、それが、あなたが十字架で成《な》し遂《と》げたみわざとあなたの奇跡の復活に基《もと》づいたものだからです。

私は、今の人生と次の人生の両方に対する「目に見えないもの」を望むことを習慣としなければなりません。どうか私を、あなたのみこころにそった希望と夢とに導いてください。私は、自分の心の目がこれらの恵みを**見る**ことができるように訓練しようと思います。あなたのみこころだけが十分になされるように、と祈りながら。どうか私が「忍耐して待ち望める」ように教えてください。何よりもまず**あなた**に主眼を置くと同時に、待ち望んでいる究極の目的からも目を離さないように……。あなたが私の**希望**なのですから！

あなたの偉大なるお名前によってお祈りします、

アーメン。

ローマ8:25、ヨハネ17:22、ヘブル11:1

３月29日

主イエスさま、

私が、今悩んでいること自体を感謝できるように助けてください。正直に言うと、もう少しであなたに抗議して拳《こぶし》をふりあげそうになるくらい——あなたに逆らうぎりぎりのところにいるのです。あなたの私に対する扱いについて、**ほんの少し**文句を言って気を晴らしたい誘惑にかられているのです。でもひとたびその線を踏み越えてしまったら、怒りと自己憐憫の奔流に押し流されてしまうことをこれまでに大変な思いをして学んできました。このような心が傷つく行動に対する最善の防御策は「感謝をささげる」ことだと、あなたは私に教えてくださっています。あなたに感謝しつつ、同時にあなたに反抗するなんて不可能ですから……。

困難な状況や過酷な試練に対してあなたに感謝するときは、自分の祈りが、最初はぎこちなくわざとらしいものに感じられます。でもそんな祈りでもしつこく続けていけば、ついには感謝の言葉が私の心を変えてくれる。感謝することで私の心に気づかせてくれるのです。永遠《とわ》に変わらぬあなたのもとでは、私のどんな問題も影が薄くなってしまうことを……。「あなたの御前《みまえ》には、満ちあふれる喜びがあるからです！」

喜びに満ちあふれるあなたのお名前によってお祈りします、アーメン。

詩篇116:17、ピリピ4:4-7、詩篇16:11

3月30日

私を愛してくださる救い主イエスさま、

「あなたの変わらぬ愛は、私の慰めです」。私はこんなにも欠陥だらけの世界に生きているので、悩み苦しみが遠ざかることは決してありません。慰めを得られる手段はいろいろありますが、決して「変わらない」ものはたったひとつ――あなたの**愛**だけです！　ほかの慰めの供給源に助けられることも**時には**ありますが、あなたがともにいてくださる慰めは**常にずっと**あるのです。

　あなたが与えてくださる尽きることのない完全な**愛**は、単に私が心配のあまり取り乱すのを抑える**もの**であるだけではなく、**人**でもあるのです。あなたの**愛**は**あなた**から切り離せないもの……。ですから、「どんな被《ひ》造物《ぞうぶつ》も、あなたの愛から、私を引き離すことはできません」。

　私が、自分は何者なのか――あなたを大切に心に抱いて従う者である、ということを忘れないように助け導いてください。私は必要なときは何度でも、慰めを求めてあなたのもとに来ることができます。私にとってあなたは限りない恵みの**源**《みなもと》だから、自分もほかの人々の生活における恵みのひとつになれたらいいと思っています。「私があなたから受ける慰めによって、あらゆる苦しみの中にある人たちを慰めることができるのです」から……。

　慰めを与えてくださるあなたのお名前によってお祈りします、アーメン。

詩篇119:76、ヨハネ16:33、ローマ8:38-39、Ⅱコリント1:3-4

3月31日

かけがえのないイエスさま、

私は、「自分の名前が天の国に——いのちの書に、書き記されていることを喜んでいます」。私はあなたのものだから、私にはどんな状況にも左右されない**喜び**があるのです。あなたが与えてくださった永遠の**いのち**は**絶対に**私から取り去ることはできません。よみがえった救い主であるあなたへの信仰を通して、「私は義と認められ」、さらに栄光を与えられています」。それればかりか、「私をあなたとともによみがえらせ、ともに天上に座らせてくださった」のです。

喜びは、あなたに属する人すべての生まれながらの権利であること、そしてどれほど困難で苦痛に満ちた状況とも共存できるということを、どうか私が忘れることのないように助けてください。ですから私は、今朝あなたのもとに来て、心を開き、両手を広げてこう言うのです。〝イエスさま、あなたの**喜び**をいただきます〟と……。あなたと一緒に時間を過ごしていると、あなたの**光**が私を照らし、私の内の奥深くまで満たしてくれる。こんなふうにあなたは私を強め、私の前に広がる今日一日の備えをしてくださるのです。

何度でも必要なだけあなたのもとに戻って、そのたびに新たな**喜び**を受けることができるのはなんという喜びでしょう。あなたは限りなく豊かな神であられるから、いつも十分すぎるほど十分な恵みをくださるのです！

恵みあふれるあなたのお名前によってお祈りします、アーメン。

ルカ10:20、黙示録21:27、ローマ8:30、エペソ2:6

4月

この恵みのゆえに、あなたがたは信仰によって救われたのです。それはあなたがたから出たことではなく、神の賜物です。　(エペソ人への手紙2章8節)

4月1日

喜びをくださるイエスさま、

どうか、私が喜んであなたに頼って生きられるように助け導いてください！　これまで私は、頼ることは弱さだと考えていたので、できるかぎり自分でがんばろうとしてきました。でもそれは、私のために備えられた**あなたの**道ではありません。あなたは私を、絶えずご自分を必要とするように――そして困窮すらも喜ぶように、造ってくださったからです。私は、あなたが私のために備えてくださったことから外《はず》れることなく生きていきたいのです。あなたの道が最善である、と信じて……。

聖書は私に、「いつも喜んでいなさい。絶えず祈りなさい」と勧《すす》めています。あなたのみもとには、いつも喜びがあります！　あなたは、「わたしはあなたを見放さず、あなたを見捨てない」と約束してくださいました。だから私は、いつでもあなたに話しかけることができるのです。あなたが聞いてくださり、気にかけてくださることを知っているから……。

「絶えず祈る」ことは、私が自らの意思であなたに信頼していることを示すひとつの形です。そしてもうひとつ、あなたに頼りおゆだねしていることをあらわしているのは、みことばを学び、それを用いて、私をあなたのみこころにかなったものに変えてくださるよう願っていることです。これらの喜ばしい訓練のおかげで、私はずっとあなたのおそばにいられる。喜んであなたに頼って生きていくことができるのです。私が「あなたを自らの喜びとすればするほど」、あなたの栄光が讃えられ、私は恵みを受けるのです。

あなたのすばらしいお名前によってお祈りします、アーメン。

Ｉテサロニケ5:16-17、申命31:8、詩篇119:11-12、詩篇37:4

４月２日

親愛なる主イエスさま、

どうか私が「あなたに信頼して、恐れない」ように助け導いてください。あなたがこれまで私を訓練してくださってきたのは、試練は信頼の筋肉を鍛えるトレーニングなのだ、と私が見なせるようになるためでした。私は過酷な霊的闘いの只中《ただなか》に生きており、恐れは、サタンが私に対して用いるお気に入りの武器のひとつです。恐れを感じはじめたら、そのたびにあなたへの信頼を確認しなければなりません。〝イエスさま、あなたに信頼しています〟と祈って……。状況が許せばしっかり声に出して祈り、そう断言することができるのです。

聖書は「私が断固として悪魔に立ち向かうなら、悪魔は私から逃げ去る」と教えています。そして私は、聖なるあなたのみもとで元気を回復することができるのです。あなたと語らい、あなたへの賛美を歌う私を、「あなたが御顔の光で優しく照らし、平安で満たしてくださる」からです。

「キリスト・イエスにある者が罪に定められることは決してない」ということを、私が決して忘れることのありませんように。あなたが私のすべての罪のために十字架にかかって死んでくださったので、私は永遠に**無罪！**の判決を受けることができました。「私は信頼して、恐れません。あなたこそ私の力、私の歌。私の救いとなってくださったからです」。

救い主であるあなたのお名前によってお祈りします、アーメン。

イザヤ12:2、ヤコブ4:7、民数6:24-26、ローマ8:1

４月３日

力ある神イエスさま、
　あなたがこう招いてくださることは、私にとって大きな喜びです——「あなたの重荷をわたしにゆだねなさい。わたしがあなたを支えよう」。自分で自分の重荷を負っていくのはものすごく疲れます！　私の肩は、重い荷を背負うようには造られていないからです。ですからどうか、「いっさいの思い煩《わずら》いをあなたにおゆだねする」ように私に教えてください。何かが重くのしかかってくるのに気づいたときは、その心配がはたして自分の問題なのかどうかを調べるようにします。もし自分の問題ではなかったら、そのままやりすごせばいい。でも、もしそれが**私の**問題ならば、あなたにお話ししなければなりません。あなたの観点からその問題を見て必要な行動をとれるように助けてください、とお願いするのです。

　私がこれまで学んできたのは、問題に気をとられすぎて押しつぶされないようにしなければならない、ということです。それよりも、自分の思いわずらいをあなたのもとに携えてきて、あなたに「おまかせしたい」のです。あなたが私の重荷を、ご自分の驚くほど力強い肩に負ってくださることを信じ、おゆだねして……。

　あなたが私を支え、必要なものをすべて備えてくださるという約束を心から感謝します。「あなたはご自分の栄光の富に応じて、私に必要なものをすべて満たしてくださる」ことを、みことばが保証してくれているからです。

　あなたの尊《とうと》いお名前によってお祈りします、アーメン。

詩篇55:22、イザヤ9:6、Ｉペテロ5:7、ピリピ4:19

4月4日

偉大なるイエスさま、

「あなたは世の光です！」　私は「あなたに従う者」だから、「闇の中を歩むことなく、いのちの光を持つのです」。この世界は闇が多いけれど、私はいつでもあなたのおそばに行ける。だから完全な闇の中にいることは決してありません。

私の前の道は陰《かげ》っていることがしばしばあって、とくに、先を見通すことができません。前方に光があふれていて何があるか予想がついたらいいのに、と思うけれど、実のところ、あなたがいてくだされぱもうそれで十分なのです！　あなたはずっと私とともにいてくださる。そして私の前を行《ゆ》き、道を照らしてくださる。私に必要なのは、あなたに信頼して、あなたが与えてくださる光についていくだけ……。私の前の道に微《かす》かな明かりしかないときでも、あなたの光は、私が自分の道をみつけて一歩一歩進んでいくのに十分すぎるほどです。

いつの日か、私はあなたとともに天国にいるでしょう。そこで私は、この上なく輝き渡るあなたの栄光の光を見るのです！　闇は過去のものとなり、何もかもはっきり見ることができる。聖書は私にこう保証しています――「もはや夜はなく、ともしびの光も太陽の光もいらない。あなたが私を照らしてくださるからだ」と……。それは、私の想像をはるかに超えた輝かしい光なのです！

あなたの輝かしいお名前によってお祈りします、アーメン。

ヨハネ8:12、箴言4:18、黙示録22:5

4月5日

私の力強い救い主イエスさま、
「私が気力を失い、弱り果ててしまわないように」、どうか助けてください。次から次へとやってくる困難に対処していると、疲れ果てて投げ出したくなるのです。長きにわたる問題に消耗して、すりきれそうで……。といっても、自分の問題ばかりに神経を集中しすぎると、自己憐憫《れんびん》や絶望のブラックホールに滑り落ちる危険があることには気づいてます。

体の疲れを和らげないと、感情の疲弊や霊的な消耗に陥《おちい》りやすくなる――「心が弱り果てて」しまいます。私が「あなたから目を離さずにいる」ことで、困難を乗り越えられるように備えてくださっていることを感謝します。あなたが私の生ける救い主となるためにすさまじい代価を払われた――「十字架を耐え忍んでくださった」ことを、私は知っています。あなたは私のために、あんなにもひどい苦しみをも厭《いと》わなかった。そのことに深く思いを馳せるとき、自分自身の困難に耐える力が得られるのです。

私は、あなたを賛美礼拝することは自分の力を新たにする喜ばしい方法であることを知りました！ 逆境の最中《さなか》でも、あなたを賛美して信仰の歩みを進めていけば、あなたの栄光の光が私を照らしてくれるのです。私があなたのもとであなたの愛を感じながら生きていくとき、どうか、この光がほかの人たちをも照らしてくれますように……。「栄光から栄光へと、あなたと同じかたちに変えられていく」のは、なんと大きな喜びでしょうか！

あなたの麗《うるわ》しいお名前によってお祈りします、
アーメン。

ヘブル12:2-3、Ⅱコリント5:7、Ⅱコリント3:18

4月6日

至高の主イエスさま、

私は、常に先を見通そうとしたり、思いどおりの結果を出そうとしてしゃにむにがんばらずに、あなたに信頼して物ごとの起こるままにまかせたいのです。時として私に必要なのは、ゆったりくつろいで、あなたの永遠に変わらぬ**愛の光**で自分自身を生き返らせるだけのこともあるからです。あなたの**愛の光**がかすむことなど絶対にないのに、あなたの輝く存在に気づかないことがたびたびあります。先々のことで頭がいっぱいになって、何をしようか何を言おうかと、あらかじめ心の中で練習しているときは、自分の力だけでやりとげようとしている。そのことはわかっているのです。こんなふうにあなたの助けがなくてもうまくやろうとするのは、わかりにくい微妙な罪で——あまりにもありふれたことすぎて、たいていは気づきもしないですりぬけてしまいます。

主イエスさま、どうすれば、一瞬一瞬あなたに頼って、今のこの時をもっと十分に生きられるか教えてください。自分の不十分さを不安に思う必要はなくて、それどころか、あなたのあふれるほどの豊かさを喜べるからです！　あなたは、私が自分ひとりで物ごとに対処できると感じるときでさえ、「絶えず御顔を慕い求める」ように訓練してくださっています。自分の人生を、自分自身でできることとあなたの助けが必要なことに分けてしまわないで、**どんな**状況においてもあなたを頼《たの》みとすることを学びたいと思います。あなたに信頼しおゆだねして生きていくなら、確信をもって一日《いちにち》一日と向き合い、愛に満ちたあなたと過ごすときを楽しむことができるからです。

愛にあふれたあなたのお名前によってお祈りします、アーメン。

詩篇37:5、ピリピ4:19、詩篇105:4、ピリピ4:13

４月７日

私の救い主であり神であるイエスさま、
　自分の人生から問題がなくなったら、どんなにいいでしょう。でもこれが非現実的な目標であることはわかっています。あなたは十字架にかけられる少しまえに、弟子たちにはっきりとこうおっしゃいました――「あなたがたには、この世で苦難がある」と……。感謝なことに、私には問題から解放されて生きる永遠が天国に備えられていて、それを楽しみに待つことができるのです。この栄光の遺産を受け継ぐことは大きな喜びであり、誰も私から奪い去ることはできません。この地上で自分なりの天国を探すよりも、この約束が成就されるのを忍耐強く待ちつづけることを、どうか私に教えてください。

　主イエスさま、私が一日を始めるときにさまざまな問題を予想して、どんな困難が待ちかまえていてもそれに備えられるように助け導いてください。最善の備えは、あなたが「常にともにいてくださる」こと、「私の手をしっかりとつかんで」決して離さずにいてくださることです。

　自分の問題をあなたと語り合うと心が軽くなって、問題に対してもっと気楽な見方ができるようになります。あなたとふたりで対処できる課題のひとつとみなせるようになるからです。どうか何度も何度も、私に思い起こさせてください。あなたがいつも私のそばにいてくださることを、そして「あなたはすでに世に勝っておられる」ことを！

　勝利者であるあなたのお名前によってお祈りします、アーメン。

ヨハネ16:33、詩篇73:23、ピリピ4:13、ローマ8:31

４月８日

光輝く主イエスさま、

「あなたは闇の中に輝いている光です。闇はこの光に打ち勝てなかった」――そして、これからも決して勝つことはありません！　それでもさまざまな問題が迫ってくると、時にはあなたの**光**が、遠いかすかな記憶のように感じられることがあります。あなたから遠く離れていると感じたら、そのたびに何もかもやめて「自分の心をあなたの御前に注ぎ出す」必要があります。私の問題や感情についてあなたとお話しできる時間や場所を作り出せるように助け導いてください。どうか、自分の重荷をあなたにおゆだねして前へ進む道を示してくださいますように……。

私のまわりの世界がどんなに暗くても、**あなたの光**はずっと「輝き」つづけています。あなたの光のほうが限りなく力強いのですから！　私はあなたに属する者だから、この**光**は、私の外側を照らすだけではなく、私の内側でも輝いています。「ゆがんだ邪悪な世代の只中《ただなか》に」生きている私にとって、これは「世の光として輝く」絶好の機会です。そのためには、あなたの光を浴《あ》びる時間を取って、「私をあなたと同じかたちに変えてくださる」ようにお願いしなければなりません。私は弱く、罪深い者ですが、「あなたの栄光を映す」生き方をしたいと心から思うのです。

あなたの輝かしいお名前によってお祈りします、アーメン。

ヨハネ1:5、詩篇62:8、ピリピ2:15-16、Ⅱコリント3:18

4月9日

恵みあふれるイエスさま、

どうか私が、自分の置かれた状況に左右されない生き方を学べるように導いてください。このためには、「すでに世に勝ったお方《かた》」であるあなたに集中して過ごす時間が必要なのです。困難と苦悩は縒《よ》り合わされて、この滅びかけた世界という織物を織り上げていく。私の内にあるあなたの**いのち**だけが、はてしなくあふれ出る問題に向き合う力を私に与えることができるのです。

あなたのもとで静かに座って、ほっと一息《ひといき》つくと、あなたは私の思い悩む心を**平安**の光で輝かせてくださる。あなたとあなたのみことばに集中するこの時間を通して、私は少しずつこの世の束縛から解き放たれて、自分の置かれた状況を乗り越えることができるのです。あなたの視点で自分の人生を見るようになると、重要なものとそうではないものとを見極《みきわ》められるようになる。そればかりか、あなたのもとで安らぐことで「誰も私から奪い去ることのない」**喜び**に満たされるのです。

喜びに満ちたあなたのお名前によってお祈りします、アーメン。

ヨハネ16:33、詩篇42:5、ヨハネ16:22

４月10日

愛するイエスさま、

「あなたがいつくしみ深いお方であることを味わい、見つめよ」と、みことばが私を招いています。あなたを十分に経験して知れば知るほど、あなたの恵みを確信できることがわかってきました。あなたが「生きて、私を見守り」、私の人生のあらゆる面にたずさわってくださるお方であることをうれしく思っています。あなたは、私がどんなときもあなたを求め、私を通してあなたの愛がほかの人々の人生にも流れこむように訓練してくださってきました。時にはあなたの恵みが思いもよらない形で――苦痛や困難を通して、私にもたらされることがあります。そんなとき、あなたの恵みは、あなたへの信頼を通してしか知ることはできません。理解できないと思うことは何度もありますが、それでも信頼の心がずっとあなたのそばにいつづけさせてくれるのです。

私はあなたの平安の贈り物を感謝しています。どれほど深く、どれほど広いものか想像もつかないほどの、計《はか》り知れない贈り物を……。あなたが復活後に弟子たちの前に姿を現したとき、何よりもまず最初に伝えたのは平安でした。彼らはどうしようもないほどあなたの平安を必要としていたからです。自分たちの恐れを静め、心を晴らすために……。あなたは私にも平安を語ってくださいます。私の不安な思いをご存じだからです。どうか、私がほかの声を耳に入れなくなるように助け導いてください。そうすれば、もっとはっきりあなたの声を聞くことができるからです。主イエスさま、私は両手を広げ、心を開いてあなたのもとにやってきました。あなたの平安を受け取るために……。

平安に満ちたあなたのお名前によってお祈りします、アーメン。

詩篇34:8、創世16:13-14、ヨハネ20:19、コロサイ3:15

4月11日

最愛のイエスさま、

「私はあなたを信じています。たとえ、自分の目であなたを見たことはなくても……」。あなたは、私のまわりの、目に見えるどんなものよりもはるかに実在しておられることがわかっているからです。ですからあなたを信じるときに私がよりどころとしているのは、岩のようにゆるぎない現実性なのです！　私がどんな状況に置かれていようと、あなたは決して破壊できない「岩」であり、私はその上に立つことができる。私はいつでも「あなたに身を避けられる」ことを感謝しています。私は永遠にあなたのものだからです。

　あなたを信じることは数えきれないほどの恵みがある、とあなたは教えてくださいました。もちろん、もっとも明らかな恵みは「私のたましいの永遠の救い」――計り知れない価値ある贈り物です！　あなたを信じることは、現在の生活をも大幅に向上させ、自分が何者であり、誰のものであるかをわからせてくれます。あなたは、私があなたと緊密な関係を保っていくことによって心に希望を抱き、この壊れかけた世界を歩んでいく道を見つけるのを助けてくださるのです。

　主イエスさま、あなたは私の喜びの容量をどんどん大きくしてくださっています。あなたを求め、もっと十分にあなたを知れば知るほど、あなたは私を「ことばに尽くせない、栄光に満ちた喜び」で満たしてくださるのです！

　あらゆる名前に勝《まさ》るあなたのお名前によってお祈りします、アーメン。

Ｉペテロ1:8-9、詩篇18:2、ローマ8:25

４月12日

尊《とうと》い神イエスさま、

聖書は「あなたに信頼する人には祝福がある。あなたが、その人のよりどころとなられる」ことを、私に保証しています。どうか私が、自分の人生のあらゆる細部にいたるまであなたに信頼できるように導いてください。あなたの王国には、無計画のいいかげんなことなど何ひとつないことはわかっています。「あなたを愛し、あなたのご計画にしたがって召された人たちのためには、すべてのことがともに働いて益となる」からです。

私は何もかも理解しようとするのではなく、あなたに信頼し、感謝することにエネルギーを集中したいと思っています。あなたのそばで歩むなら、何ひとつ失われるものはないことを学んでいるからです。私の失敗や罪でさえもあなたの恵みによって変えられて、何か良いものに再生できるということを教えてくださっているのです。

私がまだ闇の中で生きていたとき、あなたは私の罪に汚《けが》された生活に、ご自分の聖なる光を注ぎこんで照らしはじめてくださいました。まさに適切なときに、「私を滅びの穴、泥沼から引き上げて、私の足を岩の上に立たせ、歩みを確かなものとしてくださった」のです。「私を闇の中から、あなたの驚くべき光の中に招き入れてくださった」ことを感謝します。あなたがこれまでしてくださったすべてのことのおかげで、私は確信をもてるのです。私の人生のどんな状況においても、あなたを信じ頼《たの》みにできることを……。

あなたの輝かしいお名前によってお祈りします、アーメン。

エレミヤ17:7、ローマ8:28、詩篇40:2、Ｉペテロ2:9

４月13日

力あるイエスさま、

物ごとが自分の思うように運ばないとき、すぐにその状況を受け入れられるように助け導いてください。あのとき、ああしていたらどうなっていただろうか、とあれこれ空想にふけるのは、時間とエネルギーの無駄遣いだとわかったからです。それだけでなく、もし後悔の感情に溺れたりしたら、それはたやすくあふれ出して憤《いきどお》りに変わってしまうことも学んできました。私に必要なのは、自分の置かれているあらゆる状況をあなたが治めておられることを思い起こして、「あなたの力強い御手の下《もと》にへりくだり、いっさいの思い煩《わずら》いをあなたにおゆだねする」ことです。そうすれば、あなたが私の人生におこなってくださっていることを喜ぶことができるからです。たとえ、それが私の理解を超えたものであっても……。

「あなたは道であり、真理であり、いのちです」。あなたの内に、私の必要なもの――今の人生とこれから来る人生に必要なものが、すべてあります。私はこの世界の衝撃や影響力に自分の考えを砕かれたり、あなたへの注意を引き離されたくはありません。周囲で何が起ころうと「あなたから目を離さずにいる」ことは、いかなる瞬間においても向きあうべき挑戦なのです。あなたが私の考えの中心におられるとき、あなたの観点から状況を見ることができます。そうすることで私は、あなたとともに「いのちの道」を歩んでいくことができるのです。「あなたの御前に満ちあふれる喜び」を味わいながら……。

比類なきあなたのお名前によってお祈りします、アーメン。

Ｉペテロ5:6-7、ヨハネ14:6、ヘブル12:2、詩篇16:11

４月14日

「平和の君《きみ》」イエスさま、

私は「重荷を負って、疲れ果ててあなたのもとに来ました」。あなたのもとで時を過ごし、心と体を休めたいのです。私にはあなたの**平安**がずっと必要だからです。どの瞬間にも**あなた**を必要としているように……。

人生において物ごとが順調に運んでいるときは、自分が、実はどれだけあなたに頼っているかを忘れがちになります。そして、でこぼこ道に出くわすと不安になり、うろたえてしまう。その結果、私にはあなたが必要だということを改めて気づかされて、あなたのもとに戻るのです。あなたの**平安**を求めて……。あなたがこのすばらしい贈り物を与えてくださることは、とても感謝しています。けれども心が静まってからでないと、受け取るのは難しいのです。いつも変わりなくあなたのそばにいつづけることができたら、どんなにいいでしょう！

あなたが私の「平和の君であり、力ある神」であることを私が忘れることのないように助け導いてください。「あなたには、天と地のいっさいの権威が与えられています」。私は、つらいときはいつもあなたのもとに来て自分の悩みを話すことができます。でも、あなたがどんなに偉大で賢明《けんめい》なお方であるかを認めて、謙虚な思いで来なければなりません。そうすれば、あなたに向かって拳《こぶし》を振り上げたり、私のやり方でやってください、と言い張ったりしないで、ダビデのこのすばらしい言葉を祈ることができるからです――「ああ、主よ、私はあなたに信頼します。私は『あなたこそ、私の神』と告白します。私の時は、あなたの御手の中にあります」と……。

王の王であるあなたのお名前によってお祈りします、アーメン。

イザヤ9:6、マタイ11:28、マタイ28:18、詩篇31:14-15

４月15日

かけがえのないイエスさま、
　あなたのみことばを読むことで、待つこと、信頼すること、希望することが巧みに結びあわされていることを知りました。あたかも金の糸が縒《よ》り合わされて、強い紐《ひも》を作り出すように……。私は、その紐の中心となる糸は「信頼すること」だと思っていますが、それはこの心構えが、聖書の中で実に頻繁《ひんぱん》に教えられているからです。待つこと、希望することが中央の糸を装飾し、紐を強めて私をあなたに結びつけてくれるのです。

　あなたが働いてくださるのを、あなたから目を離さずに待つことは、私があなたに心から信頼していることの表れです。でも、心配しながら自分流に物ごとを運ぼうとして、口先だけで〝あなたに信頼しています〟と言うなら、その言葉はうつろに響くだけです。

　希望をもつことは将来に向かうこと、天国における私の栄光ある相続財産に自分を結びつけることです。といっても、あなたが教えてくださったように、希望の恩恵は現在の私にも十分に注がれているのです。

　私はあなたに属するものだから、ただ待つだけで時間を過ごすことはしません。希望と信頼を抱いて、期待して待つことができるのですから。私がいつも注意して心の目を開いていられるように助け導いてください。たとえどんなにかすかであっても、あなたの光に気づけるように……。

　信頼するあなたのお名前によってお祈りします、アーメン。

ヨハネ14:1、詩篇56:3-4、詩篇27:14、Ｉヨハネ3:3

4月16日

愛に満ちた主イエスさま、

私がどのくらいきちんとやっているかに関わりなく、私を愛してくださってありがとうございます。時々、不安に思ってしまうことがあるのです。自分はあなたの**愛**にふさわしいほどのことをおこなっているのだろうか、と……。けれど私の行動がどれほど賞賛に値するものであっても、その問いに対する答えは、常に〝違う！〟です。あなたは、私のおこないとご自分の**愛**とはまったく論点が違うことを教えてくださってきたからです。「あなたは、とこしえの愛をもって私を愛してくださいました」。その愛は、なんの制限も条件もなしに、永遠からあふれ出てくるものです。「あなたは私に、正義の上着をまとわせてくださいました」。これは永遠の契約であり、どんな人も、どんなものもくつがえすことはできません！　私の成功も失敗も、あなたの私への**愛**にはなんの関係もない、ということなのですから。

私は、自分がどれだけよくやっているかを評価する能力にすら、欠けていることに気づきました。私の人間的な限られた物の見方や体の状態はころころ変わって、自分の行動の評価をゆがめてしまうからです。

主イエスさま、私はあなたのもとに、自分の行動不安を携えてきました。どうかこれを、「あなたの変わらぬ愛」と取り換えてください。私が何をするにしてもあなたが愛をもってともにいてくださることに、いつも気づけるように助け導いてください。今日一日を過ごすときに、私の歩みを導いてくださいますように……。

あなたの尊《とうと》いお名前によってお祈りします、アーメン。

エレミヤ31:3、イザヤ61:10、詩篇31:16

４月17日

あわれみ深いイエスさま、
あなたは、不安というものはあなたなしに将来のことを想像した結果生じるものだ、と教えてくださいました。ですから、不安に対する私の最強の防御法は、あなたとずっとつながり続けていることです。あなたに思いを向けるとき、私は「いっさいの思い煩《わずら》いをあなたにおゆだねする」ことができます。「あなたが、私のことを心にかけていてくださる」のを知っているからです。みことばを読み、祈りながら、耳を傾ける――自分の思いをあなたとの対話にすることを、私が忘れることのないように助けてください。
これから起こる出来事を考えるたびに、私が従うべき指針を与えてくださることを感謝します。それはまず第一に、将来のことをぐずぐず思い煩わないこと。いつまでもそうしていると、不安が雨後《うご》の筍《たけのこ》のように生えてきてしまうからです。ふたつ目は、あなたがずっとともにいてくださるという約束を心に刻みつけること。そして将来の出来事を計画するときに、**あなた**を自分の考えの中に含めることです。実を言うと、この精神の修練は私にとっては難題で、計画を立てているうちに空想にふけってしまいやすいのです。それでも私は、あなたがいてくださるというすばらしい現実が、想像し得《う》るかぎりのどんな夢想をも打ち負かすことを学んできました。今も、そして永遠に、輝き勝《まさ》って……。
あなたの輝かしいお名前によってお祈りします、
アーメン。

ルカ12:22-25、Ⅰペテロ5:7、エペソ3:20-21

4月18日

揺るぎないイエスさま、

どうか私が、あなたをずっと心の中心に置きつづけられるように導いてください。あなたは私を創造するときに、自分の思いの焦点をどこに置くかを選べるという驚くべき能力を備えてくださいました。これは「あなたのかたちに創造された」しるしなのです。でも自分の心が心配ごとで行き詰まると、それがいわば偶像にまで発展してしまいます。不安がそれ自身の命を獲得して、私の心を蝕《むしば》んでしまうのです。けれども感謝なことに、あなたへの信頼を確認し、あなたのもとで自分を一新させることで、この呪縛を打ち破り、自由になることができるのです。

私が心の中で何を考えているかはほかの人の目には見えませんが、**あなた**は私の思いを絶えず読んでおられる。私のことを何もかもご存じです。私が自分の思いを注意深く守っていきたいのは、良き思いを選ぶことはあなたをあがめ、私をあなたのもとにいつづけさせてくれるからです。

私が目標としているのは、「すべての思惑《おもわく》を取り押さえて、あなたに服従させる」ことです。私の心があなたを離れてさまよいだすときは、その思いを捕《と》らえて、あなたのもとに連れ戻さなければなりません。あなたの輝かしい光の中では、不安を生じさせる思惑《おもわく》は縮み上がることでしょう。あなたの恵み深い愛の光を浴びるうちに、自分や他人に批判的な考え方が仮面をはがされ、正体を現します。混乱した考えも、私があなたの純粋な平安に憩《いこ》ううちに解きほぐされ、みことばがこう確信させてくれるのです――「志《こころざし》の堅固な者を、あなたは確かな平安のうちに守ってくださる。その人があなたに信頼しているからです！」

平安を与えてくださるあなたのお名前によってお祈りします、アーメン。

創世1:27、Ⅱコリント10:5、詩篇112:7、イザヤ26:3

４月19日

すべてをご存じの神イエスさま、

「あなたは私を調べ、私を知っておられます。あなたは遠くから私の思いを理解し、私の道のすべてを知り尽くしておられます」。「あなたに何もかも知っていただいている」のは、なんと感謝なことでしょう！　私のことはすべてあなたにはお見《み》通《とお》しなのです。私がいちばん秘密にしている思いや感情までも……。こんなふうに何もかも透けて見えてしまうことは、もしも私があなたに愛されている子どもでなかったら、すごく恐いと思います。でも私は何も恐れることはありません。「あなたを信じることによって」あなたの完全な「義が私に現された」からです。永遠にあなたの王家の一員でいられることを、心から感謝いたします！

私はあなたとの親しい関係が、孤独の感情の強烈な解毒剤であることを学んできました。孤独や不安を感じたらいつでも声に出してあなたに祈ることを、私に思い起こさせてください。黙ってお祈りしても聞いてくださるのはわかっていますが、小声で、あるいはしっかり声に出して祈ると、考えがはっきりしてくるからです。あなたは私のことも、私の置かれている状況の**どちらも**完全に理解してくださっているので、いちいち説明する必要はありません。〝今直面していることに対処できるように助けてください〟と、すぐに切り出すことができます。そしてただ、くつろぐために時間を過ごすこともできるのです――「あなたのもとで安らぎ、喜び楽しむ」ために……。

王の王であるあなたのお名前によってお祈りします、アーメン。

詩篇139:1-4、Ⅰコリント13:12、ローマ3:22、詩篇21:6

４月20日

全能の神イエスさま、
みことばが私に、「主があなたのために戦われる。あなたは、ただ静かにしていなさい」と語っています。主イエスさま、あなたは私がどれほど疲れているかご存じです。懸命にがんばってきたけれど、水面に顔を出しつづけているのがせいいっぱいで、力尽きそうなのです。今の私に必要なのは、こんなにがんばるのをやめて、ただあなたに私のために戦っていただくことです。
それがどうしてこんなに難しいのかというと、生き抜くためにはがんばりつづけなければだめだ、と私の心が言っているからです。でも私は、あなたが私のために労してくださって、あなたの内で休むように呼びかけておられることを知っています。ですから、どうか私が「静まって、あなたこそが神であると知る」ことができるように助け導いてください。
心を静めることは、自分の体を休めることよりも難しいです。気持ちを安定させるための闘いでは、あまりにも自分自身の考えに頼りすぎているからです。感情を安定させようとがんばって、知らず知らずのうちに自分の心を自己依存の位置にまで引き上げてしまっているのです。主イエスさま、私を赦《ゆる》してください！　今の私には、聖霊さまに私の内で働いていただき、もっともっと私の思いを支配して隅々《すみずみ》まで静めていただくことが、どうしても必要なのです。「全能者の陰に宿って」時間を過ごすとき、あなたが私のために闘ってくださることは、どれほど大きな喜びとなるでしょうか。
無敵のあなたのお名前によってお祈りします、
アーメン。

出エジプト14:14、詩篇46:10、ローマ8:6、詩篇91:1

４月21日

元気にしてくださる主イエスさま、

私があなたのもとに来るのは、心と体を休めて、元気を回復させるためです。私の旅は険しく困難な上《のぼ》り坂が続いていたので、骨の髄から疲れ切ってしまいました。私が自分の疲労困憊《こんぱい》した状態を恥ずかしく思わずに、もっと完全にあなたに頼るチャンスだと見られるように助けてください。

あなたは「すべてのことを、ともに働かせて益とする」ことのできるお方であることを、私が忘れることのありませんように……。その中には、そうでなければいいのに、と私が願っていることも含まれているからです。今私のいるところは、私がいるべき場所としてあなたが定めてくださったのだから、そこから始めなければなりません。あなたの支えを求めてあなたに頼ることで、私は今日のこの日を一瞬一瞬、一歩一歩、生き抜くことができるのです。

私が主《おも》になすべきことは、あなたに心を集中しつづけること。私が決めなければならない多くのことを通して私を導いてくださるようにお願いすることです。これは簡単な課題のように聞こえますが、かなり大変なことです。あなたのもとで、いつもあなたを感じて生きていきたいという私の願いは、この世界や人間の生来《せいらい》の性質、そしてサタンの性分《しょうぶん》に逆らうからです。私の疲れの大半は、これらの敵と常に闘いつづけてきたことによるものです。でも私はあきらめません！　それよりも「あなたを待ち望み、『御顔こそ、私の救い』と、なおもあなたをほめたたえる」ことを信じて……。

あなたの尊《とうと》いお名前によってお祈りします、アーメン。

ローマ8:28、箴言3:5、詩篇42:5

４月22日

親愛なる神イエスさま、

どうか私を「強く、雄々しく」して、何が起ころうと「あなたが、私とともにいてくださる」ことにゆだねられるように助けてください。私は、自分がひどく弱く感じられるときにも強く雄々しくあることを**選び取れる**のだ、と学んできました。といっても、弱さを感じれば感じるほど、この選択をするには、多くの努力が必要です。これはすべて、私がどこを見ているかにかかっています。もしも自分自身と自分の問題ばかりに集中していたら、私の勇気は尽きてしまいます。でも、もしも信仰の目を通して道の先におられる**あなた**を見ていたら――〝一歩一歩、歩《あゆ》んでおいで〟と招いてくださるのを見たら、私は強められ、力を得るのです。大胆さを選び取るのは、あなたが私**のために私とともに**いてくださるという確信をもてるかどうかにかかっています。

何ひとつうまくいかないように見えるときでさえ、私はあなたへの信頼を通して、落胆と闘うことができます。あなたこそ、現在の状況や私が見ることのできるわずかばかりの可能性などに制限されない**驚くべき神**であることを知っているからです。「あなたには、どんなことでもできる」――あなたは限りなく創造的で、力があるからです！　私は自分の祈りが聞かれるのを長く待てば待つほど、困難をうまく突破することができます。それまでしばらくのあいだは、あなたのもとであなたの愛を感じながら、「あなたを待ち望む」ことが幸いな生き方であることがわかってきました。みことばが保証しているからです。――「あなたは、ご自分を待ち望む者に恵み深い」お方であることを……。

息を呑むほどすばらしいあなたのお名前によってお祈りします、アーメン。

ヨシュア1:9、マタイ19:26、哀歌3:25-26

４月23日

かけがえのない主イエスさま、

どうか私が「あなたの変わらぬ愛」に信頼して、私の目には見えない恵みをあなたに感謝することができるように導いてください。私のまわりの世界で悪が栄えているように見えるとき、まるで物ごとが制御しきれないほど急激に変化しているように感じられます。でも**あなた**が、次に何をすべきかわからず、なすすべもなく拳《こぶし》を握りしめているようなことはありえません。あなたはすべてを完璧《かんぺき》に支配し、混乱の只中《ただなか》で、背後から恵みを作り出しておられる。ですから私は、目に見える恵みだけではなく、見えない恵みをも信じて、あなたに感謝するのです。

あなたの「知恵と知識」は、私の言葉では言い表せないほど深く豊かです。「あなたの裁《さば》きはなんと究《きわ》め難《がた》く、あなたの道はなんとたどり難いことでしょう！」だから私のもっとも賢明《けんめい》な選択は、「どんなときにもあなたに信頼すること」です。私の世界が不安定に感じられ、あなたのなさり方を理解することができないときにも……。

私は、「あなたが常に私とともにいてくださり、私の右の手をしっかりとつかんでくださっていること。そして後《のち》には、私を栄光のうちに受け入れてくださること」を、心に刻みこんでおかなければなりません。この隠された宝――私の天の国の相続権に思いを馳《は》せつつ、まだ見ることはできないこの栄光の恵みを心から感謝いたします！

あなたの聖なるお名前によってお祈りします、

アーメン。

イザヤ54:10、ローマ11:33、詩篇62:8、詩篇73:23-24

４月24日

常にいてくださるイエスさま、

私がありがたく思っているのは、私が何をしていても——ごくつまらない用事をしているときでさえも、あなたがそばにいてくださることです。あなたがいつも私のことを心にかけて、私の生活の細部にいたるまで気遣ってくださるのを知っているので、とても安心できます。私のことであなたが見落としていることは何ひとつない——「私の髪の毛の数までもすべてご存じなのです」……。でも実を言うと、私はあなたがおられることに気づいたり、気づかなかったりすることがあります。その結果、私の人生経験が崩れ落ちてしまうように感じることもしばしばです。きちんと視界を広げてあなたのことを思っていれば、安全で満ち足りた気持ちでいられるのに……。でも視野が狭《せば》まって、問題や些細《ささい》なことで心がいっぱいになると、あなたを見失ってしまい、その結果、むなしく満たされない気持ちになるのです。

主イエスさま、どうすれば、どんなときもどんな状況においても変わりなく、あなたを見つづけられるようになるか教えてください。この世界は不安定で流動的ですが、あなたが変わらずゆるぎなくおられることをずっと心にとめてさえいれば、安心して生活をつづけていけます。私が「見えないものに——とくに**あなた**に、目を留《と》めていられる」ように助け導いてください。見える世界がたとえどんなに、私の目の前でこれ見よがしにふるまおうとも……。

誠実なあなたのお名前によってお祈りします、アーメン。

マタイ10:29-31、ヘブル11:27、Ⅱコリント4:18

4月25日

頼もしいイエスさま、
　何か難しいことが起こったときも、あなたに信頼する良い機会として受け止められるように助け導いてください。あなたは私のそばにいてくださるし、聖霊さまは私の中におられる。だからどんな状況でも、対処するのに大変すぎることはありません。それでも実を言うと、目の前の道に困難が散らばっているときは、まずそれらの問題に対する自分の力を推し量《はか》ることから始めることが多いのです。もちろん、その結果は必ず不安でいっぱいになってしまいます。あなたの助けなしには、最初の障害物を乗り越えることはできないからです！

　あなたは私に、大変な日々を歩み通すための**適切な**道を教えてくださってきました。私の手をかたく握って、ずっと離れずにいてくださるのです。また、自分の思いや言葉が感謝と信頼に豊かに彩《いろど》られているときは、日々の要求に対してもずっとうまく対処できることも学んできました。

　自分の問題ばかり心配しないで、そのエネルギーを「あなたのことを心して考える」ことに注ぎたいと思っています。あなたのみことばが、私に保証してくれているからです――「志の堅固《けんご》な者を、わたしは確かな平安をもって守ろう。その人がわたしに信頼しているからだ」と……。

　あなたの偉大なるお名前によってお祈りします、アーメン。

ヤコブ1:2、ピリピ4:13、ヘブル3:1、イザヤ26:3

４月26日

誠実な救い主イエスさま、
　私はできるだけあなたの近くで、一瞬一瞬を生きたいと願っています。でも時おり、何か困ったことがあると、あなたのもとから引き離されるままになってしまうのです。
　私はこれまで、自分の置かれている状況が自分の生活の質を決定するのだと思いこんでいました。ですから、そうした状態をコントロールするためにエネルギーを注いでいたのです。物ごとがうまくいっているときは幸せを感じ、思いどおりに運ばないと悲しくなったり、うろたえたりする。こんなふうに自分の置かれた状況と自分の感情とのあいだに相関関係があることに疑問を抱きませんでした。けれども聖書は、「ありとあらゆる境遇に満足すること」は可能だと教えているのです。
　私があなたに信頼して、あなたのもとで過ごすことを楽しむためにもっとエネルギーを注げるように助けてください。自分の状況に幸せを左右されることなく、あなたご自身とあなたのかけがえのない約束とに、私の喜びをつなぎ合わせたいのです。みことばを通してあなたが、こう私に語ってくださっているのですから――「わたしはあなたとともにいて、あなたがどこへ行ってもあなたを守る」「わたしは自分の栄光の富に応じて、あなたの必要をすべて満たそう」「どんな被造物《ひぞうぶつ》も、わたしの愛からあなたを引き離すことはできない」と……。
　愛するあなたのお名前によってお祈りします、
アーメン。

ピリピ4:12、創世28:15、ピリピ4:19、ローマ8:39

４月27日

あわれみ深いイエスさま、

私は喜んであなたのもとに――完璧《かんぺき》に理解され、完全に愛されている、という贅沢《ぜいたく》を満喫《まんきつ》するためにやってきました。どうか、あなたが私を見ておられるとおりに、私も自分自身のことを見られるように助けてください。あなたの血にきよめられ、あなたの義に輝く者として……。私のことを、あなたがお造りになったとおりの者として――天の国が自分の家となったときに**実際に**そのとおりになる者として、見てくださることを感謝します。

私を「栄光から栄光へと変えて」くれているのは、私の内にあるあなたの**いのち**です！　この「奥義」による奇跡を喜ばずにいられるでしょうか。

あなたのもとで静かに座っていると、自分の内にあるあなたの**いのち**への気づきが高められていきます。あなたは「私の中におられるキリスト、栄光の希望」です。あなたが――私の手を握って並んで歩《あゆ》んでくださるお方が、私の内で生きておられるのと同じ方であることはなんと感謝なことでしょう。これは計り知れない「栄光の奥義」です。あなたの**光**は私を照らすだけではなく、私の中でも輝いているのです。あなたと私が織り上げているのは、私の存在のすべての糸を用いた親密さという織物……。あなたは私の中におられ、私はあなたの中にいる。これは、天においても地においても、私をあなたから引き離せるものなど何ひとつない、という意味なのです。ハレルヤ！

あなたの壮大なお名前によってお祈りします、

アーメン。

詩篇34:5、Ⅱコリント5:21、Ⅱコリント3:18、コロサイ1:27

4月28日

至高の救い主イエスさま、

私が、自分は問題とは無縁の人生を送る価値のある人間だ、などという幻想を捨て去ることができるように助け導いてください。あらゆる困難の解決策をいまだに渇望する自分も残ってはいますが、これが偽《いつわ》りの希望であることはわかっているのです。みことばがはっきりと、「私には、この世で苦難がある」ことを教えているからです。自分の希望を、この世における問題解決法ではなく、天の国で問題から解放された生活を永遠にあなたと送るという約束につなげるべきなのです。この壊れかけた世界に完全さを求めるかわりに、自分のエネルギーを**あなたに**——**完全なるお方**を求めることに注ぎたいと思います。

あなたは、逆境の最中《さなか》でもあなたの栄光を讃《たた》えることは可能である、と教えてくださいました。あなたの**光**は、あなたを信じる人々を通して、闇の中でもまばゆく輝いています。これは、そうしたクリスチャンの内に住んでおられる聖霊さまによって生まれる超自然的な信頼です。

主イエスさま、あなたが意図してくださった者になれるように、もっともっと私を変えてください。私は、あなたが私の内におこなってくださる創造的なみわざに、逆らうことも速めようとすることもなく、おゆだねしたいのです。**あなたに**生活のペースを設定していただいて、神さまにいのちを吹き込まれた日々の生活を楽しみたいからです。「あなたが私の右の手をしっかりと握って、私を諭《さと》して導き、やがて栄光のうちに引き上げてくださる」ことを、心から感謝いたします。

勝利者であるあなたのお名前によってお祈りします、アーメン。

ヨハネ16:33、Ⅱコリント3:18、詩篇73:23-24

４月29日

栄光のイエスさま、
　どうか私が自分の問題を下《お》ろして、ずっとあなたを見つめていられるように助け導いてください。私は時おり、雄大な海の水際《みぎわ》の、石ころだらけの渚《なぎさ》に立っている自分の姿を思い浮かべることがあります。小石が象徴しているのは、さまざまな問題――私の、私の家族の、友人たちの、この世界の問題です。これらの小さな石を拾い上げて目に近づけ、細かいところまで見ていると、周囲の壮麗な景色は目に入らなくなります。たいていは、ひとつの問題の小石を置いたとたんに、またひとつ拾い上げる。その結果、あなたと過ごす麗《うるわ》しい時間や、「あなたの変わらぬ愛」の恵みを楽しむことができなくなってしまうのです。

　海が象徴しているのは**あなた**――果てしない栄光に満ち、ずっと私とともにいてくださるあなたです。私は石ころを**ひとつ残らず**捨てて、あなたの愛を味わえるようになりたい。あなたとゆったり時間を過ごすとき、あなたがこうささやいてくださるのを聞くことができるからです。〝愛《いと》しい子よ、**わたし**を選びなさい。あなたの時間を使って、わたしを見つけて――わたしを見ることを選ぶのだよ。〟

　私は絶えずあなたを求めつづけることが習慣になる日を待ちこがれています。ずっとあなたのそばにいて、「いのちの道」をともに歩むことが喜ばしい習慣となる日を……。

　この上なくすばらしいあなたのお名前によってお祈りします、アーメン。

ヘブル12:2、詩篇33:5、ヘブル11:27、詩篇16:11

４月30日

私の偉大な神イエスさま、「あなたは私の力、私の盾《たて》です！」　あなたが常に私の人生に働いてくださり、時には驚くべき形で、私を強め、守ってくださることを感謝します。あなたにもっとたくさん頼れば頼るほど、「私の心は喜び躍る」こともわかってきました！

　私が全身全霊であなたに信頼し、この宇宙を支配するあなたの至高の力によって憩《いこ》うことができるように助け導いてください。周囲の状況が急激に変化して収拾《しゅうしゅう》がつかなくなったように見えるとき、私に必要なのは、あなたにしっかりつかまっていること――あなたはご自分のおこないをわかっておられる、という事実にしがみつくことなのです。逆境の最中《さなか》で苦しんでいる私の最大の課題は、あなたが主権者であり、慈悲深いお方であることを信じつづけることです。けれども「あなたの道」を、私が理解できそうにもないことはわかっています。「天が地よりも高いように、あなたの道は私の道より高い」のですから……。

　私は、心配ごとには感謝を捧げることで対応し、あなたはどれほど困難な状況からも恵みを引き出してくださるお方であると信頼することで、あなたに喜ばれたいのです。こんなふうに対応することで、あなたの栄光を讃《たた》えることができるし、私も強められます。ああ、主イエスさま、「私は歌を献《ささ》げて、あなたに感謝します」。

　あなたの喜びに満ちたお名前によってお祈りします、アーメン。

詩篇28:7、詩篇18:1–2、イザヤ55:9、ローマ8:28

5月

　すべて疲れた人、重荷を負っている人はわたしのもとに来なさい。わたしがあなたがたを休ませてあげます。

（マタイの福音書11章28節）

5月1日

かけがえのないイエスさま、
　私が、自分ではとうてい喜びを見つけられそうにないところにも喜びを見いだせるように助け導いてください。そのためには、自分自身の努力が必要なことはわかっています。私にはもともと、ちゃんとそこにあるのに見ようとしないところがあるので、それを抑えて良いものを探すことができるように――。そして私の目を開いて、すぐに目につかないものでも見えるようにして、困難の中に隠されている宝物を見つけられるようにしてください。

　あなたは、喜んで生きることはひとつの選択肢であることを教えてくださいました。私はこんなにも罪深い、壊れかけた世界に暮らしているので、喜びを選び取る努力を一日に何度もしなければなりません。困難な時期には、なおさらそうです。みことばが教えているのは「さまざまな試練にあったときはいつでも、この上もない喜びと思いなさい」ということ。この聖句は、私がさまざまな困難に出会うときは試練を受けているのだ、と教えています。そうした試練は、私の信仰を強くし――「試練に強められた信仰は、金よりもはるかに尊《とうと》く純粋なものである」ことを証明してくれるのです。

　イエスさま、あなたが「ご自分の前にある喜びのゆえに、十字架を忍ぶ」という極度の苦悶をともなう決断をしてくださったことを感謝します。その喜びは「多くの子たちを栄光へと導くため」の永遠の喜びでした。どうか私が「あなたから目を離すことなく」、自分の試練の中に宝を探すことで、その喜びを選びとることができるようにしてください。

　死をも恐れぬあなたのお名前によってお祈りします、アーメン。

ヤコブ1:2–3、Ⅰペテロ1:6–7、ヘブル12:2、ヘブル2:10

5月2日

恵みあふれる神イエスさま、

私は時おり、あなたが私の心にこうささやくのを耳にすることがあります――「わたしはあなたのことを大いに喜ぶ」と……。私にとって、この祝福は文字どおりには受け取りにくいのですが、でもこれは、あなたがご自分のすべての子どもたちに抱いておられる無条件の**愛**に基《もと》づくものだということはわかっています。どうか私が、あなたの**光**の中で身も**心**もくつろいで、あなたの輝かしい**愛**に浸《ひた》ることができるように助けてください。あなたが「愛をもって、私を新たにしてくださる」のを静かに座って待ちたいのです。

私にとって、罪に堕ちた世界で生きることは恐ろしく難しいことであることを実感しています。私の周《まわ》りのどこもかしこも、壊れたものだらけ……。私の内面も同じです。でも私は、間違ったことに心を注ぐことも、「あなたの御顔を慕い求め」、あなたが認めたことを喜ぶことのどちらをも、そのつど選ぶことができるのです。「あなたが私のことを喜んでおられる」のは、十字架の上であなたが成就されたみわざに基《もと》づくものであることを心に刻みつけておかなければなりません。このことを忘れずにいることで、あなたの**愛**を勝ち取ろうと努《つと》める罠に陥《おちい》らずにすむのです。どうか私に、本当の自分である「恵みによって、信仰を通して救われた」あなたの愛する子どもとして、生きていくことを教えてください。そうすれば、感謝の気持ちをもってずっとあなたのそばにいられるし、あなたが導いてくださるところならどこへでも従っていきたいと思えるからです。

あなたの驚くべきお名前によってお祈りします、アーメン。

ゼパニヤ3:17、詩篇27:8、民数6:25-26、エペソ2:8

5月3日

あわれみ深い主イエスさま、

「あなたは私の歩幅《ほはば》を広げ、私のくるぶしは揺らぐことがありません」と、みことばが告げています。これは、あなたが私の人生の旅路にどれほど巧妙に関わってくださっているかを教えているのです。あなたは私の前方に何があるかを正確にご存じなので、道に危険な個所があると、私がそこに着く前に変えて歩きやすい道にしてくださいます。私のためにしたことを私の目につくようにする時もあれば、私を守るみわざを見せずに困難を免《まぬが》れさせてくださる時もあります。どちらの場合も、私を注意深く見守るみわざによって、あなたが愛をもって私の人生に関わっておられることがはっきりわかるのです。

人間である私の限られた視野から見ると、あなたの道はしばしば神秘的で謎めいています。あなたは私を――いえ、誰に対しても、**すべての逆境から守ることはなさいません**。**あなたご自身**も、この世での三十三年間の生涯において困難から守られることはありませんでした。それどころか、十字架の上で想像もつかないほどの苦痛と恥辱と苦悶を受けられたのです――私のために！　あなたの父なる神があなたに背を向けたとき、あなたは言語に絶する苦しみにあわれました。けれども、神さまから引き離されるその耐えがたい孤独を自ら耐えたあなたがおられるから、私は**決して**ひとりで苦しまなくていいのです。どうか私が、この栄光に満ちた真実を喜び、忘れることのありませんように。「あなたがいつも私とともにいてくださる」ことを、あふれる感謝とともに思い出せるように助け導いてください。

あなたのすばらしいお名前によってお祈りします、アーメン。

詩篇18:36、詩篇121:3、マタイ27:46、マタイ28:20

5月4日

親愛なるイエスさま、

あなたとならどんな危険な場所へも厭《いと》わずに行けるように助けてください。そこがあなたの導いてくださるところなら、私にとっていちばん安全な場所であることがわかっているからです。

あなたは、危険のない人生を送りたいという私の願いは、実は不信仰のひとつの形であることを教えてくださいました。あなたのもとで生きたいという私の願いは、危険を最小限におさえようとする自分の思いとは相《あい》いれないことを認めます。私は、どうやら人生の旅路の岐路《きろ》に近づいているようです。あなたに全身全霊でお従いするためには、安全策を取りたがるのをやめなければなりません。自分の安全圏の外に踏み出そうとするときに必要なのは、私を支え導いてくださるあなたの手にしっかりつかまっていることなのですから。

主イエスさま、どうかこの日ずっと私を一歩一歩導いてください。そして、すべての日々を……。あなたに心を集中していれば、危険な道も恐れずに歩けることがわかってきたからです。いつかはあなたとの二人旅の冒険を、ゆったりと心から楽しめるようになりたいのです。聖書は「私がどこへ行こうとも、あなたがともにいて私を守ってくださる」と語っています。ですからこの冒険における私の役割は、あなたに信頼し確信してあなたに目を向けつづけることなのです。

常に見守っていてくださるあなたのお名前によってお祈りします、アーメン。

詩篇23:4、ヨハネ12:26、詩篇9:10、創世28:15

5月5日

栄光の救い主イエスさま、

私が「自分のすべての注意を、今あなたがおこなってくださっていることに向けて」、今日のこの日を生きることができるように助け導いてください。「明日起こるか起こらないかもわからないことに怯《おび》えたくはない」からです。それでも正直に言うと、私の明日をあなたにおゆだねすることは、自分の生まれつきの性分――自分が制御したいという強い欲望に反するところがあります。実は私は、将来のことをあれこれ考えて多くの時間を無駄にしているのです。

何かを考えないように努力することは、効果がないどころか、むしろ逆効果になるほうが多いことがわかりました。ある問題について考えるのをやめようと努力することは、その考えに縛りつづけられることになるからです。ところがあなたご自身と、あなたが私の人生にしてくださっていることに注意を集中することで、そこから脱することができます。あなたは生きておられる私の主であり、常に「新しいこと」をしてくださっているからです。

私が将来に対する思いを断ち切れないのは、明日は何が起こるか――はたして自分がそれに対処できるかどうか、という恐れが大部分です。でもみことばは、こう元気づけてくれています――「どれほど困難なことが起ころうとも、時が来れば、あなたは私がそれを解決するのを助けてくださる」と……。

あわれみ深いあなたのお名前によってお祈りします、アーメン。

マタイ6:34、ヘブル12:2、イザヤ42:9

5月6日

愛に満ちあふれる主イエスさま、

あなたはいつも、わたしのそばにおいで、と私を招いてくださっています。私の心に、〝愛する者よ、「わたしのもとに来なさい」。「わたしは永遠《とこしえ》の愛をもってあなたを愛し、慈《いつく》しみを注いできた」のだから〟とささやいて……。私はあなたの麗《うるわ》しい招きに、あなたのもとで静まることで応《こた》えます。ほっとくつろいで、「あなたのことを考え」、「あなたが常に私とともにいてくださる」というすばらしい真実に思いをめぐらせるのです。この岩のように堅固な現実は、私の人生にゆるぎない土台を与えてくれています。

私の住んでいる世界は絶えまなく変化していきます。ここでは、堅固な土台はまったく見つけようもありません。ですから私は、今日という日を過ごすのに、**あなた**をずっと意識しつづけていることが何よりも必要なのです。これは完全にはできないことはわかっていますが、何度もくりかえしあなたのもとに戻ることはできます。そしてこう祈るのです——〝イエスさま、あなたが私を愛してともにいてくださることを、私が決して忘れないようにしてください〟と……。私はこの祈りを、心の中にずっとこだまのように響かせるのが好きです。私の思いがさまよい出そうになると、あなたのもとに引き戻してくれるからです。

あなたのそばで生きることで自分の人生にあなたを見いだしていけばいくほど、喜びにあふれることがわかりました。これは私だけでなく、ほかの人たちにとっても恵みなのです。私を通してあなたの**喜び**が、みんなに満ちあふれていくのですから……。

恵みに満ちたあなたのお名前によってお祈りします、アーメン。

マタイ11:28、エレミヤ31:3、ヘブル3:1、詩篇73:23

5月7日

すべてを満たしてくださる救い主イエスさま、

どうか私が自分の不十分さを認めて受け入れることができるように助けてください。これは、あなたが限りなく十分なお方であることに完璧《かんぺき》につながっています。自分の力が不足しているように見えるときは、くよくよ落ちこんでしまいがちです。そうならないようにするために私が見つけた最善の方法は、自分の足りなさをあなたに隠さず認めて、そのことをあなたに感謝することです。こうすることで、自分ではないもの――私自身の**救い主**であり、**与え主**になろう、とすることから守られるのです。私は弱く、罪深い者だから、強く完全な救い主――「私に必要なものをすべて満たす」ことのできる**与え主**が必要なのです。

あなたは、ご自分の限りない資源を私が手にするためには、静まることと活動することの両方をおこなうように教えてくださいました。あなたのもとで心を整《ととの》え、あなたとふたりだけの時間を過ごすことで、あなたとの絆が強められるのです。さらには、「あなたは、ご自分を待ち望む者のために事《こと》をなしてくださる」――私のために、私にはできないことをおこなってくださいます。でも私にも**できる**ことはたくさんあります。「あなたが与えてくださる力に応じて」活動すれば、「あなたがあがめられ」、私も恵みを受けるのです。

どうか私が、自分は不十分だと感じるたびにあなたのもとに向かうように思い起こさせてください。この困窮した状況こそが、あなたが愛と恵みをもって私と会ってくださるところなのですから……。

私を助け補ってくださるあなたのお名前によってお祈りします、アーメン。

ピリピ4:19、イザヤ64:4、Ⅰペテロ4:11、Ⅱコリント12:9

5月8日

全能の神イエスさま、

「あなたは、疲れた者には力を与え、勢《いきお》いのない者には強さを加えられる」。どうか私が、自分の弱さのせいで落ちこんでしまわないように助けてください。私にはさまざまな弱さがあります。霊的な弱さ、感情的な弱さ、そして身体的な弱さです。あなたはそれらを用いて私を謙虚にさせ、あなたに信頼してあなたを待ち望むように訓練してくださっています。みことばが保証しているように、「あなたを待ち望む者は新たな力を得る」からです。

この「あなたを頼《たの》みとする」生き方は、時々おこなえばいい、というようなものではありません。あなたは私を、常にあなたに目を向け、「生きて私を見守る方」であるあなたを経験できるように造ってくださったのですから。

あなたを待つことは、あなたを信頼することと、切っても切り離せません。あなたに集中して時を過ごせば過ごすほど、あなたへの信頼も深まっていくのです。そしてあなたを信頼すればするほど、もっとあなたと一緒に時間を過ごしたくなる。「あなたを待ち望んで」時を過ごすことは、あなたへの希望をも強めてくれます。この希望は、数えきれない形で私に恵みを与えてくれます。困難な状況に置かれても私を引き上げ、「あなたの変わらぬ愛」で私を包んでくれるのです。

希望を与えてくださるあなたのお名前によってお祈りします、アーメン。

イザヤ40:29、イザヤ40:30–31、創世16:14、詩篇33:20–22

5月9日

愛するイエスさま、

私は、あなたがともにいてあなたの平安で守ってくださることを常に意識して生きていきたいと思っています。これはあなたからの超自然的な規模の贈り物だからです。あなたは復活後、ご自分に従う者たちをすばらしいメッセージで慰めてくださいました――「わたしは世の終わりまで、いつもあなたがたとともにいる」、そして「平安があなたがたにあるように」と……。主イエスさま、あなたがこれらの輝かしい贈り物を与えてくださるにつれ、私がますますあなたを受け入れることができるように導いてください。**あなたがいてくださること**、そして**あなたの平安**とのふたつの贈り物を受け取る最善の方法は、それを感謝することだと学んでいるところなのです。

私の喜びは、あなたをあがめることが何よりも重要なこととして私を造ってくださったことです。これは、どんなに時間を費やしてもあなたに感謝しきれないし、あなたを賛美し尽くせないということだからです。感謝と賛美を捧げることで、あなたとの適切な関係を築けることがわかってきました。賛美によってあなたに近づくにつれて、あなたの**喜び**が私の中へと流れこむ道が開かれるのです。

あなたがともにいて**平安**を与えてくださるのを感謝することほど、賢明《けんめい》な時間の使い方はありません。こうすることで、あなたからのかけがえのない贈り物とあなたご自身とをもっと受け取ることができるのですから……。

栄光に満ちたあなたのお名前によってお祈りします、アーメン。

マタイ28:20、ルカ24:36、ヘブル13:15、Ⅱコリント9:15

5月10日

誠実な神イエスさま、

あなたとの関係は、私がどんな状況に陥《おちい》ろうとも変わるものではありません！　ですから、どれほど深い苦闘のときにも、あなたがいてくださることを喜び、あなたを賛美したいと願っています。でもそうしたときにあなたを見いだすためには、自分の信仰を働かせる努力をしなければなりません。

同時にふたつの世界で生きるのが難しいことはわかっています。逆境の多い自然のままの世界と、あなたが君臨しておられる超自然的な世界と……。どれほど困難なときにもあなたがともにいてくださることを経験するには、強い信頼の筋力が必要です。試練によって私の信仰が強められるだけでなく、私が実際にどれだけあなたを信じ頼っているか——あるいは頼っていないか、が示されることをも感謝しています。

心をみことばで満たし「絶えず御顔を慕い求めて」、信頼の筋力を強めるための努力をしなければならないことはわかっています。どうか、私が確信をもてるときももてないときも、思いをあなたに向けて、あなたへの信仰を確かにしつづけられるように助け導いてください。そして自分に確信をもてるかどうかはあなたとの関係によるものであることを、心の底から信じることができますように……。あなたが私の「内なる力を満たし、強めてくださるので、私はどんなことでもできるのです！」

頼《たの》みとするあなたのお名前によってお祈りします、アーメン。

ヤコブ1:2-3、詩篇105:4、ピリピ4:13

5月11日

あわれみ深い神イエスさま、

私は、「悪い知らせを恐れたくはありません」。どうか私が「あなたに信頼して、心を揺るがせない」ように助けてください。この世界は、本当に悪い知らせであふれかえっています。けれども、今起こっていることを不安に思うよりも、あなたに固《かた》く信頼しておゆだねしたいのです。あなたの十字架上の犠牲的な死と奇跡的な復活とに思いを馳《は》せれば、希望と感謝に満たされます。私の生ける救い主のあなたが全知全能の神であられることは、なんという喜びでしょう！　そしてあなたが地上の出来事を「統《す》べ治《おさ》めておられる」こと――あなたが支配しておられるという事実に、慰めを見いだすのです。

私の周囲やこの世界の物ごとが制しきれないほど目まぐるしく変化しているように見えても、私はあなたのもとに来て「自分の心を注ぎ出す」ことができます。やきもきしたり、いらだったりすることなく、心配ごとに費やすそのエネルギーを、あなたと心を通わせることに注ぎこめるのです。

主イエスさま、私があなたのもとに来るのは、慰めを得るだけでなく、方向を示していただくためです。あなたのもとで時間を過ごして待つとき、進むべき正しい道を示してくださるからです。

私はあなたのものだから、悪い知らせを怖がったり、びくついたりしなくてすむし、そればかりか、大胆にあなたを信じおゆだねすることで、心をしっかりと平静に保つことができるのです。

ゆるぎないあなたのお名前によってお祈りします、アーメン。

詩篇112:7、イザヤ9:6、イザヤ40:10、詩篇62:8

５月12日

私の希望であるイエスさま、

私が自己憐憫《れんびん》にふけったり、非現実的なことに逃げこみたい誘惑にかられるときの唯一《ゆいいつ》の希望は、「心を尽くしてあなたに信頼する」ことです。逆境の最中《さなか》には、明確に考え、賢明《けんめい》な選択をするのは容易なことではありません。時にはめまいがするくらいたくさんの選択肢が私のまわりに渦を巻き、私が正しい答えをつかみとるのを待っているように思えることもあります。けれども、常に適切で効果的な選択は**ただひとつ**――「心を尽くしてあなたに信頼する」と決意することなのです。

もしも自分が落胆や自己憐憫の中に滑り落ちているのに気づいても、あなたへの信頼を明言することでブレーキをかけることができます。ささやいても、声に出しても、あるいは叫んでもいいのです！　「あなたに信頼する」たくさんの理由を考えると、あなたの「変わらぬ愛」がうれしくてたまらなくなるからです。

現実から逃避することで自分の苦痛を麻痺させたい誘惑にかられるとき、そのかわりにあなたのところへ行って、あなたへの信頼を言い表せるように助けてください。そうすることで「究極の」**現実**と出会うことができるからです！　私にとって「あなたに信頼する」ことが大切なのは、**私自身のこと**も**私の状況**についても、何もかもご存じだから……。ああ、主イエスさま、あなたはなんと賢明で理解にあふれたお方なのでしょう。

勇気をくださるあなたのお名前によってお祈りします、アーメン。

箴言3:5、詩篇52:8、ローマ11:33

５月13日

大切なイエスさま、

あなたが「私の心を新たにする」と約束してくださっていることは、なんと感謝なことでしょうか。実を言うと、自分の思いが自由にあふれるままにしていると、いろんな問題に向かって突き進んでしまうことがよくあるからです。やっかいな問題に引っかかって、そればかりが気になって、なんとか解決しようとする無駄な努力を重ねて、何度も何度も空回りする。こんなふうにネガティブなことにとらわれて、注意が必要なほかの問題に回すエネルギーを使い果たしてしまう。最悪の場合は**あなた**を見失ってしまうのです。

私はこれまで、「心を新たにすること」は現在に集中することだと学んできました。どうか、いつもあなたがそばにいてくださることを私が忘れないように――そしてどんなときにもどんな場合にも「あなたを求める」ように、私の心を訓練してください。時おり私は、自分の回りにあなたを思い起こさせるものがあるのに気づきます。かろやかな鳥のさえずり、愛する人の微笑み、金色の陽光……。また別の時には、聖霊さまが住んでおられる自分の心の内に向かうと、そこに「あなたを見いだす」こともあるのです。私は、「あなたを探し求める」もっとも重要な場所は、みことばの内にあることを知っています。あなたを探し求めてあなたとのつながりを深めることで、あなたは私の心を新たにし、私を変えてくださるのです！

あなたの大いなるお名前によってお祈りします、アーメン。

ローマ12:2、ヘブル3:1、詩篇105:4、エレミヤ29:13

５月14日

私の救い主の神イエスさま、

いろいろなことがうまくいかないように思えて、自分の人生がどんどん手に負えなくなっていくように感じるとき、あなたに信頼し、あなたに感謝することができるように助け導いてください。これは、その状況から私を引き上げてくれる超自然的な対応だからです。困難に直面したときに、**生まれながらの**自分のなすがままにさせていたら、悲観主義の餌食になってしまいかねません。

ちょっと不平をつぶやくだけでも視界が暗くなって、らせん状に滑り落ちていきかねないのです。こうした悲観的な態度に支配されたら、不平不満が次から次へと口からあふれ出てくる。そのひとつひとつが、私を滑りやすいその斜面の、さらに下へ下へと滑り落ちさせていきます。下へ落ちていけばいくほどスピードは速くなる。それでもあなたのお名前によって、あなたに向かって叫ぶなら――あなたへの信頼を明らかにし、「あらゆることに感謝をささげる」ことで、ブレーキをかけることは常に可能です。これは自然にできることではないけれど、こうした反応を押しとおしていけばしだいにまた斜面を上っていける、と学んできたのです。

自分が失ったすべての基盤を取り戻せば、謙虚な視点から自分の状況に向き合うことができます。今度も超自然的な対応を選べば――あなたに信頼し、感謝するなら、「あらゆる理解を超えたあなたの平安が、私の心と思いとを守ってくれるでしょう」。

超えるもののないあなたのお名前によってお祈りします、アーメン。

詩篇13:5、エペソ5:20、ピリピ4:6-7

５月15日

最愛の主イエスさま、

いろいろな計画や問題に心を占められているとき、私に必要なのは、あなたに向かい、あなたのお名前をささやくことです。あなたのもとで安らぎ、「あなたの変わらぬ愛」を喜ぶとき、あなたの光が私を照らしてくれるからです。私を常に見守り、ずっと愛してくださっていることを感謝いたします。私も、イエスさま、あなたを愛しています。あなたが私の道の前方を照らして、私が今日なすべきことと、しなくてもいいこととを示してくださることを信じおゆだねします。心配ごとや不安に思いの中心を占めさせないように、必要に応じて問題を処理できるように助け導いてください。

あなたにずっと注意を向けつづけていれば、あなたは私の視野を明るく照らしてくださいます。あなたに心を集中するすばらしい方法は、みことばを自分の心と思いとに染みこませること。みことばを読み、学び、自分にとってとりわけ意味深い聖句を暗記することです。「あなたのみことばは、私の足の灯《ともしび》、私の道の光」なのですから……。

これらのことを忍耐強く実行しつづければ、問題だとか計画だとかに心を占められることは減っていきます。こうすることで、私の人生に**あなた**のための余地が広がっていくのです。主イエスさま、どうか「あなたの御前にいる私を、喜びで満たしてください！」

喜びで満たしてくださるあなたのお名前によってお祈りします、アーメン。

詩篇33:22、Ⅰペテロ5:7、詩篇119:105、使徒2:28

５月16日

私の羊飼いであるイエスさま、「今や、キリスト・イエスにある者が、罪に定められることは決してありません」とみことばが確言しています。あなたの栄光ある救いのみわざを通して、「いのちの御霊の法則が、罪と死の法則から私を解放したからです」。このすばらしい完全な自由は、私のクリスチャンとしての相続権なのですが、私が自由に生きるためには懸命な努力が必要なことを受け入れなければなりません。

自由の道を歩むには、心をあなたにしっかり据《す》えつづけていなければならないのです。いろいろな声が〝おまえの行く道はこっちだよ〟と言ってくるけれど、真《まこと》の道を私に告げてくれるのは、ただ**あなたの**声だけ……。もしもギラギラまぶしく光っているこの世の道につき従っていったら、私は奈落《ならく》の底に向かって深く深く落ちてしまうでしょう。クリスチャンの声でさえ、〝これをしなさい！〟、〝あれをしてはいけない！〟、〝こう祈りなさい！〟、〝そんなふうに祈ってはいけない！〟と言って、私を惑《まど》わすこともあるからです。

こうした声にすべて耳を傾けていたら、ますます混乱してしまうでしょう。どうか私がただの**羊**であることに満足できるように、あなたの声に耳を傾け、私の誠実な羊飼いのあなたに従っていくことができるように助け導いてください。「あなたは私を緑の野に伏させ、憩《いこ》いの汀《みぎわ》に伴われる。あなたは私を、正しい道へと導かれる」のですから……。

あなたの麗《うるわ》しいお名前によってお祈りします、アーメン。

ローマ8:1-2、イザヤ30:21、ヨハネ10:27、詩篇23:1-3

5月17日

安らぎを与えてくださる神イエスさま、

私は、あなたが私の心にこうささやいてくださるのを聞くのが好きです――「恐れるな、わたしがあなたとともにいる。たじろぐな、わたしがあなたの神だから」。この愛にあふれたことばは、温かな毛布のように私を包みこんで、恐れと絶望の冷たさから私を守ってくれるのです。

問題が忍び寄ってくるとき、あなたの手をしっかり握りしめてあなたから離れないようにすることを、私に思い起こさせてください。「私は信頼して恐れません。あなたは私の力、私のほめ歌だからです」。力あるあなたがいつもそばにいてくださるから、自分ひとりでは**何も**立ち向かわなくていいのです！　あなたが「私を強くし、私を助ける」と約束してくださっていることを感謝します。

あなたの力強い手が、良い時も悪い時のどちらも、私を支えてくださる。人生において物ごとが順調に運んでいるときは、あなたが誠実に私のそばにいてくださることにあまり注意が向かないかもしれません。けれども「死の陰の谷を歩んでいる」ときは、あなたを必要としていることに痛いほど気づきます。そんなとき、あなたの手をしっかり握りしめることで私は立ちつづけることができ、一歩また一歩と前に進んでいくことが可能になるのです。

あなたを信じおゆだねすることで逆境を耐え抜こうとするとき、どうか、あなたがともにいて私を**平安**と**喜び**で満たしてくださいますように……。

頼もしいあなたのお名前によってお祈りします、アーメン。

イザヤ41:10、イザヤ12:2、詩篇23:4

5月18日

私の創《つく》り主イエスさま、「これは、あなたが設《もう》けられた日！」どうか私が「この日を喜び楽しむ」ことができるように助け導いてください。信仰以外には何ももたず、両手を掲《かか》げてこの日を始めます。私の人生に割り当てられたこの短い時にあなたが注いでくださるものを、すべて受け止められるように……。あなたが私の状況を書きあらわす**著者**なのだから、どんなことにも不満をつぶやかないように気をつけなければいけません。たとえ、お天気のことでも……。

私は、望んでいない状況に対処する最善の方法は、そのことをあなたに感謝することだと気づきました。この信仰の行為は、私を怒りから解放し、その問題から出現する恵みを探し出せるようにしてくれます。あなたは時には、困難の中から良きものを取り出してみせてくださる。**どんな時にも、**あなたご自身という輝かしい贈り物を私に与えてくださるのです！

今日という日の境界内で生きることは、その中にある**喜び**を見つけることが不可欠であることを知りました。あなたは、時を二十四時間に区分したときにご自分のおこなうべきことを承知しておられた。人間のもろさを完全にわかっておられるあなたは、私が一度に一日分の困難にしか対処できないことをご存じだからです。

私は「明日のことまで心配する」のも嫌《いや》だし、過去にがんじがらめにとらわれたくもありません。それよりも今日、あなたのもとで豊かな**生活**を楽しみたいのです！

喜びに満ちたあなたのお名前によってお祈りします、アーメン。

詩篇118:24、ヘブル3:13、ヘブル4:15、マタイ6:34

かけがえのないイエスさま、

私は、自分の計画や望みが何かに邪魔されるたびに、重要な選択に直面します。イライラじたばたするか、あなたと心を通わせるかのどちらかです。その状況についてあなたにお話しすることを選んだときは、さまざまな形で恵みを受けます。まず第一に、あなたと語り合うことは、どんな状況においてもあなたとの関係を強めてくれる。そしてまた、失望したとしても、それで引きずりおろされることなく、良いことへのチャンスに変えることができる。この変化が、困難な状況から痛みの原因を取り除いてくれるので、逆境の最中《さなか》でも喜ぶことが可能になるのです。

どうか私が、日々の生活におけるどんなささいな失望に対しても、この訓練を実践できるように助け導いてください。こうした小さな挫折《ざせつ》があなたのもとから私を引き離すことがしばしばあるからです。それでも**挫折はチャンス**だと捉《とら》え直せば、失ったものよりもっと多くのものを得ることができます。いつかは、大きな損失もこうしたポジティブな形で認めることができるようになりたいのです。私の目標は、使徒パウロの見地に達すること。パウロは「あなたを知っていることのあまりのすばらしさに比べれば、自分が失ったすべてのものは屑《くず》だと考えている」と書いているからです!

あなたの驚くべきお名前によってお祈りします、アーメン。

箴言19:21、コロサイ4:2、ピリピ3:7-8

5月20日

聖なるイエスさま、
私は、あなたが私の心にこうささやいてくださるのを聞くと喜びでいっぱいになります——「わたしは、あなたとともにいる。あなたとともにいる。あなたとともにいる」。この安らぎのことばは、私の心にとって安全網のようなもの……。絶望の底に転落することから守ってくれるのです。私は人間だから、私の人生経験の内には浮き沈みがたくさんあります。でもあなたがともにいてくださるという約束は、私がどこまで深く落ちていくかを制限してくれる。ですから、常に私のそばにおられるあなたの愛に、私がますます気づけるように導いてください。
実を言うと、私は時々、自分がどこまでも落ちていってしまうように感じることがあります。頼りにしていた人や、あてにしていたことに失望させられたときは、とくにそうです。それでも、あなたがそばにいてくださることを思い起こせば、とたんに私の見方は劇的に変わります。自分の置かれた状況を嘆き、その中でもがくのではなく、助けを求めてあなたに向かうのです。そのとき思い出すのは、あなたが「わたしのそばにおられる」だけでなく、「私の右手をしっかり握ってくださっている」こと。そして「あなたの計《はか》らいが私を導き、やがて栄光のうちに私を受け入れてくださる」ことです。これこそが私に必要な考え方——あなたがそばにいてくださることと、天国の永遠の栄光に満ちた約束とを確信することなのです！
高められたあなたのお名前によってお祈りします、アーメン。

マタイ28:20、ゼパニヤ3:17、詩篇73:23-24

私のゆるぎない救い主イエスさま、

どうか私が、ほかの人たちの目を通して自分を見ようとする罠に陥《おちい》らないように守ってください。私のこの習慣には、いくつもの害があることはわかっています。何よりもまず、ほかの人がわたしのことを実際にどう思っているかを見抜くのは不可能に近いこと。さらには、私をどう見ているかも人によって違うこと。それぞれの人の、その時の霊的、感情的、身体的な状態によって変わってくるからです。けれども、ほかの人に私がどんな人間かを定義させることのいちばんの問題は、それが一種の偶像崇拝になってしまうこと。人を喜ばせようと努《つと》めることは、創造主であるあなたを喜ばせたいという私の願いに水をさすことになるからです。こんなふうにほかの人々の自分に対する見方を気にして偶像化してしまっていることを、どうか赦《ゆる》してください。

あなたは、私が**あなたの**目を通して自分自身を見るほうがもっとずっと現実に即していることを教えてくださいました。あなたは、罪や変わりやすい生来の性質に決して汚《けが》されることのないゆるぎない視線を私に向けておられるからです。主イエスさま、どうか私が、自分自身とほかの人々のどちらに対してもあなたの視点から見ることができるように助けてください。あなたのもとで時を過ごすことで、私はいつまでも完全に愛されるということを実際に経験することができるのです。あなたは愛に満ちたまなざしで私をくつろがせ、深い**平安**で満たしてくださる。私は「霊と真理によってあなたを礼拝する」ことで、栄光の主であるあなたに応《こた》えたいと思うのです。

あなたの偉大なるお名前によってお祈りします、アーメン。

箴言29:25、ヘブル11:6、ローマ5:5、ヨハネ4:23–24

5月22日

私の**岩**イエスさま、

あなたに頼れることはなんという喜びでしょう！　これはすばらしく安全な場所であることがわかったからです。自分自身やほかの人たち、あるいは周囲の状況に依存することは、砂の上に人生を築いていくようなものだ、と痛い思いをして知りました。嵐が来たとき、自分の土台がどれほどもろいものかに気づいたのです。とうてい私を支えることなどできなかったのですから……。今は自分の人生を「岩の上に」――人生の嵐のあいだも私を支えてあまりある土台の上に、築いていこうと努《つと》めています。

主イエスさま、嵐の場合だけでなく、空が晴れ渡り、人生が穏やかであるときにもあなたに頼れるように助け導いてください。これは行《ゆ》く手にある**あらゆること**に対して自分を備《そな》えさせる、日々の訓練なのです。それはまた、大いなる**喜び**の源泉であることも知りました！　あなたを頼《たの》みとすることは、ずっとあなたと心を通わせ合っていくこと――とてつもない特権なのです！　この豊かな恵みは、私に精神力と励ましと導きとを与えてくれます。あなたとふれあいつづけていれば、どんな困難にも対処していける。私はひとりじゃない、と**知っている**からです。私が「あなたの御顔の光の中を歩む」とき、あなたは私に力を与え、「昼も夜もあなたの御名によって喜べる」ようにしてくださる。あなたに頼ることは、喜びと恵みに満ちた生き方なのです。

喜びに満ちたあなたのお名前によってお祈りします、アーメン。

マタイ7:24-27、詩篇89:15-16、Ⅰテサロニケ5:16

５月23日

私の力強い羊飼いイエスさま、

私はあなたのもとに自分の弱さを――霊的な弱さ、感情的な弱さ、体《からだ》の弱さをすべて携《たずさ》えてきました。あなたのそばで、あなたによる慰めに憩《いこ》うとき、私は「あなたにとって不可能なことは何ひとつない」ことを思い起こして、「あなたによって喜ぶ」のです！

どうか私が自分の問題から心を引き離すことができるように助けてください。そうすればもっと十分に、あなたに注意を集中できるからです。主イエスさま、あなたは「私が願い、考えることのすべてをはるかに超えてかなえることのできるお方です！」これをしてください、あれをしてください、とあなたに指図したりしないで、**もうすでに**あなたがおこなってくださっていることに自分自身を合わせていきたいのです。

不安が私の思いの中に押し入ってこようとするたびに、「あなたが私の羊飼いである」ことを思い出させてください。あなたが私のことを心にかけてくださっているのだから、何ひとつ恐れる必要はありません！　自分の人生を自分の力で制御しつづけようとするよりも、自分自身をあなたに明け渡したい。たとえ、そうすることで心配になったり不安を感じたりすることがあっても、自分のいるべきもっとも安全で安心な場所はあなたのそばであることをわかっているからです。

安らぎを与えてくださるあなたのお名前によってお祈りします、アーメン。

ルカ1:37、ピリピ4:4、エペソ3:20-21、詩篇23:1

５月24日

優しく愛情深いイエスさま、

私が「あなたによっていつも喜び、私の寛容な心がすべての人に知られる」ように助け導いてください。「あなたによって喜ぶ」ことは、不平不満を言いたい誘惑から守ってくれることがわかったからです。ストレスだらけの状況に置かれているときは、すぐにイライラして怒りっぽくなってしまいます。でもあなたは、私がほかの人にイライラした感情をぶつけるのではなく、優しさを示すように教えてくださっているのです。このことは、私があなたの内に**喜び**を見いだせば見いだすほど可能になります。喜ぶことはいつもたくさんあります。「あなたは、昨日《きのう》も今日も、とこしえに変わることのないお方」だからです。

私がとくに喜ぶことができるのは、「あなたが近くにおられる」と知っているからです。一組の男女が深く愛しあっているとき、お互いに最上のものを引き出そうとします。愛する人と一緒にいるだけでいらだちはおさまり、幸せが増すのですから……。**あなた**はいつもそばにいる**愛するお方**。目には見えないけれど、優しく傍《かたわ》らにいてくださる。時間を取って愛するあなたのもとで過ごすとき、私の不満やいらいらをなだめ、**喜び**で満たしてくださるのです。

いつもそばにいて**変わらぬ愛**で包んでくださるあなたに、たびたび感謝することを、どうか私が忘れることのありませんように。さまざまな事情で気持ちが落ちこんでいるときは、注意をあなたに向け、私への「あなたの大いなる愛に思いをめぐらす」必要があるからです！

栄光に満ちたあなたのお名前によってお祈りします、アーメン。

ピリピ4:4-5、ガラテヤ5:22-23、ヘブル13:8、詩篇107:43

5月25日

喜びに満ちた私の主イエスさま、「これは、あなたが設《もう》けられた日!」　人生におけるこの日を喜び楽しむことで、貴重な贈り物や有益な訓練がもたらされるのです。私の願いは、あなたとともに感謝の王道を歩んで、あなたが私のために備えてくださったすべての喜びを見つけることです。

感謝の気持ちを失わずにいるためには、自分の住んでいるのは喜びも悲しみも入り混じった堕落した世界であることを心に刻みつけておかなければなりません。心配ごとにばかり気を取られていると、美しさと輝きに満ちあふれている一日なのに、自分の灰色の思いばかりを見て歩きつづけることになります。感謝を捧げる習慣をおろそかにすることは、私の心を暗くし、視界を曇らしてしまうのです。

主イエスさま、私がどんなときにもあなたに感謝することを忘れないように助け導いてください。そうすれば私の視界が明るくはっきりとしたものになるからです。感謝の気持ちがあれば、どんなに暗い日々も心に喜びを抱いて歩み通すことができる。「あなたの御顔の光」がずっと私を照らしつづけてくれるのを知っているからです。だから「私は」、堅実で楽しい旅の道連れである「あなたを喜ぶ」のです。

光り輝くあなたのお名前によってお祈りします、アーメン。

詩篇118:24、コロサイ4:2、詩篇118:1、詩篇89:15-16

５月26日

王なるイエスさま、

「あなたの栄光に関わる福音の光」は、驚くばかりの豊かな宝です！　福音をこんなにも驚くべき良き知らせとしているのは、それが私にとって、**栄光**に満ちあふれる**あなた**を知る道を開いてくれるからです。

あなたを私の救い主として信じたとき、あなたは私の足を天の国への道につかせてくださいました。罪の赦《ゆる》しと天国における未来はすばらしい贈り物ですが、あなたはそれ以上のものを与えてくださいました！　「私の心の中を照らし、あなたの御顔にある栄光を知る光を与えてくださった」のです。私が全身全霊で「あなたの御顔を慕い求め」、「あなたの栄光を悟る輝かしい知識」を喜んで受けられるように助け導いてください。

知識の意味のひとつは、**経験や学びによって得られる気づき**です。あなたを知るうえで欠かせないのは、あなたに気づくこと――聖霊さまを通してあなたがおられることを経験することです。また、あなたについてもっともっと知るために聖書を学ぶことも大切です。

「この世の神が、信じない者たちの思いを暗くしている」けれど、私は聖書を探求し、「あなたの栄光に関わる福音の光」を享受《きょうじゅ》することを通して、あなたをはっきり認識することができるのです。

あなたのすばらしいお名前によってお祈りします、アーメン。

Ⅱコリント4:4、Ⅱコリント4:6、詩篇27:8

５月27日

いつもそばにいてくださる私の神イエスさま、

　私は時おり、誰もいない荒涼とした場所に――愛してくださるあなたのいないところにいるような気がすることがあります。でも、あなたがおられることを感じるか感じないかにかかわらず、あなたを呼び求めて、あなたがともにいてくださることを**知る**ことはできるのです。聖書は、「あなたは、ご自分を呼び求めるすべての人の近くにおられる」と約束しています。あなたのお名前を愛と信頼をこめてささやくことで、私の疑いをすべて吹き飛ばせるように助けてください！

　私に必要なのは、自分の悩みについてあなたにお話しして、あなたの導きを求める時間を取ることです。そうすれば、話の主題を**あなた**に――あなたの偉大さと王としての尊厳、あなたの**力と栄光**とを賛美することに変えられるからです。そして、あなたが私の人生にこれまでしてくださった、そして今してくださっているたくさんの恵みを感謝するのです。主イエスさま、あなたは私の賛美と感謝の内に豊かに存在しておられるのですから！

　みことばは、「あなたがいつくしみ深い方であることを味わい、見つめよ」と私に教えています。あなたとあなたの恵みに心を集中させればさせるほど、あなたの優しさを味わうことができるからです。**あなたの変わらぬ愛**は、なんと甘く喜ばしいことでしょう。私は勇気づけられます。私を力強く守ってくださるあなたの優しさに、私は勇気づけられます。私の心の飢えをあなたは、ともにいる**喜び**と**平安**とで満たしてくださる――「わたしはあなたとともにいて、あなたがどこへ行ってもあなたを守る」と、安心させてくださるのです。

　惜しみなく与えてくださるあなたのお名前によってお祈りします、アーメン。

詩篇145:18、詩篇34:8、イザヤ54:10、創世28:15

５月28日

大切なイエスさま、

難局が来ては去り、また来ては去るようなときにも「あなたが絶えずともにいてくださる」ことを、私が忘れないように助け導いてください。あなたがずっとそばにいてくださることは、すばらしい宝物です！

あなたが私の人生の筋書きを――良いときも、**そして**困難なときにも書いていてくださっていることを知っているので、安心していられます。あなたには、私の誕生から死後にいたるまでの全体図が見えておられるからです。そして天国が私の永遠の住まいになるとき、それがどんなものになるかを完全にご存じです。それればかりか、常に私の内に働いて、私をあなたが意図したとおりの人間に変えていってくださるのです。あなたの王国では私は王族になることを、みことばが保証しているのですから。

あなたのそばに近づく方法の中で私が気に入っているのは、愛をこめてあなたの**お名前**を口にすることです。このシンプルな祈りは、あなたが実際にそばにいて、私のことを気遣ってくださっていることへの信頼をあらわすものです。「希望の神であるあなたが、信仰によるあらゆる喜びと平安で私を満たしてくださる」ことを……。

私が背負っている荷がどんなに重くても、あなたがともにいてくださる現実は、私のあらゆる困難を超えるものです。あなたとともに静かに待ち望むとき、あなたがこうささやいてくださるのが聞こえるからです――「すべて疲れた人、重荷を負っている人は、わたしのもとに来なさい。わたしがあなたを休ませてあげよう」と……。

疲れを癒《い》やし、元気にさせてくださるあなたのお名前によってお祈りします、アーメン。

詩篇73:23、Ⅰペテロ2:9、ローマ15:13、マタイ11:28

5月29日

　愛あふれる私の主イエスさま、

「朝に、あなたの変わらぬ愛のことばを聞かせてください」。私が「あなたに信頼し」、あなたの**愛**が私を照らしてくださるのを楽しむことができるように助け導いてください。たとえ、それが困難の只中《ただなか》であっても……。落胆させられるようなことと闘っているときに必要なのは、あなたへの信頼を確認し、あなたがどんなお方《かた》であるかを思い起こすことです。あなたは、この**宇宙を創造し支えておられる方**。そして私の**救い主**であり、**主**であり、**友**でもあるお方なのです。私があなたに頼ることができるのは、あなたの**愛**には限りがなく、ゆるぎないことを知っているから……。その愛は、決して尽きることも霞《かす》むこともなく、私がどれだけちゃんとやっているかに左右されることもありません。あなたの完全な**愛**が決して変わることがないのは、「あなたは、昨日《きのう》も今日も、永遠に変わることのないお方」だからです。

　私が恵みを受けるのは、「魂《たましい》があなたを仰《あお》ぐ」時間を取って、あなたのもとでなんの気取りも差し迫った要求もなく、心を静めて待っているときです。賛美と静まって待つことに時間を捧げるとき、あなたは私の内に働いて今日一日のために備えさせてくださる。そして一歩一歩、「私が行くべき道を知らせてくださる」のです。あなたが「代々とこしえに私の神であり、死を越えて私を導いてくださる」ことを感謝いたします！

　私を導いてくださるあなたのお名前によってお祈りします、アーメン。

詩篇143:8、ヘブル1:2-3、ヘブル13:8、詩篇48:14

5月30日

王なるイエスさま、

「あなたの変わらぬ愛は、いのちそのものにもまさります！」あなたの愛は、その質も量も持続時間においても、限りのないことを感謝します。「あなたの変わらぬ愛はなんと尊《とうと》いことでしょう！」それは、この世界が提供し得るどんなものよりも限りなくすぐれており、また決して無くなることがありません。この愛は、これを得るためにはほかのすべてのものを失う価値があるくらい貴重なものなのです。

あなたの愛を得ることは私の命を失ってもいいくらいの価値のあるものですが、このすばらしい贈り物は、私の人生をかぎりなく豊かにしてくれる。あなたの変わらぬ愛は、私が人生を築くための確固たる土台を与えてくれるのです。自分が完全に、しかも永遠に愛されているのを知っていることは、ほかの人々との関係を改善させ、あなたが意図してくださった人間に私が成長していくのを助けてくれます。それだけでなく、「あなたの愛の広さ、長さ、高さ、深さがどれほどのものかを理解する力を持つ」ことで、賛美に導かれる。**こうして**あなたとの親しい絆は飛躍的に強められ、私はすばらしいあなたのおそばにいられることを喜び祝うのです！

私の心の中には、詩篇の作者の、この言葉がくりかえし響き渡っています――「息あるものはこぞって、主を賛美せよ。ハレルヤ！」と……。

賛美すべきあなたのお名前によってお祈りします、アーメン。

詩篇63:3、詩篇36:7、エペソ3:16-18、詩篇150:6

5月31日

すばらしい救い主イエスさま、
みことばが私にこう語っています――「徳とされることや称賛に値することがあれば、それを心に留めなさい」と。これは簡単なように聞こえますが、いざ実行しようとすると、とても難しいのです。

それは、称賛に値するようなことを主要な話題として取り上げるのは現在の体制文化に反することになるのを見てきたからです。メディアに従事する人々がスポットライトをあてるのは、ほとんどいつもネガティブなニュースばかり。現在起きている良いこと――とくに、あなたの民《たみ》がおこなっているたくさんの良いことは、めったに報道しようとはしないのです。

ポジティブなことに焦点を合わせるのは、体制文化に反するだけでなく、私の生まれもった罪深い性質に相反するものでもあることを認めなければなりません。アダムとエバがあなたに背いたとき、私の心も含めて**何もかもすべて**がその**堕落**によって損《そこ》なわれてしまったのです。その結果、私にとって、称賛すべきすばらしい物ごとに心を集中させるのは、努力なしには自然にできなくなってしまいました。そうするには、正しい選択を何度もくりかえして可能にする不屈の努力が必要だからです。主イエスさま、どうか私が日々、一瞬一瞬、良きものを探すことを選択できるように助け導いてください。

この世界には重大な問題も多いけれど、称賛に値《あたい》するものもたくさんあります。何より私がうれしいのは、**もっとも**称賛すべきお方であるあなたが、「絶えず私とともに」――私の思いよりも近くに「いてくださる」ことなのです！

あなたの傑出した褒《ほ》むべきお名前によってお祈りします、アーメン。

ピリピ4:8、創世3:6、ピリピ4:4、詩篇73:23

6月

この方こそまさしく神。
世々限りなく　われらの神。
神は　死を越えて私たちを導かれる。（詩篇48篇14節）

6月1日

私の誠実な**導き手**であるイエスさま、
　私はあなたとともに時間を過ごし、「あなたの変わらぬ愛に思いをめぐらす」ことに喜びを感じています。「あなたこそ、世々かぎりなく私の神だからです」。私の心がさまよい出すたびに、聖霊さまを通してあなたに引き戻すように助け導いてください。

　私はヤコブの、「まことに主はこの場所におられる」という言葉に大きな励ましを見いだしています。私がどこにいようとも、あなたは私のそばにいてくださる。あなたがとこしえに――今日も明日も、そして永遠に、私の神であることを心から感謝します！

　あなたはまた、**私の導き手**――**案内人**でもあります。私の人生の道はあなたが一歩一歩導いてくださっているのですが、そのことを忘れると将来が不安でたまらなくなる。でもあなたは、私の救い主として信じおゆだねしてからずっとともにいてくださっている。私が日々の活動をしながらもっともっとあなたに気づくように、訓練してくださっているのです。私があなたの近くにいくために学んでいる方法のひとつは、あなたのお名前をささやくこと。こうすると、あなたがすぐそばにおられることを思い出せるからです。「何も思い煩《わずら》わずに」、「感謝をこめて祈りと願いを捧げ、求めているものをあなたに打ち明ける」ことができるのです。「あなたが、死を越えて私を導いてくださる」というすばらしい確約をいただけるのは、なんと喜ばしいことでしょう！

　あなたの永遠に変わらぬ幸いなお名前によってお祈りします、アーメン。

詩篇48:9-10、14、創世28:16、ピリピ4:6

６月２日

優しいイエスさま、

私は時々、あなたに〝助けてください〟とお願いすることにさえ、あなたの助けを必要とすることがあります。一度にいろいろなことをしようとして、気がつくとどんどん先へ先へと進んでいる。ひとつのことを中断して、次にとりかかったりしているのです。そんなときに電話が鳴ろうものなら、ストレスの度合いはさらに強くなる。すべてのことを**やめて**何度か深呼吸し、あなたの名前をささやくことで、ようやく気持ちが落ち着いてくる。それでやっと、自分がこの日ずっとあなたの導きを必要としていたことに気づくのです。あなたが「御名にふさわしく、私を正しい道へと導かれる」と約束してくださっていることも……。

私は何かに挑戦しようとするときは、たいていい時間を取って、あなたに助けてくださるようお願いします。ところが、日常の仕事をおこなうときは助けを求めずに、こんなことは自分ひとりで対処できる、といわんばかりに突進しがちです。でも**どんなことも**、謙虚にあなたに頼って取りかかったほうがはるかにいいのです。突進したい気持ちになったら、そのたびに立ち止まってあなたに向かい、「行く道」を示してくださるようにお願いしなければなりません。愛にあふれるあなたのもとで静まって待つとき、あなたがこう力づけてくださるのを聞いて喜びに満たされるからです――「わたしはあなたの人生で、歩むべき最善の道を示そう」と……。

力づけてくださるあなたのお名前によってお祈りします、アーメン。

詩篇23:3、使徒17:27、詩篇32:8

6月3日

恵みの神イエスさま、

私はあなたに理解していただきたくて、あなたのもとに来ています。私が自分自身を知っているよりもはるかに私のことをご存じだからです。どれほど私が複雑であっても、あなたはすべてを理解してくださる。私の人生のどんなささいな部分も、あなたに隠されることはありません。それでも、あなたが私の内面まで知っておられることを恐れる必要はないのです。恵みの目で私を見てくださっていることがわかっているからです。主イエスさま、どうかあなたの癒《い》やしの**光**が私のもっとも奥深いところまで達して、私をきよめ、癒やし、みずみずしく生き返らせてくださいますように……。

私があなたに信頼して、あなたがくり返し与えてくださる完全な赦《ゆる》しを受け入れられるように助け導いてください。あなたが**いのち**で贖《あがな》ってくださったこの栄光の贈り物は、永遠に私のものなのですから！　この赦しこそが、あなたがずっと私のそばにいてくださることの核心であることを感謝いたします。あなたはみことばを通して約束し、私を安心させてくださるのです――「わたしは決してあなたを見放さず、あなたを見捨てない」と……。

ほかの誰ひとりとして私のことを理解してくれないように思えるとき、私はもっとあなたの近くに寄ることができる。私を完全に理解し、完璧《かんぺき》に愛してくださるお方を喜ぶことができるのです。あなたがご自分の**愛**で私を満たしてくださるから、私もほかの人々の命と人生に流れこむ愛の貯水池になりたいと願うのです。

あなたの麗《うるわ》しいお名前によってお祈りします、

アーメン。

詩篇139:1-4、ヨハネ1:16-17、ヨシュア1:5

6月4日

あわれみ深い救い主イエスさま、

私は「疲れて、重荷を負ってあなたのもとに来ました」。どうか「私を休ませて」ください。私の疲れがどれほど深く広範囲に及んでいるか、あなただけがご存じです。あなたに隠せるものは何ひとつありません！　あなたは、人生には自分を駆り立ててがんばりつづける「時がある」こと、また働くのをやめてただ休むだけの「時がある」ことを教えてくださいました。無限のエネルギーを持っておられるあなたでさえも、「創造のみわざを完成した第七の日には休まれた」のですから。

私は、「御顔の光で私を照らし」、愛を注いでくださるあなたのもとでゆったりと時間を過ごすのが好きです。お気に入りの聖句をゆっくり味わっていると、心も精神も新たにされるからです。忘れたくないと思うことが心に浮かんできたら、ざっと書きとめておいて注意をあなたに戻します。あなたとともにくつろいでいるあいだに、どうかあなたの愛が私の奥深くまで染み渡っていきますように……。ささやいたり、言葉で語ったり、歌ったりしてあなたへの愛を表すことは私の喜びです。

あなたが私自身と、そして私が休むこととを認めてくださっているのだと信じられるように助け導いてください。あなたのもとで、あなたが十字架上で成し遂げたみわざにゆだねてくつろぐとき、私は心身ともに元気を取り戻すのです。

元気をくださるあなたのお名前によってお祈りします、アーメン。

マタイ11:28、創世2:2、民数6:25-26

6月5日

かけがえのないイエスさま、

私は時おり、あなたの栄光の光が私を照らしているのを感じることがあります。あなたを見上げて心の中で賛美するとき、あなたの愛の輝きが私に降り注ぎ、私の奥深くまで満たしてくれるのです。あなたとのこうした瞬間は、私にとってどれほど貴重なものであることか！　どうかこれらの時を用いて、私をもっとあなたに似たものとしてください。「あなたをしっかり見つめて」いればいるほど、静かな時も忙しい時も、ほかの人々に対して「あなたの栄光を映す」ことができる、と学んできたからです。

確かに、忙しいときにずっとあなたを意識しつづけることはとても難しいです。感謝なことに、あなたは私を造られたときに、私の心を一度にふたつ以上の領域で機能できるようにしてくださいました。これらの領域のひとつを、私のそばにおられるあなたに捧げることで、ずっとあなたのことを心にとめていられるように助けてください。このことを実践することは、さまざまな形で私の助けになります。あなたがともにいてくださることに気がつくと、あなたを不快にさせる言動をすることが少なくなるし、困難な状況や心の痛みと闘っているときは、あなたがおられることを意識することで常に慰めと励ましを得られるからです。

私はあなたが、私の人生における「すべてのことをともに働かせて益となさる」ことを知っています――「私を栄光から栄光へと、あなたと同じかたちに変えてくださる」のです！

あなたの栄光のお名前によってお祈りします、

アーメン。

ヘブル12:2、Ⅱコリント3:18、ローマ8:28

6月6日

私の偉大なる神イエスさま、

自分自身を喜ばせることが第一の目標になってしまっている日々は、不満でいっぱいです。物ごとはなんでも自分の思いどおりにならねばならぬ、という態度は〝私の世界の中心は私だ〟という誤った基盤の上に立っているのです。真実は、**あなた**が中心であり、すべてはあなたを中心に回っているのに……。ですから私は、自分のおこなうあらゆることに「あなたの御顔」とみこころ「を求めて」、自分の計画を試《ため》さなければなりません。実は、これはどちらにも満足のいく設定で、物ごとが私の計画どおりに運べば、あなたに感謝し、喜ぶことができる。私の願いが妨《さまた》げられても、あなたとずっとつながっていられるので、「あなたの道は完全である」と信頼して、自分の意思をみこころに従わせることができるからです。

「私はもはや私だけのものではありません」。あなたに属するものであることを、私が忘れないように助け導いてください。こんなふうに、私はあなたのもの——あなたに愛されている者だと知っていることは、本当に大きな慰めです。私の心の焦点を、自分自身や自分が欲しがっているものから引き離してくれるからです。自分のやり方を押しとおして物ごとをおこなうのではなく、**あなた**を喜ばせることがいちばんの目標になるのです。このことは重荷になりかねないようにも聞こえますが、実際はとても自由で無理がありません。「あなたのくびきは負いやすく、あなたの荷は軽いからです」。さらには、自分があなたのものであると知っていることで、深く満ち足りた「たましいの安らぎ」が得られるのですから……。

元気を回復させてくださるあなたのお名前によってお祈りします、アーメン。

詩篇105:4、詩篇18:30、Ⅰコリント6:19、マタイ11:29-30

6月7日

喜びの主イエスさま、

私はあなたの内に「ことばに尽くせない、栄光に満ちた喜び」を見いだしてきました。この驚くべき**喜び**は、ほかのどこにもみつかりません。あなたとの関係においてしか、得られないのです。主イエスさま、私があなたを全身全霊で信頼し、私の人生の道をあなたと一緒に確信をもって歩めるように助け導いてください。私たちがともに旅するあいだにたくさんの障害に遭遇することはわかっています。そしてその中には、克服するのがきわめて難しいものがあることも……。

みことばが私に、「苦労はその日その日に十分ある」と教えています。ですから私は、日々の困難を予期して、そのせいで道を外《はず》れることのないように——あなたがともにいてくださる喜びを逆境に邪魔されないようにしなければなりません。あなたと過ごす私の人生は冒険であり、冒険の旅にはつきものの危険が常にあります。どうか私に、信頼と忍耐をもって困難と向き合う勇気をお与えください。

私の希望はあなたご自身と、あなたが私のために用意してくださった天の褒賞にしっかり結びついていなければなりません。永遠の家に着いたときの私の喜びはどれほど大きいことか——想像もつかないほどの**喜び**になるはずです。そこで私は、あなたを「顔と顔とを合わせて見る」ことになり、限りない**喜び**に満たされるのです！

勝利者であるあなたのお名前によってお祈りします、アーメン。

Ｉペテロ1:8、マタイ6:34、Ｉコリント13:12

6月8日

生きておられる私の主イエスさま、

あなたは、私が救い主の神に求め得るすべてを備えておられ、しかも「私の内に生きておられます！」あなたは輝くいのちと愛で私を満たしてくださる。私は、自分の内にあるあなたのいのちがあふれて、ほかの人たちに強い影響を与えられるようになりたいのです。私がほかの人々と交流するとき、あなたが私を通して生き、私を通して愛してくださいますように……。あなたにおゆだねして喜びの人生を生きることで、あなたの愛が私の言葉に品位を与え、あなたの光が私の表情やしぐさに映し出されるように助け導いてください。

この世界において自分の不十分さを感じることもしばしばですが、私は、イエスさま、「あなたによって満たされています」。私の救いと霊的な成長に必要なものはすべてあなたの内に見いだせるからです。「あなたの神としての御力」によって、私には天へ向かう旅をがんばりとおすために必要なすべてのものが備えられているのですから……。「あなたを親しく知ることによって」私を祝福し、私の闘いと喜びのどちらに対しても、もっとも深いところまで心を開いてあなたと分かち合えるように招いてくださっているのです。

主イエスさま、あなたが十字架の上で成し遂げたみわざは、私の魂に深い安らぎをもたらしてくれます。生ける救い主であり、永遠の友であるあなたによって、永遠に安全でいられることを心から感謝いたします。

勝利者であるあなたのお名前によってお祈りします、アーメン。

ガラテヤ2:20、コロサイ2:9-10、Ⅱペテロ1:3

6月9日

頼《たの》みとするイエスさま、

私はあなたのもとにあらゆる感情を――自分でも嫌だと思っているものも除外せずに、携えてきました。実を言うと、恐れと不安とにしょっちゅう悩まされて、あなたに信頼するよりも自分のことばかり気になってしまうのです。恐れの炎の矢が、昼も夜も私めがけて飛んできます。こうした「悪しき者」の攻撃は情け容赦なくくりかえされます。どうか私に、「信仰の盾を取って」、「彼らの放つ燃える矢をすべて消す」ために効果的に用いることを教えてください。

主イエスさま、私がどう感じようとも、信仰をしっかり保《たも》ちつづけることができるように助け導いてください。あなたへの信頼をはっきりあらわしつづけていれば、私の感情もついには信仰に従うようになるのを見てきたからです。

私は自分の恐れから目をそらしたり、恐れてなんかいない、というふりはしたくありません。もしも心の奥深くに不安を押し隠したりしたら、最強の恐れ――恐れの怪物を生み出してしまうでしょう。それよりも自分の不安をあなたの愛の光の中に携えていくことを選びます。そこでなら、不安をどう扱えばいいかあなたが教えてくださるからです。どうか私が屈することなく、あなたを信頼しつづけ、ずっとあなたのそばで生きられるように助け導いてください。そうすれば恐れも、私の中に築いた足場をしだいに失っていくでしょう。

信頼するあなたのお名前によってお祈りします、アーメン。

エペソ6:16、Ⅰヨハネ1:5-7、イザヤ12:2

６月10日

喜びを与えてくださるイエスさま、
　みことばが私に、「いっさいの思い煩《わずら》いを、あなたにゆだねなさい」と告げています。「あなたが、私のことを心にかけていてくださるからです」。あなたが名キャッチャーであることを知っているので、私の「思い煩い」を――不安や心配を、すべてあなたに向かって投げたいと思います。これらの心配ごとを手放すことで、あなたのもとでくつろぎ、ほっと息をつくことができるからです。これは、昼間はずっと――そして時には、夜のあいだも続けておこなわなければなりません。ありがたいことに、あなたは決して眠ることなく、いつでも私の思い煩いを察知して「私の重荷を担《にな》う」ように備えていてくださるのです。

　あなたは限りなく力あるお方だから、私の重荷を担っていただくことであなたを押しつぶしてしまうことは絶対にありません。あなたとキャッチボールをすることは、私を浮き浮きとした気分にさせてくれます。私の荷を軽くし、気持ちを引き上げてくれるからです。どんなに多くの球をあなたに向かって投げても、一球たりともはずしたりはなさらない！　だから私は、心配ごとに押しつぶされることなく、あなたがそばにおられ、私がどんなことに直面しても助けてくださることを喜べるのです。

　考えこんでしまう問題があるたびに、安心してあなたに向かい、思い煩いの球を、構えて待っていてくださる力強い御手《みて》の中に投げこむことができるのですから……。イエスさま、いつも「私を見守り」、「私の思い煩いを」受け止めてくださることを感謝します！

　いつも見守り、心にかけてくださるあなたのお名前によってお祈りします、アーメン。

Ｉペテロ5:7、詩篇139:23、詩篇68:19、詩篇121:5-6

6月11日

常に変わらぬ私の**道連れ**であるイエスさま、

私は今日一日ずっとあなたと一緒に楽しく歩きたいです。あなたと手をつないであなたに頼り切って……。あなたがともにいてくだされば、今日のこの日がもたらす困難を耐えしのび、喜びを味わうことができるからです。あなたは私のために美しい景色や刺激的な冒険の風や、疲れはてたときに休める隠れ場や、そのほかたくさんのものを用意してくださっています。私がそのすべてを感謝して味わうことができるように導いてください。あなたが常に変わらぬ**道連れ**であるだけでなく、「絶えず私を導く」案内人にもなってくださることを感謝いたします。あなたは私の前の旅路を、一歩一歩、天国に向かうまですべてご存じなのですから……。

私は、ずっとあなたのそばにいつづけるか、それとも進路からはずれないようにするかを選ぶ必要はありません。「あなたが道である」のだから、あなたのそばにいることが道をはずれないこと。「あなたのことを考えて」、あなたが今日の旅路の一瞬一瞬を導いてくださることを信じておゆだねするのです。どうか私が、前方の道で何に出くわすだろうかと心配しないように助けてください。そして、あなたがいつも私の隣にいてくださることを忘れることのありませんように……。そうすれば心配ごとから解放されて、あなたとずっと一緒に歩めることの喜びに集中できるからです。

喜びに満ちたあなたのお名前によってお祈りします、アーメン。

ピリピ4:13、イザヤ58:11、ヨハネ14:6、ヘブル3:1

６月12日

大切な神イエスさま、

私は今、この静かな時間をあなたのもとで楽しみたくてやってきました。そのためには、信頼と感謝が最強の組み合わせになることをこれまで学んできたのです。

過去のことでもがき、将来のことを思いわずらえば、あなたに向ける目がかすんできてしまう。あなたに信頼すればするほど、あなたが待っていてくださる今のこのときを十分に生きられるのです。

あなたは私に、ご自分とずっと心を通わせつづけるように訓練してくださってきました。〝イエスさま、あなたにおゆだねします〟や「私の力なる主よ。私はあなたをお慕いしています」といった祈りは、私をあなたのそばから離さず、あなたが愛をこめて見守ってくださっているという確信をも強めてくれるのです。

あなたは私に、感謝の態度をもつことがご自分との親密な関係には欠かせないことを教えてくださいました。感謝のない態度は、御名《みな》を汚し、あなたとの関係を弱めるものです。私の人生やこの世界にたとえ何が起ころうとも、「揺るがされない御国を受ける」ことを、私が忘れないように助けてください。このことは、「感謝をささげる」不変のゆるぎない理由を与えてくれるからです。私の願いは、「どんなことにも感謝する」ことによって、ずっとあなたのそばで、愛に満ちたあなたと過ごす時間を楽しむことなのですから……。

あなたのかけがえのないお名前によってお祈りします、アーメン。

詩篇18:1、ヘブル12:28-29、Ⅰテサロニケ5:18

６月13日

誠《まこと》なる神イエスさま、
どうか私が「ありとあらゆる境遇に対処する秘訣を学ぶ」ことができるように助け導いてくださ い。満足を得るための訓練は、一筋縄ではいかない過程であることはわかっています。あらゆる種類の困難を耐えることを通して学ばなければならないからです。私はこの訓練において、自分ではかなりいい線をいっているつもりでいました。ところが生活の状況がだんだん厳《きび》しいものになってきたのです。ある日は、すべてのストレスにかなりうまく対処できる。でも別の日には、ひたすら**逃げ出し**たくなってしまう！　この**別の日**にどうやって対処したらいいのか教えていただきたいのです。

私は「自分の心をあなたの前に注ぎ出して」、自分がどれほど不満を感じ、動揺しているかを認めることができるのをとても感謝しています。あなたの前にこれらの鬱積《うっせき》した感情を吐き出すことは、それだけでも私にとってものすごく助けになる。そしてあなたが私自身と、私の置かれた状況の**両方を**完全に理解してくださっているのを知ることで、さらに勇気づけられるのです。

主イエスさま、あなたが常に私のそばにいてくださることをさらに深く意識できるようにしてください。私に必要なのはあなたとずっとつながっていること。あなたと語り合い、私の状況について語っているみことばに心を浸《ひた》すことなのです。そしてほかの何よりも私の魂を高揚させてくれるのは、あなたへの賛美の歌をうたうことです！「なんと喜ばしいことでしょう、あなたの御名をほめ歌うことは。朝にあなたの慈《いつく》しみを、夜ごとにあなたの誠を告げ知らせることは」

愛にあふれるあなたのお名前によってお祈りします、アーメン。

ピリピ4:12、詩篇62:8、詩篇92:1-2

６月14日

力ある救い主イエスさま、

あなたは「私が願い、思うことすべてをはるかに超えておこなうことのできるお方」であることを、みことばが告げています。ですから私は、あなたが成しとげることに限界などない、と知っているので、期待と確信を抱いてあなたのもとにやって来るのです！

でも実を言うと、時々がっかりしてしまうことがあるのです。長いことずっと祈ってきたのにまだ答えが得られないことがたくさんあるからです。どうか私が、不安の只中《ただなか》でもあなたを信頼して、忍耐強く待つことができるように助け導いてください。あなたは、「ご自分を待ち望む者は新たな力を得る」ことを約束しておられ、私には明らかにもっと力が必要だからです。

私は、困難な問題にひきずりこまれて悩むかわりに、あなたが介入してくださるまたとない機会が与えられたと思うように努《つと》めています。あなたは、私が極限の状況下に置かれれば置かれるほど、その場に「あなたの力と栄光を見る」ことができると教えてくださっているのです。主イエスさま、どうか私が自分の目と心を完全に開いて生きていけるようにしてください。あなたが私の人生におこなってくださっていることを何ひとつ見逃すことのないように！

あなたの聖なるお名前によってお祈りします、

アーメン。

エペソ3:20-21、イザヤ40:30-31、詩篇63:2

６月15日

「私の慈《いつく》しみの神」イエスさま、

あなたは「私の力」です！　私は今日のこの日を始めるのに弱さと疲れを感じています。でも、大丈夫。私の弱さはあなたに頼ることを思い出させてくれるからです。あなたがずっとともにいて私が自分の道を歩むのを「助けてくださる」ことを心に刻んでおかなければなりません。そうすれば信頼と喜びにあふれてあなたの手を握り、「私を強めて」導いてください、とお願いできるからです。愛にあふれたあなたのおそばにいられるのは、なんという喜びでしょう！

行《ゆ》く手に待ちかまえている課題をなしとげるだけの力がないと感じるときは、必ず立ち止まって自分の力の源《みなもと》について考えてみることが何より大切です。「私の力」であるあなたは限りのないお方です。尽きて無くなってしまうものなど何ひとつありません！　だからあなたと力を合わせて労するときは、達成可能なことを制限してはならないのです。達成するのに必要なものは、あなたにおゆだねすれば何もかも与えていただけるのですから。私がゴールに達するのが早くてもゆっくりでも、あなたの完璧《かんぺき》なタイミングで到達できるのはわかっているから、遅れたり遠回りしたりしても落胆せずにすむのです。

私が一歩一歩前進しつづけられるように、そしてあなたはすべてを知ったうえでおこなってくださっているのだと心から信頼できるように助け導いてください。忍耐と信頼は最強の相棒になることを学びつつあるからです！

あなたの力強いお名前によってお祈りします、アーメン。

詩篇59:16-17、イザヤ41:13、ピリピ4:13、イザヤ40:28-29

６月16日

至高の主イエスさま、

どうか私に、あなたを信じおゆだねすることを――全身全霊で「あなたに信頼する」ことを教えてください！　このきわめて大切なレッスンを学べば、あなたの**平安**から私を引き離せるものなど何ひとつ無くなることでしょう。私は、自分の人生のすみずみまであなたが支配してくださっていることを知っています。これは、私が耐えていることは**すべて**あなたが有益なことに変えてくださる――もっと「あなたに信頼する」ために訓練してくださっている、という意味だからです。**このこと**によって私は、悪の働きを退《しりぞ》け、私を傷つけるはずの逆境そのものを通して、穏やかで思いやりのある人間に成長することができるのです。私は旧約聖書のヨセフの物語が大好きです。ヨセフは、この神の力による大逆転劇のまたとない見本だからで、自分を奴隷商人に売り渡してしまった兄さんたちにこう断言しました――「あなたがたは私に悪を企《くわだ》てましたが、神はそれを良いことのための計《はか》らいとしてくださいました」

私は、あなたに信頼すればするほど恐れが少なくなることを実感しています。至高の存在であるあなたにひたすら信頼して、あなたが日々私の隣におられるだけでなく、先に立って歩んでくださっていることを心に刻んで、あなたのもとで安らげるように助け導いてください。そうすれば、この日だけでなく、**どんな日にも**自分の道に何がもたらされるか心配する必要はなくなるからです。「私はわざわいを恐れません」。あなたは、私が遭遇《そうぐう》するどんな状況からも良きものを引き出してくださるのですから！

あなたの気高いお名前によってお祈りします、

アーメン。

イザヤ26:4、創世50:20、Ⅱコリント4:17、詩篇23:4

６月17日

「私の羊飼い」イエスさま、

私は「緑の牧場《まきば》に伏す」ことを心から願っています。どうか「私の羊飼い」のもとでくつろぎ、休むことができるように助け導いてください。あなたこそ、私の羊飼いなのですから！　このネットワーク化した時代において、私は多くの時間をネットに接続して過ごし、神経が張りつめているので、一日の活動時間の最中にあなたを見いだすことができません。それでもあなたは、休息の必要を私の内に組みこんでくださいました。

この世界はあまりにもゆがめられ、壊れかけているので、休みたいという生まれながらの必要を満たすことに罪悪感を抱いてしまいやすいのです。その結果、あなたと時を過ごすよりも、ずっと忙しくしつづけて時間とエネルギーを浪費してしまう。あなたのもとで元気を取り戻し、自分の人生に対するあなたの導きを求めることもしないで……。

主イエスさま、私の願いは「平和の道」をあなたとともに歩むこと、そしてあなたの平安のもとで生きたいと望む人々のために道を切り開くことです。私をこの冒険に備えさせてくれるのは自分自身の強さではなく、あなたをもっともっと必要とする弱さであることを知りました。あなたに頼れば頼るほど、あなたは私の道に平安を注いでくださるからです。感謝します、イエスさま！

心優しいあなたのお名前によってお祈りします、アーメン。

詩篇23:1-3、創世2:2-3、ルカ1:79

６月18日

私の救い主であり神であるイエスさま、「あなたが救いの衣を私に着せてくださった」ことはなんという喜びでしょう。あなたの「正義の上着」は永久に私のものなのですから！　あなたは永遠に私の救い主だから、あなたの完全な正義が私から取り去られることは絶対にありません。これは、自分の罪と向き合うこと――また、対処することを恐れる必要はない、ということです。自分の人生における罪に気づくようになるにつれて、罪を告白してあなたの赦《ゆる》しを十分に受けることができるからです。

そしてまた、私が自分自身を赦せるように助け導いてください。自己嫌悪は私にとってきわめて不健康であり、あなたにとっても喜ばしいことではないとわかっているからです。この有害な罠を避けるために私が学んでいるのは、自分の罪や失敗を見るたびに、何度も何度もあなたに目を向けることなのです。

「わたしの目には、あなたは高価で尊《たっと》い」というあなたのことばは、私に大きな喜びと安心をもたらしてくれます。良くなろうと努力することで自分の価値を証明しなくてもいいのは、なんと感謝なことでしょう。あなたが私の代わりに完璧《かんぺき》な人生を過ごされたのは、私にはそうできないことをご存じだったから……。今の私の願いは、完全に赦されてあなたに従う者としての、この栄光の自由を生きていくことです。「キリスト・イエスにある者が罪に定められることは決してない」ことを心に刻みつけて！

赦しを与えてくださるあなたのお名前によってお祈りします、アーメン。

イザヤ61:10、マタイ1:21、Ⅰヨハネ1:9、ローマ8:1

６月19日

勇敢なイエスさま、

あなたは「私の信仰の導き手であり、完成者です」。私の人生が問題だらけになればなるほど、「あなたから目を離さずにいる」のが重要になることを、あなたは教えてくださいました。もしも私が自分を悩ませている問題や世界の出来事ばかりに目をこらしていたら、たやすく打ちひしがれてしまうことでしょう。重荷に押しつぶされそうに感じたり気力をなくしたりしたら、そのたびにあなたのもとに立ち帰るように気づかせてください。あなたがずっと私のそばにおられて、いつも私の祈りを聞いてくださることを感謝します。自分の思いを自由に浮かぶままにしないで、常にあなたに向けつづけていたいのです。そうすることで自分の考えを押し進め、さらにあなたに近づけるからです。

私があなたのぬくもりに包まれ、あなたに守られて安らげるように助けてください。この壊れかかった世界の光景を見渡すとき、「どんなものも、あなたの愛から私を引き離すことはできない」というあなたの約束が、私の心を喜びで満たしてくれるのです！　どんなに物ごとが殺伐《さつばつ》として希望がないように見えても、変わりなくあなたが支配しておられることを知っていれば安心できます。それだけでなく、私のかわりに戦ってくださる闘士であるあなたが、あなたを打ち負かせるなどと思いこんでいる「者どもを嘲《あざけ》っておられる」からです。

「あなたに信頼する者は、あなたの変わらぬ愛に囲まれる」――主イエスさま、あなたを賛美します。イエスさま、私はあなたに信頼しています！

無敵のあなたのお名前によってお祈りします、アーメン。

ヘブル12:1-2、ローマ8:38-39、詩篇2:4、詩篇32:10

6月20日

私の「平和の君」イエスさま、

あなたが「私の休息所」であることを心に刻んで、あなたのそばで生きられるように助け導いてください。私の「平和の君」であるあなたが、私の内にも私の隣にもいてくださるから、この平安な避難所にあなたとともに住まうことができるのです。

どんなにストレスだらけの状況の中でも、自分自身をあなたに集中させて冷静さを保ちつづけられるようになりたいのです。あなたと私、ふたり一緒なら私の問題にも対処できるから、物ごとが手に負えなくなったように見えてもパニックになる必要はありません。それなのに、正直に言うと、状況が困難になればなるほど不安がつのってうろたえてしまうのです。あなたが常に変わらずそばにおられて「私を強めてくださる」ことも忘れて……。

あなたのもとからさまよい出したことに気づいたら、すぐさまあなたのところに戻らなくてはなりません。あなたのお名前をささやけば、またあなたとつながって落ち着くことができるからです。時おり落ちこんでしまうのは、あまりにもたびたびあなたのもとからさまよい出しているように思えるから……。それでも、新たな習慣を身につけようとがんばっているし、そのためには時間と不屈の努力が必要なこともわかっています。この厳《きび》しい訓練は、そのすべての努力に匹敵するだけの十分な価値があることを教えてくださってありがとうございます。「私の憩《いこ》いの場」であるあなたのもとに戻れば戻るほど、私の人生が平安と喜びに満ちたものとなることを見いだしているのです。

あなたの驚くべきお名前によってお祈りします、アーメン。

イザヤ9:6、ピリピ4:13、箴言18:10、マタイ11:28

6月21日

栄光の神イエスさま、

「私が、栄光から栄光へと、あなたと同じかたちに変えられていく」ことを、みことばが教えています。この聖句には心慰められるだけでなくワクワクしてきます！「御霊なる主」がこのようにすばらしい「働き」を私の内に繰り広げてくださることを感謝します。人生で困難に直面するとき、自分に対する挑戦となるそうした状況を無駄にしたくはありません。かえって、それらを用いて私をもっともっとあなたに似たものとしてくださるようにお願いできるからです。この過程は苦痛をともなうかもしれませんが、あなたの知恵と方法とみこころは完全であることはわかっています。「私はあなたと、栄光をともに受けるために」進んで「苦難をともにする」必要があるのです。

時々、私の「苦難」は重くて終わりがないように思えることがあります。それでも「私にもたらされる重い永遠の栄光」に比べれば、なんと「軽い、つかのまのもの」でしょう。私は自分の感情に左右されることなく、つらいときにあなたに感謝し、困難がつづくときもあなたを賛美することを学んでいるところだからです。たとえ苦難の最中《さなか》でも、あなたがどんなお方であるか、これまで私のためにどんなことをしてくださったかをすべて思い起こし、「常に感謝を捧げる」ことであなたの栄光をたたえたいと思っています。そればかりか、感謝に満ちた態度は、私が「栄光から栄光へと」「姿を変えられていく」のを進める助けになるのですから！

あなたの麗《うるわ》しいお名前によってお祈りします、

アーメン。

Ⅱコリント3:18、ローマ8:17、Ⅱコリント4:17、エペソ5:19-20

6月22日

偉大な神イエスさま、
私が「あなたこそ、神であることを知り」、自分の手で制御しようとするのをやめて、あなたにおゆだねできるように助けてください。この世界は**あなたのもの**。あなたが造られて、支配されているものです。**愛**の連禱《れんとう》に唱和するときの私の役割は、あなたにきちんと応答することです。あなたは私の魂に、あなたを受け取る賜物を植えつけてくださいました。この賜物を守り、**あなたの愛の光**によって大切に育《はぐく》んでいきたいと思っています。
私がうれしいのは、自分の心配ごとや願いを言い表すのに「あなたの御前に心を注ぎ出す」ように――率直に語るように、とあなたが励ましてくださっていることです。あなたに心を打ち明けたあとは、まだ答えを目にしていなくても、あなたが私の祈りに答えてくださることを感謝したいのです。それらの問題がまた心に浮かんできたときは、その答えが今私のもとに向かっている途中であることに気づかせ、感謝して待ちつづけられるようにしてください。
私が自分の心配ごとを何度も何度もくりかえしあなたに告げるときは、緊張状態で日々を送っているのですが、あなたが私の祈りにどんなふうに答えてくださって**いる**かを感謝すると、考え方がもっとずっと前向きで穏やかなものになります。感謝の祈りによって、あなたがともにいてくださって、「あなたの尊《とうと》く大いなる約束」が私に与えられていることを心の中心に置きつづけることができるからです。
あなたの傑出したお名前によってお祈りします、
アーメン。

詩篇46:10、詩篇62:8、コロサイ4:2、Ⅱペテロ1:4

６月23日

すべてを「知っておられる」神イエスさま、「私の霊が私の内で衰《おとろ》え果てるときも、あなたは私の道をよく知っておられます」。これは弱さの利点のひとつです。あなたの導きなしには自分の道を見つけることはできない、という現実を浮き彫りにするからです。疲れやとまどいを感じたらいつでも、そうした感情から目をそらして、心のありったけであなたに向かうことができる。自分の心をあなたに注ぎ出すことで、私の道を——天に向かうすべての道を、完全に知っておられるお方のもとで憩《いこ》いを見いだすことができるのです。

私が自信や強さを感じているときでも、こんなふうにあなたを見つめることを実践しつづけられるように助け導いてください。そうしたときこそ、間違った方向に進んでいってしまう危険がいちばん大きいからです。自分の旅路の次の一歩は自分がいちばんよくわかっていると決めてかからずに、あなたのもとで計画を立て、私を導いてくださるようお願いすることを学んでいるところなのです。

どうか、「天が地よりも高いように、あなたの道は私の道より高く、あなたの思いは私の思いより高い」ことを、私がたびたび思い起こせるようにしてください。この偉大な真理を思うことで、「いと高くあがめられ、永遠の住まいに住む」あなたへの賛美に導かれるからです。「あなたは高く聖なる所に住んでおられる」にもかかわらず、私のもとに降りてこられて私の行くべき道を示してくださることは、なんという喜びでしょうか。

あなたの高められたお名前によってお祈りします、アーメン。

詩篇142:3、イザヤ55:9、イザヤ57:15

６月24日

愛するイエスさま、

みことばが「あなたに歌を歌う」ように告げています。「あなたが私に豊かに報いてくださった」からです。けれども、そういう気にまったくなれない時があります。でもそうした時こそ、賛美の歌を歌うことがいちばん必要なのです。「あなたが私に良くしてくださっている」からです。たとえ、そんなふうには思えないときにも……。

私はあなたと一緒に登り坂の困難な旅を続けていて、疲れを感じてきているのです。もっと楽な日々だったら、こんなに険しくない道だったら、どんなにいいだろうと思って……。それでも、私を高みに導いてくれる——頂上にもっともっと近づけてくれるのは一生懸命にがんばって登っていくことだ、とはわかっているのです。

自分が困難な状況に置かれているのは間違いな**どではない**ことを私が忘れないように助けてください。それはあなたの大いなるみこころと、そしてある程度までは私自身の目標に関わることだからです。私の願いは、あなたのおそばで生き、もっと豊かに成長して、あなたが私を創造したときに願われた者となることです。こうした目標を追い求めるために、私は困難と危険に満ちた冒険の道に置かれているのですから。

時おり、自分の人生の旅路を、もっと楽な人生を送っているように見える人の道と比べてしまうことがあります。でもその人たちが直面している問題や、その人たちの将来がどうなるかは私にはわかりません。ほかの人々と自分の状況を比べるかわりに必要なのは、あなたに向かい、あなたがこう教えてくださるのに耳を傾けることなのです——「あなたは、わたしに従いなさい！」と……。

恵み豊かなあなたのお名前によってお祈りします、アーメン。

詩篇13:6、Ⅱサムエル22:33-34、ヨハネ21:22

６月25日

あわれみ深いイエスさま、

私は、もっともっとあなたに頼りたいのです。**あなた**だけが、私の弱さを何もかも知っておられて、その弱さにこそ、力を働かせてくださるからです。あなたの強さと私の弱さが完璧《かんぺき》に合わさって、私の生まれるずっとまえに編み出された美しい模様を織りなすのです。実際に、みことばが私にこう告げています――「あなたの御力《みちから》は、弱さのうちに完全に現れるからである」と……。

私なんかふさわしくないと思ったり、くじけそうになるたびに、主イエスさま、あなたにおすがりできるのがうれしいです。「私を強くしてくださる」ようにどれだけあなたに頼ってもいいのだ、と気づかせてくださるからです。聖書にあるあなたのこのことばに、どれだけ喜びと励ましを受けていることでしょう――「わたしはあなたの右の手を固く握って言う。『恐れるな。わたしがあなたを助ける』と」

たとえ自分で対処できる自信があるときでも、私はあなたに頼らなければなりません。あなたは限りなく賢明《けんめい》なお方であることを知っているからです！　私が計画を立てたり、決定したりするときに、どうか私の考えを導いてください。あなたに頼ることであなたとの親密な絆を育《はぐく》んでいけることを心から感謝します――「決して私を見放さず、私を見捨てない」お方との絆を……。

知恵と慰めを与えてくださるあなたのお名前によってお祈りします、アーメン。

Ⅱコリント12:9、ピリピ4:13、イザヤ41:13、申命31:6

６月26日

あわれみ深い主イエスさま、
あなたは私に「いつも喜んでいなさい」と教えてくださっています。私の**喜び**は何よりもまずあなたに結びついたものであるように、と……。どんな時もどんな状況においても、あなたが私を愛してくださっている、ということを思い浮かべるだけで安心できるのです。みことばが確約しているように、「たとえ山々が揺らぎ、丘が移ろうとも、あなたの私への変わらぬ愛が揺らぐことはない」からです。だから、物ごとが自分の思うようにいかなかったり、何か失敗したりしたときにあなたの愛を疑いたくなる誘惑に負けてはいけません。あなたの愛は、私が**常に**立つことのできる堅固な岩——あなたによって私は永遠に安全でいられることがわかっているからです。あなたが「私をあわれんでくださっている主」であることを心から感謝いたします！

私は「どんなことにも感謝する」ことで**喜び**が何倍にも増すことを知りました。どうか私が自分の人生を、もっともっと感謝のフィルターを通してとらえられるように導いてください。どんなに大変なときでも、私の道にちりばめられたあなたの恵みを探して、ひとつ見つけるたびに感謝できるからです。感謝のレンズを通してしっかりと見るために私に必要なのは、「すべて真実なこと、すべて尊《とうと》いこと、すべて正しいこと、すべて清いこと、すべて愛すべきこと、すべて評判の良いことを、また、徳とされることや称賛に値することがあれば、それを心に留《と》める」ことなのですから……。

あなたの傑出したお名前によってお祈りします、アーメン。

Ｉテサロニケ5:16-18、イザヤ54:10、ピリピ4:8

６月27日

栄光の主イエスさま、

あなたは私が困難に耐えるだけではなく、あなたがそれを栄光へと変えてくださるのに協力するように訓練してくださっています。これは聖霊さまの助けを必要とする超自然的な偉業です。問題が重くのしかかってくるときは、やみくもに答えを探してペースを加速してしまいがちですが、そんなときに本当に必要なのは、ペースを落として「あなたの御顔を慕い求める」こと、私の困難な状況についてあなたと語り合うことです。みことばが、「私の願いごとをあなたの御前に捧げ、期待して待つ」ように教えているからです。

私が期待して待っていても、あなたが長いこと私の祈りに答えてくださらないこともあります。あなたは常に私の人生において重要なことをなさっておられる。しかもそれは、ただ単に私の問題を解決することをはるかに超えたものなのです。あなたは、私の苦闘はさらにもっと大きな戦いの一部であること、私がそれにどう対処するかが意味のある結果を生み出す助けになることを教えてくださってきました。私はあなたに信頼し、「感謝をこめて祈りを捧げる」ことであなたを賛美したいのです。何よりも、こんなふうに絶えず祈りを実践することで、最終的に私に重要な違いがもたらされ、聖霊さまの働きによって「栄光から栄光へと、あなたのかたちに変えられていく」からです！

あなたの驚くべきお名前によってお祈りします、アーメン。

詩篇105:4、詩篇5:3、ピリピ4:6、Ⅱコリント3:18

６月28日

親愛なるイエスさま、
　あなたは「よみがえられた」お方。私の「生ける神」です。こんなにも生き生きと働いておられる救い主に仕えられることを心から感謝しています！　また、時を超えて永遠に私とともにいると約束してくださっていることも大きな**喜び**です。これらの真実は私を支え、最悪の試練や深い失望をも切り抜けさせてくれます。ですから、私があなたとともに**いのち**の道を大胆に歩むことができるように助け導いてください。あなたが決して私の手を離すことはないと固く信じて……。

　あなたが私に与えてくださるもののことを考えるとうれしくなります。いつもともにいて愛してくださること、私の罪を完全に赦《ゆる》してくださったこと、そして天国における永遠の喜び……。これはあまりにも過分でぜいたくすぎて、理解しようとすることすらできません！　だからこそ、あなたをあがめて賛美することは、私にとってこんなにも重要なのです。私のきわめて限られた理解を超えた形で、強くあなたと結びつけてくれるのですから……。

　私はさまざまな方法であなたを賛美することを楽しんでいます。讃美歌やプレイズソングを歌うこと、みことばを学んで覚えること、ひとりで祈ったり、ほかの人たちと祈ること、あなたの創造の驚異を賛美し感謝すること……。あなたを賛美するもうひとつの方法は、ほかの人たちに奉仕し、あなたの**愛**でその人たちを愛することです。主イエスさま、「私は何をするにも、すべてあなたの栄光を現すためにおこないたい」のです！

　勝利者であるあなたのお名前によってお祈りします、アーメン。

マタイ28:5-6、詩篇42:2、コロサイ2:3、Ⅰコリント10:31

6月29日

勝利の神イエスさま、
みことばが、こんな巧妙な質問を投げかけてきます――「神が私たちの味方なら、誰が私たちに敵対できるだろうか」と。私はあなたにお従いする者だから、あなたが**私の味方**でいてくださることを信じています。この聖句は、誰も私に敵対することはない、という意味ではありません。**あなたが**私の側《がわ》にいてくださることは、私の存在のもっとも重要な事実である、という意味だからです。
たとえどれほどの損失を経験しようとも、私は勝利者側にいるのです。あなたはご自分の死と復活を通して、すでに決定的勝利をおさめておられる！　あなたは永遠の**勝利者**であり、私も永遠にあなたに属する者としてあなたの勝利にあずかっています。天国への旅の途中でどれほど多くの苦難に遭遇しようとも、最終的に私を打ち負かせるものは何ひとつありません！
自分の将来は完全に守られていると知っていることで、私の物の見方は劇的に変わってきました。守りの姿勢で――苦しみから自分自身を守ろうと必死になって生きるかわりに、あなたが導いてくださるところならどこへでも確信をもってお従いすることを学んでいるのです。あなたが教えてくださっているのは、「あなたの顔を慕い求め」、あなたの導きに従うだけではなく、自分自身をあなたに明け渡すこの冒険の旅を楽しむこと。私は、あなたがずっとともにいて、「苦難のときに常に助けてくださる」ことがうれしくてなりません。
あなたの雄大なお名前によってお祈りします、
アーメン。

ローマ8:31、詩篇27:8、詩篇46:1

6月30日

すべてを満たしてくださる神イエスさま、「私のたましいは、あなたを──生ける神を慕い求めて渇いています」。私の心がもっとも深く求めてやまないのは、主イエスさま、あなたとの親しい関係を築くことです。あなたを求めるように私を造ってくださったことを感謝し、「あなたの御顔を慕い求める」ことに喜びを感じています。あなたのもとで静まって過ごすのに時間をかけすぎる、と気がとがめることのないように助け導いてください。私は、自分の内におられる聖霊さまに引き寄せられるままになっているだけなのですから……。あなたは私をご自分のかたちに造り、私の心の内に天の国を潜《ひそ》めてくださいました。あなたを慕う私の思いは、一種のホームシック──天にある私の真《まこと》の家への熱い憧《あこが》れです。

私の旅がほかの人たちのものとは違うこと、そしてくじけずにやり通す勇気が必要なことはわかっていますが、あなたがともに旅をしようと呼びかけてくださった道は、この上なく私にふさわしいものであることは信頼しているのです。あなたの導きに近しく従えば従うほど、自分の賜物を十分に伸ばせることに気づいたからです。あなたに全身全霊でお従いするためには、ほかの人々を喜ばせたいという願いは手放さなければなりません。それでも、私があなたと親しくあることがほかの人々にとって恵みの源《みなもと》となり得るのは、この暗い世界において私を、「あなたの栄光を映す」ものとしてくださるからです。

あなたの輝かしいお名前によってお祈りします、アーメン。

詩篇42:1-2、Ⅰ歴代16:11、詩篇34:5、Ⅱコリント3:18

7月

　こういうわけで、今や、キリスト・イエスにある者が罪に定められることは決してありません。

（ローマ人への手紙8章1節）

7月1日

無限の知恵の神イエスさま、
　私はあなたが良くしてくださることはわかっているのですが、あなたのなさり方は計り知りがたいことが多いです。あまりにも邪悪なものがはびこっている世界の出来事に目をやると、たやすく恐ろしくなったり、落胆してしまいます。なぜあなたがこんな残虐さや苦しみを許しておくのか、あなたの真意が測れないのです。もちろん、あなたは無限の神であり、私は有限の人間……。私の理解力を超えたものは数えきれません。

　感謝なことに、自分の理解の限界に達するたびに、あなたへの信頼を頼《たの》みとして前に進みつづけることができます。沈黙の祈りと言葉に出す祈りの両方を通して、あなたと心を交《か》わしつづけられるように助け導いてください。「自分の分別《ふんべつ》に頼る」のではなく、「心を尽くしてあなたに信頼する」ことができるように……。

　物ごとの起こる原因を何がなんでも知りたい、と固執するようなことはしたくありません。こう訊ねるほうがずっといいとわかっているからです――〝あなたは、この状況を私がどんなふうに見るように望んでおられるのですか〟とか、〝今私が何をすることを望んでおられますか〟というように……。私には過去は変えられませんが、今この瞬間から始めて、前方にあるあなたの道を見いだそうと努《つと》めることはできるのです。

　主イエスさま、どうか一日《いちにち》一日あなたに信頼していくことを教えてください。あなたが私の耳元で、このかけがえのないことばで力づけてくださるのを聞くことができるように――「恐れるな。わたしがあなたを助ける」と……。

　頼みとするあなたのお名前によってお祈りします、アーメン。

詩篇37:12-13、箴言3:5、イザヤ41:13

7月2日

栄光の救い主イエスさま、
あなたが力あるお方であり、「私の只中《ただなか》におられる」ことを感謝します。太陽が太陽系の中心であるように、**あなた**は私の全存在の身体的・感情的・霊的なすべての面における中心です。宇宙を創造した**力あるお方**が「私の内に生きておられるのです」から！　私は時間をかけてこの驚くべき真理を吸収し、心の中に響き渡らせて、自分の奥深くまで染み渡らせたいのです。
これほどまでに大きな**力**が「私の内に生きておられる」ことがどんな意味をもつのかを考えるとうれしくなります。力あるあなたがともにいてくださることを思えば、自分に力のないことを悩む必要はないことに気づくからです。さらに、「あなたの力は私の弱さのうちに完全に現れる」ことを知って、心安らぐのです。
イエスさま、あなたが私の内に生きておられること、力あるお方であることを、どうかたびたび思い起こせるようにしてください！　私の内におられるあなたを意識することで失望を追い出し、**喜び**で満たされるように。あなたの**いのち**が私の中に絶えず注ぎこまれて、あなたの聖なる力が私を強めてくれることを、心から感謝します。
力あるあなたのお名前によってお祈りします、
アーメン。

ゼパニヤ3:17、ガラテヤ2:20、エペソ3:20、Ⅱコリント12:9

7月3日

かけがえのないイエスさま、

私が人生で困難に遭遇したときに、あなたを探し、見いだすことができるように助けてください。祈りがこたえられたときは、美しいものや心からの**喜び**の中にたやすくあなたを見つけることができます。でもあなたは、困難なときにもやさしく私のそばにいてくださるのです。私が自分の問題を、あなたの愛をこの上なく深く広く経験してしっかり成長する機会として見られるように導いてください。暗い失意の日々には——過去においても現在においても、**あなた**を探し求めなければなりません。過去の傷ついた体験を思い出してつらくなったら、そうした苦しい記憶の中にあなたを探しましょう。あなたはそのすべてをご存じで、その思い出の中でいつでも私と会ってくださるからです。私はそうした壊れた場所にあなたを招き、あなたと力を合わせて、ばらばらになったかけらを集め、**新たな**形に復元させることができるのです。

今歩んでいる試練の道については、あなたの手をしっかり握りしめて離さないように、私に言い聞かせてください。背後に迫る苦難の闇に対して、すべてを超越するあなたの**光**が輝き渡るのです。この**光**は、どれほど豊かに私を祝福してくれることでしょう。それは慰めとともに導きをも与えてくれる——一歩一歩、前方の道を照らしてくれるのです。どうか、あなたの近くで歩もうとする私を引き寄せて、あなたとの絆をさらに深く、さらに豊かなものとしてくださいますように……。

あわれみ深いあなたのお名前によってお祈りします、アーメン。

詩篇139:11-12、ヨハネ1:5、詩篇73:23-24

７月４日

無敵のイエスさま、

あなたの**愛**が私をとらえて、「私は罪から解放されました！」　あなたの偉大な**愛の力**によって、私は「あなたの奴隷となった」のです。「私はもはや自分自身のものではありません」。あなたの聖なる血という「代価によって買い取られたのです」。あなたが私のために驚くべき犠牲を払ってくださったのですから、全身全霊であなたに仕えたいと願っています。私の奉仕は悲しいくらい不十分なことはわかっていますが、それでも自分自身をみこころにおゆだねするとき、あなたは私を祝福して**喜び**を与えてくださるのです。

あなたはすべてにおいて完全なお方だから、あなたは私を利用するだけではないか、などと心配することなく、すべてをあなたに捧げることができます。実際、あなたに何もかも明け渡すことで私は守られ、真の意味で自由になれるのです。あなたは私の心のもっとも深いところまで入ってこられ、聖霊さまが私の内なる領土をどんどん獲得しています。みことばが教えているように、「主の御霊がおられるところには自由がある」からです。イエスさま、私はあなたの内に自由を見いだせたことがうれしくてたまりません。そして私をとらえてくださったあなたの**愛**に、喜びをもって自分自身をおゆだねするのです！

愛と力に満ちたあなたのお名前によってお祈りします、アーメン。

ローマ6:17-18、Ⅰコリント6:19-20、Ⅱコリント3:17

7月5日

恵みあふれる神イエスさま、

あなたはあまりにも偉大で、栄光とあわれみに満ちたお方だから、どんなにあなたを賛美しても感謝しても、しすぎることはありません！「あなたは、ご自分の民の賛美の上に座しておられる方《かた》」。賛美を通してあなたのそばに近づけることは、この上ない喜びです。時には私の賛美は、豊かな恵みや麗《うるわ》しい輝きに応《こた》えて、自然にあふれ出る喜びに満ちたものになることがあります。また、もっと慎重に考慮した、自分の意思をあらわす行為となることもあるのです。あなたがこの両方の賛美のうちにいてくださることを感謝します。

私は、感謝することはあなたのそばにいることを楽しむすばらしい方法であることに気づきました。感謝の心には、あなたのための場所がたっぷりあるからです。あなたが授《さず》けてくださるたくさんの良き贈り物を感謝するとき、あなたこそ、すべての恵みが溢れ出るお方であることを確信するのです。どうか、たとえ逆境の最中《さなか》にあっても、あなたが善であり、主権者でもあることに信頼して、あなたに感謝することができるように導いてください。

どうすれば私が、日々の生活の余暇をも、賛美と感謝で満たすことができるか教えてください。この喜ばしい訓練のおかげで、愛に満ちたあなたのそばで親しくふれあいながら生きていけるようになるのですから……。

あなたの誉《ほ》むべきお名前によってお祈りします、アーメン。

詩篇22:3、詩篇146:1-2、Ⅰテサロニケ5:18、詩篇100:4

7月6日

「王の王」イエスさま、
　私は「平和の君」であるあなたのもとに喜んでやってきました。恐れおののく弟子たちに告げた「あなたがたに平安があるように！」ということばをささやいてくださるのを聞くのが好きなのです。あなたがずっと私の**道連れ**でいてくださるから、いつも**平安**でいられることも喜びです。あなたから心を離さずにいれば、あなたご自身とあなたの**平安**との両方を味わうことができます。あなたは私のありったけの賛美にふさわしいお方——「王の王、主の主、平和の君」であられるのですから……。

　私が自分の人生におけるあなたの目的を達成するためには、一瞬一瞬あなたの平安が必要です。実を言うと、できるだけ早く目的地に着けるように近道をしたい誘惑にかられる時もあります。でも近道をすることがあなたの平安に背を向けることになるのなら、もっと長い道のりを選ばなければならない、と学びつつあるのです。

　主イエスさま、どうか私があなたとともに「平和の道」を歩んでいけるように助けてください。あなたと歩む旅を喜び楽しめるように……。

　あなたの尊《とうと》いお名前によってお祈りします、アーメン。

イザヤ9:6、ヨハネ20:19、詩篇25:4、ルカ1:79

７月７日

永遠なる神イエスさま、

宇宙の創造主であるあなたは、「私とともにおられる、私の神」であられます。あなたは私が必要とするすべてです！　もし自分に何かが欠けていると感じたら、それは深いところであなたとつながっていないから……。あなたは豊かな人生を私に与えてくださっているからです。私が何も心配しないで、あなたが豊かに与えてくださることを信じて、感謝して受け取ることができるように助け導いてください。

私を不安にするものは、必ずしも自分の生きている世界の逆境や不運な出来事ばかりでないことがわかってきました。その元凶は、そうした出来事に関する私の思いなのです。何か困ったことがあると、私の心はその状況を抑えこんで自分の望む結果をもたらそうとして必死に働きはじめます。私の思いはまるで飢えた狼の群れのように、その問題に迫っていくのです。ひとたび自分のやり方を通すことに決めると、私の人生はあなたにおゆだねしたものであることを忘れてしまいます。そんなときは、自分の注意をその問題ではなく、何がなんでもあなたへと移さなければなりません。どうか私に、心配しながら自分でがむしゃらにがんばるのをやめて、「あなたを待つ」――あなたがおこなってくださるのを「待ち望む」ことを教えてください。あなたは「私の救いの神」であられるのですから！

「救いの神」であるあなたのお名前によってお祈りします、アーメン。

イザヤ41:10、ローマ8:31–32、ヨハネ10:10、ミカ7:7

7月8日

いつくしみ深い私の主イエスさま、「あなたはいつくしみ深く、その愛はとこしえに！」この約束に応《こた》える最善の方法は、「あなたに感謝し、御名をほめたたえる」ことです。どうか私が、このことをもっとしっかりおこなえるように助け導いてください。

主イエスさま、あなたのいつくしみと恵みを心から感謝します！　もしもあなたに針の先ほどのかすかな悪意でもあったなら、私は最悪の危険に陥《おちい》ってしまうでしょう。でもあなたの完全ないつくしみは、あなたが常に最善をなしてくださることを保証しています。私がこのことを信仰の表明として語りたいのは、こんなにも分裂し堕落した世界に生きているからです。だから、この世界の荒野《あらの》を旅するには、「見えるものによらず、信仰によって歩む」ことが絶対に欠かせません。

私は「あなたに感謝し、御名をほめたたえる」ことで、旅を続ける力を見いだすことができます。感謝し賛美することによって、心配や悩みごとから目を上げて、あなたの内にある栄光の宝物をみつめることができるのです。感謝することで、私の**創造主**であり**救い主**であるあなたと、しっかり心をひとつにすることができる。賛美することで、あなたとの親しい関係がより深く豊かなものとなります。あなたを賛美すればするほど、あなたと近しくなれることはなんという喜びでしょう。あなたを賛美して時を過ごすとき、「あなたの変わらぬ愛は永遠につづく」ことを思って、喜びに満たされるのです！

誠実なあなたのお名前によってお祈りします、アーメン。

詩篇100:4–5、Ⅱコリント5:7、詩篇136:1

7月9日

愛するイエスさま、

「私は疲れ、重荷を負ってあなたのもとに来ました」。どうか「私を休ませて」、**あなたの平安**によって元気を回復させてください。「人のあらゆる理解を超えたあなたの平安」が、どんなときもどんな状況においても与えられることを感謝いたします。

私がこの世界における責務をはたすときにも、「御前の隠れ場にかくまってくださる」ように導いてください。あなたは時間にも空間にも制限されないお方だから、私と並んで一足ひとあし歩《あゆ》みながらも、私の先を歩いて前方の道を切り開いてくださるのです。あなたのように誠実ですばらしい道連れが、ほかにいるでしょうか！

あなたという常に変わらぬ**道連れ**がおられるのだから、私の足取りもほかの人の目につくような軽《かろ》やかなものであってほしいと願っています。どうか、私がさまざまな問題や未解決の課題に押しつぶされてしまわないように助けてください。そうならないように自分の重荷をあなたのもとに携えてきて、あなたに担《にな》っていただきたいのです。みことばが、「私はこの世で試練や苦難にあう」けれど、そうした困難に引きずり降ろされることはない、と告げています。「あなたはすでに世に勝ち、私を傷つけようとする力をこの世から剝奪してくださいました。あなたによって、私は完全な平安と確信をもつことができるのです」

すべてに打ち勝つあなたのお名前によってお祈りします、アーメン。

マタイ11:28、ピリピ4:7、詩篇31:20、ヨハネ16:33

７月10日

喜びを与えてくださる主イエスさま、「あなたの慰めが私の魂《たましい》に喜びを与えてくれます」。この世界が私にもたらす「思い煩《わずら》いが増すとき」、あまりにも多すぎて数えきれないほどです。どこを見ても、目につくのは問題と悩みごとばかり……。こうしたすべての混乱の最中《さなか》にこそ、あなたに何度もくりかえし目を向けなければいけません。〝イエスさま〟とあなたのお名前をささやくとき、あなたがおられることに改めて気づくことができます。あなたが私の心を照らし、私の世界観に光をあててくださるにつれて、私の物の見方は劇的な変化を遂げていきます。「あなたの慰めが私の魂を喜ばせ」、不安な心をなだめてくれるからです。

もしもこの世界が完全であったなら、あなたから慰めを受ける喜びを経験することは決してなかったでしょう。ですから、さまざまな問題に落胆するかわりに、それらを、**あなた**を探し求める――あなたのもとに行き、あなたの**平安**とあなたの**愛**を求めるきっかけと、とらえることができるのです。こうした現実は目には見えないけれど、いつでも私のために用意されていて、「誰も私から奪い去ることのできない喜びに満たしてくれる」のです。

私に恵みと励ましを与えてくれるのは、あなたのこの招きのことばです――「すべて疲れた人、重荷を負っている人は、わたしのもとに来なさい。わたしがあなたを休ませてあげよう」。主イエスさま、私は今、あなたのもとに参ります。

あなたのすばらしいお名前によってお祈りします、アーメン。

詩篇94:19、ヨハネ16:21-22、マタイ11:28

7月11日

力ある神イエスさま、

あなたが、「私が願い、思うことすべてをはるかに超えておこなうことのできる方」であることを感謝します。私も祈る時は、大きなことを考えようと思っているのですが、あなたはいつもはるかに大きく考えておられるのです！　あなたは私の人生にずっと働いてくださっています。私には何も起こっていないように見えるときにも……。

私は、状況を変えたいのに行き詰まりを感じることがよくありますが、それは、今この瞬間しか見ることができないから……。でも**あなた**はもっと全体を——私の人生のあらゆる瞬間を、見ておられる。そして「私の理解をはるかに超えたことをおこなっておられる」のです。

どうか、私が今日一日ずっとあなたとつながっていられるように助けてください。あなたのもとに賛美とお願いを携えてきて、あなたがいてくださることを喜んで一日を始めたいのです。このときにあなたに注意を集中するおかげで、自分の活動にとりかかっても、あなたと話しつづけやすくなるからです。

あなたとふれあい始めるのが遅くなると、それだけ多くの努力が必要になります。だから朝早く、まだ一日が始まったばかりで気を散らすものがあまりないあいだに、あなたのところに来るようにしています。時には、このために時間を取れないと思うこともありますが、そのときは、ひとりで自分のつとめをおこなっているのではないことを思い起こすのです。「私の願いや思いをはるかに超えておこなうことのできるお方」のそばで労しているのですから！

あなたの栄光のお名前によってお祈りします、

アーメン。

エペソ3:20、マタイ19:26、詩篇139:16、詩篇5:3

7月12日

私のイエスさま、

どうか私が「いつも喜び、絶えず祈る」ことができるように助け導いてください。喜びつづけられるただひとつの方法は、常に私とともにいてくださるあなたとの関係の中に、一瞬一瞬の喜びを見いだすことだ、と学んできたからです。慰めと励ましに満ちたこの関係のおかげで、私は逆境と闘っているときでさえも、「希望をもって喜ぶ」ことができるのです。

みことばが「どんなことにも感謝しなさい」と教えています。〝イエスさま、ありがとうございます〟と祈ることは、限りない恵みをもたらしてくれるのです。この短い祈りがあらゆる時と場合にふさわしいのは、私のために――そしてあなたを救い主と知っているすべての人のために、あなたが究極の犠牲となってくださったからです。あなたは、恵みを受けたことに気がついたらすぐそのたびにあなたに感謝することを教えてくださいました。この習慣がどれほど私の恵みに輝きを加えてくれていることでしょう。

悲しみや落胆を感じているとき、それはあなたに感謝する良い機会でもあります。これは私の視野を明るくし、あなたへの信頼を表明するものでもあるのです。どんな状況においてもあなたに感謝することは、あなたとの関係を強め、私の喜びを増してくれるのですから。

喜びにあふれるあなたのお名前によってお祈りします、アーメン。

Ⅰテサロニケ5:16-18、ローマ12:12、エペソ1:7-8、詩篇95:2

７月13日

「私を完璧《かんぺき》に導いてくださる」イエスさま、「あなたは私を導き、守ってくださる羊飼いです」。完璧な**羊飼い**であり、驚くほど完全に私の世話をしてくださいます。永遠に**変わらぬ愛**で愛してくださるのです。あなたは私の**すべて**を知っておられます。私の弱さも限界も、私の苦闘も罪も、私の強さも能力も……。ですから私を導くことは、あなた以外の羊飼いには絶対にできません！

どうか私が、あなたに信頼しおゆだねして、この危険な世の中を歩んでいけるように助け導いてください。あなたは私の前を進んで道を切り開き、私がたどっていく道筋を注意深く整えてくださっています。前方の道から多くの危険や障害を取り除き、まだ残っている困難に対処するのに必要なすべてのものを備えてくださるあなたに、どれほど助けていただいていることでしょう。

「たとえ暗黒の谷を歩むときも、私は恐れません。あなたがともにおられるからです」。あなたのそばにいられることが、私に慰めと喜びを与えてくれているのです。決してあなたから離れたりしないで、あなたが今日のこの日を――そしてすべての日々を、私を誠実に導いてくださることを信じおゆだねします。「あなたこそ、代々とこしえに私の神。死を越えて私を導いてくださる方」なのですから……。

慰めに満ちたあなたお名前によってお祈りします、アーメン。

詩篇23:1、出エジプト15:13、詩篇23:4、詩篇48:14

７月14日

聖なるイエスさま、

私があなたのもとで過ごすひと時《とき》ひと時に、どうか私の心を満たしてくださいますように……。そうすれば、あなたの視点から物ごとを見られるからです。こちらをイライラさせるような人といるときは、ついその人の欠点ばかりを見てしまいがちです。こうした好ましくない面に注意を向けずに、心の目を通して**あなた**を見つめ、そんなないらだちの種が自分の中に浸みこまないように流し落としてしまわなければなりません。ほかの人々を裁くのは罪の罠であり、私をあなたから引き離すものだとわかっているからです。「私の救いの神であるあなたによって喜び楽しむ」ほうがはるかにいいですから！

「力と喜びは、あなたのもとにあります」。「あなたから目を離さずにいれば」、あなたはもっと私を強めて、**喜び**で満たしてくださいます。ほかのことに注意を要求されるときでも、あなたに意識を向けつづけられるように私の心を訓練してください。私を創造されるときに、一度にいくつものことを意識できる驚異的な頭脳を与えてくださったことを感謝します。主イエスさま、私はずっと「あなたから目を離さずに」いたいのです。あなたの**光**を楽しみつづけることができるように……。

あなたの力強いお名前によってお祈りします、アーメン。

マタイ7:1、ハバクク3:18、Ｉ歴代16:27、ヘブル12:2

７月15日

聖なる主イエスさま、
どうか私が「聖なる装いであなたを賛美する」ことができるように助け導いてください。私のまわりの世界には驚くほど美しいものがありますが、そのひとつとして完全に聖なるものはありません。ですから「聖なる美しさ」は、「今、私は一部分しか知りませんが」、いつの日か、「私が完全に知られているように、私も完全に知ることになります」。

今でも私は、あなたの聖《きよ》さを知ってあなたを賛美しています。一点の罪の汚れもないあなたの完全さに思いを馳せるだけで、喜びと畏《おそ》れに満たされるのです。私も「互いにこう呼び交《か》わす」天使たちに加わって賛美したいです――「聖なる、聖なる、聖なるかな、万軍の主。その栄光は全地に満ちる！」と……。

私は、あなたをしっかり賛美することで変容が促進されることに気づきました。そうすることで、あなたが最初に意図してくださったとおりの人間にもっともっと近づくことができるのです。真《まこと》の賛美に欠かせないのは、あなたを正しく知ること。あなたを百パーセント完全に理解することはできなくても、あなたを正確に――聖書で明らかにされているとおりに知る努力は**できる**からです。みことばを学び、あなたへの理解を深めることを通して私は変えられ、あなたは麗《うるわ》しい賛美と感謝によって誉めたたえられるのです！

あなたの驚くべきお名前によってお祈りします、アーメン。

７月16日

大切なイエスさま、

「どんなものも、あなたの愛から私を引き離すことはできない」ことを信じて、私があなたのもとで安らげるように助けてください。この約束は、私の人生において想像し得る最悪のこと――あなたが私を愛してくださらなくなることは、可能性の範疇にすら入っていないことを保証しています。私があなたの愛を獲得する、**あるいは**その愛を保つために一定の基準に達していなくてもかまわない、というのはなんと感謝なことでしょう。それどころか、この愛を、あなたご自身の完全な恵みからあふれ出る純粋な贈り物として受け取ることができるのですから。これは、あなたとのつながりは永遠にゆるぎないことを意味しているのです！

あなたの愛を失うことはありえないから、私は安心して「もっと豊かに」生きることができます。物ごとがうまくいっているときは、道の前方に何があるのかと心配することなく、良いときを自由に楽しみたい。つらい目にあっても、あなたに頼って**あなたの愛**で強めていただけることはわかっています。苦難から逃れられない世界に生きていても「あなたによって平安を得られる」ことを学んできたからです。あなたが教えてくださったのは、苦難の最中《さなか》に「勇気を出す」こと。確信を与えてくれるあなたの力強いことばに希望を見いだすことなのです――「わたしはすでに世に勝っている」と……。

勝利者であるあなたのお名前によってお祈りします、アーメン。

ローマ8:38-39、ヨハネ10:10、ヨハネ16:33

7月17日

私の偉大なる神イエスさま、

私は時々、あなたから**喜び**をいただくのをためらうことがあります。あなたの喜びの貯蔵庫は限りがないことはわかっているのに……。どうか私があなたに向かって両腕を大きく広げて、あなたの**喜び**をたっぷり受け取れるように助けてください。あなたのそばで憩《いこ》えば憩うほど、あなたの恵みが豊かに私の中に流れこんできます。あなたの**愛の光**によって、私はしだいに「栄光から栄光へと、あなたと同じかたちに変えられていきます」。あなたと時間を過ごすことで、私に対する「あなたの愛の広さ、長さ、高さ、深さがどれほどのものかを理解する力を持つようになる」のです。

時には、あなたが与えてくださる私との関係があまりにもすばらしすぎて、本当だと思えないこともあります。あなたはご自分の**いのち**そのものを私の内に注ぎこんでくださり、私はただあなたを受け取るだけでいいのですから……。労して得ることになっている世界では、休んで受け取りなさい、と言うあなたの指令はあまりにも楽すぎるように思えます。けれども、信じることと受けることのあいだには密接なつながりがあることがわかりました。私が成長してあなたをもっと十分に信頼すればするほど、あなたご自身とあなたの恵みとを豊かに受け取ることができるのだと……。

主イエスさま、私が心から望んでいるのは、あなたのもとで「静まること」。「そして、あなたこそが神である、と知る」ことなのです。

幸いなるあなたのお名前によってお祈りします、アーメン。

Ⅱコリント3:18、エペソ3:16-18、ヨハネ1:12、詩篇46:10

７月18日

私の羊飼いイエスさま、

私がほっと一息《ひといき》ついて、今日のこの日を楽しむことができるように助け導いてください。目標に集中しすぎるとがむしゃらに押し進み、休みたいという気持ちを無視しやすいところがあるからです。どうしても、どれだけやりとげたか、ということを基準にして自分を評価しがちなので……。あなたが与えてくださる機会や能力を使うことが私にとって大切なことはわかっていますが、何かを達成するときと同じくらい、くつろいでいるときの自分を受け入れることを学びたいと思っているのです。

どうすれば私が、自分は神の愛《いと》し子《ご》であるという真理によって深く憩《いこ》うことができるか教えてください。「恵みにより、あなたへの信仰を通して救われた」子どもとして……。**このこと**が私の究極の――そして基盤となる身分であることはわかっています。永遠にあなたの王家の一員として受け入れられていることはなんという喜びでしょう！　今の私に必要なのは必死にがんばることではなく、自分は実は何者であるのかを常に心にとめておくことなのですから。

自分の真の身分でいることが心地よいと、仕事と休息とのバランスがうまくとれて、あなたの王国においてもっと力を発揮できることがわかりました。気分が一新すると、もっと明確に聖書に基《もと》づいて考えることができる。そして「たましいが生き返る」と、ほかの人たちにもっと愛を示すことができるようになるのです。

私は今日も、あなたのもとでくつろいで時間を過ごしたいのです。あなたが「緑の野と憩《いこ》いの汀《みぎわ》に伴《ともな》ってくださる」のを心から楽しんで……。

魂を生き返らせてくださるあなたのお名前によってお祈りします、アーメン。

エペソ2:8-9、詩篇62:5、詩篇23:3、詩篇23:2

7月19日

「とこしえに変わらぬ」神イエスさま、

今こそ私の人生において、手放すことを学ばなければならない時なのです。愛する人々や財産や所有物を、そして人生を自分の思いどおりにすることを……。私にとって大切なものを手放すためには、あなたのもとで憩《いこ》う必要があります。そこでこそ、私が満たされるからです。あなたの**愛の光**を浴びる時間を過ごすにつれて、さらに十分に安らぐことができます。そうすれば、きつく握りしめていた手を少しずつ開いて、自分が大事にしていたものを手放し、あなたに託《たく》すことができるのです。

どんなに困難で苦しい状況の最中《さなか》でも、あなたがずっとそばにおられることを意識していれば安心できる――あなたは私に、そう教えてくださってきました。あなたがいつもともにいてくださること、**そして**「決して変わらぬお方」であることは私の大きな喜びです。「あなたは、昨日《きのう》も今日も、永遠《とこしえ》に変わることがありません！」もっと多くのものを手放してあなたにおゆだねすれば、あなたは決して私の手を離すことはないという確証による恵みをさらに受けるのです。私はみことばを通してあなたが語りかけてくださるのを聞くのが好きです――「わたしは主、あなたの神。あなたの右の手をかたく握って、『恐れるな。わたしがあなたを助ける』と言う者である」。あなたが私のゆるぎない堅固な土台でいてくださることを感謝いたします。それはどんな人間もどんな状況も、私から取り去ることのできないものなのですから……。

あなたの愛に満ちたゆるぎないお名前によってお祈りします、アーメン。

詩篇89:15、ヘブル13:8、イザヤ41:13

７月20日

優しいイエスさま、
私は空《から》っぽの自分を抱《かか》えてあなたのもとにやってきました。「あなたによって満たされる」ことを知っているからです。あなたのそばで静かに安らいでいると、あなたの栄光の光が私の内を照らしてくれます。自分の中の空っぽな部分に向き合うことはあなたの豊かさに満たされる前奏曲であることを、あなたは教えてくださいました。ですから私は、やる気の出ない自分をベッドから引きずり出す日々であっても、喜ぶことができるのです。こんな日は、子どものように信頼してあなたにおゆだねするまたとない機会なのですから……。

どうか、こんなふうに一日じゅうあなたに信頼する姿勢を取りつづけることができるように助け導いてください。あなたに信頼しゆだねて歩みつづければ、夜寝るときには、**喜びと平安**が私の道連れとなってくれたことに気づくでしょう。このうれしい仲間たちが旅のどの時点で加わったかははっきりわからない日も多いけれど、それでも一緒にいてくれることの効果はちゃんと感じとれるのです。

そんな一日を完璧《かんぺき》に締めくくるのは、感謝を唱えること――あなたの豊かな恵みに対して賛美することです！「息のあるものはこぞって、主なるあなたをほめたたえよ。ハレルヤ！」

あなたの尊いお名前によってお祈りします、アーメン。

Ⅱコリント4:6、コロサイ2:9-10、ヤコブ1:4、詩篇150:6

７月21日

生きておられる私の主イエスさま、

どうか私が、自分自身に厳《きび》しくあたりすぎないように助けてください！　あなたはどんなことからも――私の失敗からでさえも、良い結果を引き出すことがおできになるからです。私の限りある心は後ろばかりふりかえって、悔やむ結果になった自分の決定を白紙に戻したいと思うところがあります。これは時間とエネルギーの無駄遣いで、欲求不満になるだけなのに！　過去のことであたふたするよりも、自分の失敗をあなたにおゆだねして解放されたいのです。「あなたに信頼して」、あなたに目を向ければ、あなたの無限の創造力によって、私の良き選択だけでなく間違った選択までも、美しい意匠の織物に織り上げられることを確信できるからです。

人間にすぎない私は、この人生においてこれからも失敗をおかしつづけることでしょう。あなたは、私が失敗のない人生を生きるべきだと考えることは思い上がりのしるしだ、と教えてくださいました。私の失敗は、実は恵みの源《みなもと》――謙虚になって、ほかの人たちの弱さに共感させてくれるものだから……。また、失敗することで私がいかにあなたに頼っているかを鮮やかに照らし出してくれるからです。

私の失敗の泥沼から、あなたが麗《うるわ》しいものを引き出してくださることを感謝します。私の務《つと》めはあなたに信頼して、あなたがしてくださることを見るのを「待ち望む」ことなのですから……。

あなたの驚くべきお名前によってお祈りします、アーメン。

ローマ8:28、箴言11:2、箴言3:5、ミカ7:7

7月22日

親愛なるイエスさま、

どうか、この「高い山」をあなたとともに登りつづけられるように助けてください。時々、昔の自分の旅をなつかしく振り返ることがあります。あのときは今より楽で、こんなに面倒なことはなくてよかったな、と……。でも、どうしてそう思ったのかわかってきました。あれは登山のベースキャンプだった。先に控えている厳《きび》しい冒険に備える時間であり、場所であったからです。

今私が登っているこの山は、桁外《けたはず》れに高く、頂上は雲に隠れていて見えません。これまでどのくらいの高さまできたのか、そしてまだあとどのくらい登らなければいけないのか、知ることはできないのです。それでも、高く登れば登るほど、見晴らしは良くなってきます。

私にとっては一日《いちにち》一日が挑戦であり、疲れを感じることも多いけれど、今でもすばらしい景色を楽しんでいます。あなたとの旅は、私の事情や状況を超えた天の視点から見るための訓練なのです。この山を高く登っていけばいくほど、道は険しく困難になっていくけれど、同時に私の冒険もさらにすばらしいものとなっていくのです。あなたと一緒に高く登っていけばいくほど、私の最終的な目的地である天国の高みに――あなたとの永遠に近づいていくのだということを、私が決して忘れることのありませんように！

あなたの驚くべきお名前によってお祈りします、アーメン。

マタイ17:1-2、ハバクク3:19、ピリピ3:20-21

7月23日

私の王なるイエスさま、

「あなたの思いは、私の思いとは異なり、あなたの道は、私の道とは異なります。天が地よりも高いように、あなたの道は私の道よりも高く、あなたの思いは私の思いよりも高いのです」。

あなたがどれほど偉大なお方であるかに思いをめぐらすことを、私が喜べるように助け導いてください。宇宙の王であるあなたと、どんなときにもどんな場所でもふれあうことができるのは驚嘆すべきことなのですから！　この驚くべき祈りの特権を私が当然のように受け取ることのないようにしてください。

あなたは、私より限りなく高く偉大なお方なのに、私があなたの思いを思うことができるように訓練してくださっています。あなたのもとでみことばを読み、祈ってときを過ごすにつれて、あなたの思いが私の心の中にだんだんと形作られていきます。この過程を導いておられるのが聖霊さまです。あなたのもとで待ち受けているあいだに、私の心が計画をたてたり、問題を検討したりするのを導いてくださる。時には、私がまさに必要としている最適な聖句をもたらしてくださることもあります。

こうした絆が、私の人生の旅路に何が待ちかまえていようとも、私を強め備えさせてくれます。主イエスさま、あなたと時を過ごすことは、私が願うよりもはるかに多くの――いいえ、想像もつかないほどの恵みをもたらしてくれているのです！

偉大なるあなたのお名前によってお祈りします、アーメン。

イザヤ55:8-9、コロサイ4:2、ヨハネ14:26

７月24日

私の導きの神イエスさま、

人生における今日のこの日を感謝し、かけがえのない特別な贈り物として受け取ります。あなたがおられることを私が感じとれるかどうかにかかわらず、どんなときも私とともにいてくださることを信じているからです。感謝と信頼の姿勢をとることは、自分の人生の出来事をあなたの視点から見られるようにしてくれます。どうかあなたに対する私の感謝と信頼を、もっともっと強めてくださいますように……。

今日のこの日を、私の**導き手**であるあなたが入念に計画した冒険の旅として見ることができるように助け導いてください。目の前のこの日を、自分の思いどおりに運ぼうとして眺めるのではなく、あなたご自身に心を向け、あなたが私のために備えてくださったすべてのことに注意を集中したいのです。

あなたのそばで生きる生活は、決して退屈だったり、先が見えるものではないことを感謝します。日々、何かしらの思いがけない驚きに出会えることが期待できるからです。私はもともと一日を過ごすのにいちばん楽な道を探そうとする質《たち》なのですが、**あなた**が導いてくださるならどこへでもお従いしたいのです。前方の道がどれほど険しく危険なものであろうと、恐れる必要はありません。あなたが常にそばにいてくださるのですから……。

私を守ってくださるあなたのお名前によってお祈りします、アーメン。

詩篇118:24、イザヤ41:10、詩篇56:3、詩篇145:18

7月25日

永遠の神イエスさま、
　私は「あなたの永遠の腕」の中で憩《いこ》いたくて、あなたのもとにやってきました。自分の弱さを、あなたの全能の力を知ることで強くなるチャンスととらえたいと思っているのです。エネルギー切れになったときは、自分の内をのぞきこんで欠けているものを嘆きがちですが、どうか、あなたと「あなたの豊かさ」とに目を向けて、豊かに与えられる輝く富を喜べるように助け導いてください。
　今の私に必要なのは、今日一日あなたのもとで、あなたの肩にもたれて穏《おだ》やかに過ごすことです。未熟な自分を受け入れることであなたとの信頼の絆が育《はぐく》まれることに気づいて、自分の至《いた》らなさをあなたに感謝することを学んでいるところだからです。こんなにも遠くまできた人生の旅路をふりかえるとき、あまりにも弱かったあの日々が、私のもっともかけがえのない時間の一部であったことを見て勇気づけられるのです。そうした日々の思い出は、あなたとの親しい絆の金の糸と豊かに織り合わされているのですから……。
　あなたの栄光のお名前によってお祈りします、アーメン。

申命33:27、ローマ8:26、ピリピ4:19、詩篇27:13-14

７月26日

「正義の主」イエスさま、
　みことばが私に「正しい人の行《ゆ》く道は、暁《あかつき》の光のようだ。いよいよ光を増して真昼の輝きとなる」と告げています。この美しい聖句が**私**にも適用されるのは、あなたがご自分の完全な「正義の上着を私にまとわせてくださった」からです。あなたが備えてくださった「救いの衣《ころも》」は、取り去られることもすり切れることも決してありません。この「正義の上着」は永遠に私のものです。私が永遠に**あなたのもの**であるように！

　この道を旅していくときに、私を愛してくださるあなたがともにおられることを、片時《かたとき》も忘れたくはないのです。私は弱いから、前へ進むのがつらいときがあります。あなたに寄り添って歩き、目的地から――私の天の家から、ずっと目を離さずにいられるように助け導いてください。今は、あなたの**栄光**の光は微《かす》かにしか見えません。ちょうど夜明けの光のように……。それでも、あなたとともにこの道を辛抱強く歩きつづけることで、栄光の目的地にだんだん近づいているのだと信じられるのです。

　この困難な旅のあいだ、あなたの**光**がしだいに輝きを増していくことを知るのはなんという喜びでしょう。ついには、あなたの完璧《かんぺき》なタイミングで、「真昼の輝き」を経験することができるのですから！

　あなたの輝かしいお名前によってお祈りします、アーメン。

箴言4:18、イザヤ61:10、詩篇23:3、ピリピ3:14

7月27日

すばらしき救い主イエスさま、

私が「神の子ども」であることは、どんなに感謝してもしきれません！　いつの日か、「私はあなたをありのままに見る」――天の国であなたと「顔と顔を合わせて」会えるからです。けれども今は、「新しい人を着て、心の態度を新たにされる」訓練を受けているところなのです。私の「新しい人はあなたにかたどって造られている」のですが、この過程が私というものの本質を消し去ったりはしないことを感謝しています。その一方で、私が「あなたに似た者」になればなるほど、あなたが造ってくださった唯一無二の人間になるように成長していくことができるのです。

あなたを自分の**救い主**と信じたときから、私はあなたの王家の一員となりました。そればかりか、偉大な相続財産を「あなたとともに受ける共同相続人でもあるのです」。といっても、みことばによれば、「あなたと栄光をともに受けるためには、苦難をともにしなければなりません」。困難に出会った時にはあなたのもとに来て、苦しみの中にいる私を愛でつつんでいただけるように助け導いてください。どうか私が、あなたの王室の一員にふさわしく、しっかりと耐え忍べるようにしてください。耐えることのひとつひとつが、私がもっとあなたのようになれるための訓練となるのですから。

詩篇の作者は、私の究極の目標をすばらしい表現で語っています――「私は義によって御顔を仰ぎ見、そして満ち足りるでしょう！」と……。

王であるあなたのお名前によってお祈りします、アーメン。

Ⅰヨハネ3:2、エペソ4:22-24、ローマ8:17、詩篇17:15

７月28日

あわれみ深いイエスさま、

私は弱さと疲れを感じて「あなたのもとに来ました」。あなたのもとで休んで、元気を取り戻したいのです。あなたがいつもそばにいてくださるのはわかっているのに、時々、あなたが近くにおられるのを忘れてしまうことがあります。実を言うと、私はほかの人々の期待に心を乱されやすくて、私に対する要求があまりにも多くて重すぎると、ついにはその重荷に押しつぶされそうな気持ちになってしまうのです。

今日、自分が「重荷を負って」倒れそうになっているのに気づいて、助けを求めてあなたのもとに来ました。どうか私の肩から重荷をおろし、私の代わりに背負ってください。心配ごとをあなたにお話しするとき、そのひとつひとつを**あなたの光**で照らし、私の進むべき道を示してください。私の道を照らすその同じ**光**が、私の心の奥底までしみこんで、私を慰め、力づけてくれますように……。

主イエスさま、私は聖なる癒《い》やし主であるあなたに心を開き、私の中にふんだんに流れこむあなたの豊かさを求めて「手を上げます」。喜びにあふれて「あなたをほめたたえる」のです。

私はほかの何よりもあなたを求めています。「私のたましいは、あなたによってしか安らぎを見いだせない」からです。「あなたがご自分の民に力を与え、平安をもって祝福してくださる」ことを感謝します。

平安を与えてくださるあなたの聖なるお名前によってお祈りします、アーメン。

マタイ11:28、詩篇134:2、詩篇62:1、詩篇29:11

７月29日

常にそばにいてくださるイエスさま、
　みことばが私に、どんなに絶望的な状況であっても「恐れる必要はない」と安心させてくれます。「あなたがともにいて、私をずっと守り導いてくださる」から、と。でも正直に言うと、あなたがおられることに気づかないことがしばしばあるのです。あなたはいつだってそばにいてくださるのに……。

　私が不安を感じはじめたらいつも、その感情を自分の心への警告として用いることができるように助け導いてください。私の目を覚まし、あなたと再びつながるための注意を促《うなが》すように……。そうすれば、つのる不安に屈してしまうことなく、あなたに向かうことができます。あなたの光が私の上に輝き、私の内部までも照らしてくれるからです。あなたの**愛の光**のぬくもりに憩《いこ》うとき、冷たく固い不安の塊がしだいにとけていきます。この驚くべき**愛**を経験することで、あなたへの私の愛と信頼が深まっていくのです。

　あなたが「ずっと私を守り、導いてくださっている」ことを感謝します。あなたは想像もつかないほどたびたび私を危害から守り、私の魂を守ってくださっています。私はあなたにお従いする者だから、私の魂はあなたによって永遠に守られ、ゆるぎません。「誰も私をあなたの手から奪い去ることはできない」からです！　さらには、天の国に向かう道を歩みながら、「あなたは、死をも超えて私を導いてくださる」ことを確信して喜びに満たされるのです。

　私を守り導いてくださるあなたのお名前によってお祈りします、アーメン。

詩篇23:4、ヨハネ10:28、詩篇48:14

7月30日

すべての力の神イエスさま、

あなたは「私よりはるかに高くそびえる大岩」です。どんなときにもどんな場所でも「身を避けることのできる私の岩」なのです。ああ、主イエスさま、私はあなたの**平安**による憩《いこ》いを求めてあなたのもとに来ました。何もかも理解し解決しようとすることから、少し離れたくて……。

私の理解を完全に超えた、手に負えないものがたくさんあるのはわかっています。なぜ意外に思わないのかというと、このみことばに教えられたからです——「天が地よりも高いように、あなたの道は私の道より高く、あなたの思いは私の思いより高い」ことを……。

私を取り巻く世界が混乱し、悪が勝利をおさめているように見えるとき、どんな状況でも輝きつづける**光**であるあなたの内に希望を見いだせるように助け導いてください。私はあなたにお従いする者だから、この混沌とした世界の中で明るく輝きたい。人々に「大きな喜びを告げ知らせたい」のです。「あなたこそ、私たちの救い主、主キリスト」であることを……。

私があなたのそばに行くためのお気に入りの方法は、あなたの名前をささやき、賛美の歌を歌うこと。あなたに目を向けつづけていれば、あなたの光が私の道を照らしてくださるのですから……。

あなたの輝かしいお名前によってお祈りします、アーメン。

詩篇61:2、詩篇18:2、イザヤ55:9、ルカ2:10–11

7月31日

私の救い主であり神であるイエスさま、「私のたましいはあなたにすがり、あなたの右の手は私を支えてくださいます」。私は、あなたが困難なときを用いて私を霊的に強めようとしておられることを知っています。「金が火で精錬されるように私の信仰も試練によって精錬され」、それが混じり気《け》のない純粋なものであることが証明されるのです。逆境の最中《さなか》に「あなたにすがる」ことで、私の信仰が強められ、あなたの内に慰めを見いだす。あなたに頼ることで試練に耐えるとき、今後の困難にも対処していけるという自信が得られる。困ったときはいつでもあなたが助けてくださるのだと、もっともっと信頼することができるようになるのです。

真夜中や、試練の只中《ただなか》にあるときに思い浮かべるのは、「あなたが右の手で私を支えていてくださる」こと。私を守ってくださるこの手は、超強力で、あなたがどれだけ支えられるかに限度などありません。だからどんなに打ちのめされても、私はあきらめない。それよりも「あなたとその御力を尋ね求める」のです。

あなたの手は力強いだけではなく、「義の手」でもあります。みことばによってこう安心させてくださるのはなんという喜びでしょうか——「恐れるな、わたしがあなたとともにいる。たじろぐな、わたしがあなたの神だから。わたしはあなたを強くし、あなたを助け、わたしの義の右手であなたを支える」と……。

あなたの力強いお名前によってお祈りします、アーメン。

詩篇63:6、8、Ｉペテロ1:7、詩篇105:4、イザヤ41:10

8 月

　あなたがたがわたしを捜し求めるとき、心を尽くしてわたしを求めるなら、わたしを見つける。

（エレミヤ書29章13節）

8月1日

「世の光」のイエスさま、

私は、「あなたの御顔の光の中を歩んで、あなたの御名によっていつも喜び、あなたの義によって高く上げられる」ことを切に願っています。この世界はますます暗さを増していますが、あなたの光は変わることなく明るく輝いている。悪の暗い背景に対して、あなたの栄光はまばゆく輝いているのです！　あなたの正義がこの世の悪とぶつかるとき、この霊的に対立するものの衝突は、あなたの強力な介入に有利な状況を生み出します。ですから私は、奇跡を求めて、あなたがしてくださることを待ち望むのです。

困難な状況の只中《ただなか》にいるとき、「あなたの御名によって喜びつづける」ことほど、私にとって重要なことはありません。あなたがどんなお方であるかの核心は、すべてこのイエスという美しいことばに凝縮されているのです。私はあなたのお名前を用いて、小声で祈ったり、賛美したり、守ってくださいとお願いするのが好きですが、そのどれであっても、御名の力が失われることは絶対にありません。

たとえ暗黒の状況にあっても、私は「あなたの義によって高く上げられる」ことができるのです。あなたは、決して汚《けが》されることのない栄光の義を、私が永遠にまとう、輝く「救いの衣《ころも》」に織りこんでくださったのですから……。こんなふうにして私は、あなたの光の中を歩んでいくのです。あなたの聖なる御名を正しく用いて、あなたの「正義の上着」を喜んでまとうことによって！

あなたの正義のお名前によってお祈りします、

アーメン。

ヨハネ8:12、詩篇89:15-16、使徒4:12、イザヤ61:10

8月2日

恵みあふれるイエスさま、
この新たな日の贈り物をありがとうございます！　私は感謝の気持ちをきちんと育《はぐく》んでいきたいと願っています。それは**喜び**への王道だからです。実際、どんな喜びもそれに対する感謝をあらわさなければ完全なものとはならない、ということがわかってきました。人を介して恵みを受けるときに感謝するのは当然としても、あなたこそ、すべての恵みが満ちあふれているお方であることを忘れてはなりません。この日何度もくりかえしてあなたを賛美し、感謝するように気づかせてください。この喜びに満ちた訓練は、私の魂を養い育てて、あなたとの関係を深めてくれる――あなたのそばに近づきやすい道を与えてくれるからです。

あなたが与えてくださったすばらしい贈り物は、私が労せずに得た、身にあまる恵みです。うれしいことに、この豊かな贈り物はたとえ何が起ころうと、誰ひとり私から奪い去ることはできません。私は永遠にあなたのものだからです！「どんな被造物《ひぞうぶつ》も、あなたの愛から私を引き離すことはできません」

今日一日ずっとあなたとともに歩むとき、あなたがそばにいてくださることを感じつづけられますように……。絶えず気を配って、あなたが私の道に散りばめてくださる恵みと喜びを見つけられるように助け導いてください。いちばんすばらしい宝物は、イエスさま、**あなた**です。あなたこそ、「ことばでは言い尽くせないほどの贈り物」なのですから！

宝物であるあなたのお名前によってお祈りします、アーメン。

詩篇95:2、エペソ2:8-9、ローマ8:38-39、Ⅱコリント9:15

8月3日

尊《とうと》い救い主イエスさま、

あなたは、**喜び**は自分で選び取るものだということを私が理解できるように助けてくださいました。自分の状況を制御することはあまりできなくても、喜ぶのを選ぶことはできるからです。

あなたは私を「天使にわずかに劣る者」に造り、物ごとを考え抜いて決断する能力とともに、驚くべき心を与えてくださいました。私は、自分の思いが何よりも重要なのは感情や態度に強く影響するからだ、と学んできました。ですから、良く考えて決断するための努力をすることは、それだけの価値があることなのです。

喜びを感じられなくなったら、そのたびに立ち止まって、「あなたが私とともにいて、ずっと私を見守っていてくださる」ことを思い起こす必要があります。主イエスさま、**変わらぬ愛**で私を愛し、聖霊さまを与えてくださっていることを感謝します。私の内におられる聖なるお方は、私の考え方がみことばのすばらしい真理に一致するように助けてくださるのです。あなたがずっとともにいてくださることは聖書の約束だから、私は今の状況の中に**あなた**を見いだすことを強く願っています。あなたを探し求めるとき、最初は自分の問題しか目に入らないけれど、ずっと目をこらしていれば、ついにはあなたの**光**を見ることができるのです。私の苦境を明るくし、**喜び**のきらめきで私を照らし返してくれる**光**を！

喜びと輝きに満ちたあなたのお名前によってお祈りします、アーメン。

詩篇8:5、創世28:15、詩篇107:8、ローマ15:13

8月4日

私の「良き牧者」であるイエスさま、

私は、何よりもあなたをいちばんに心を集中したいのです。あなたは私を「取り囲み」、いつも私を気遣《きづか》って、すべての思いと祈りとに注意を払ってくださっています。私の注意を引こうと競い合っているものがあまりにも多いからといって、あなたを締め出させるわけにはいきません。あなたに心を向けることにはほとんど努力がいらないのに、その恵みは計りしれないからです。あなたに思いを集中すればするほど、あなたはさらに豊かに私の内に生きて、私を通して働いてくださるのですから。

あなたが私の人生のいかなる瞬間にもそばにいて、完全な愛で見守ってくださることを私が忘れないように助け導いてください。みことばが、「あなたに信頼する者は、あなたの変わらぬ愛に囲まれる」と教えています。あなたは、たとえほかのことに注意を引かれそうなときにも、私がもっともっとあなたの愛に気づくように訓練してくださっているのです。

主イエスさま、あなたは私の人生におけるゆるぎない定点として、予測不能な環境における安定性と方向性を与えてくださっています。「あなたは、昨日《きのう》も今日も、とこしえに変わることがありません」。あなたは、私がこの常に変わりゆく世界の中を進んでいくときによりどころとする完璧《かんぺき》な定点なのです。どうか、私が自分の思いをあなたに向け直しつづけるたびに、前方の道を示してください。そして、「あなたの平安を与えて」くださいますように……。

あなたのゆるぎないお名前によってお祈りします、アーメン。

ヨハネ10:11、詩篇32:10、ヘブル13:8、ヨハネ14:27

8月5日

私の偉大な愛の神イエスさま、

あなたは私の「生きておられる主、わが岩。わが救いの神」です！　あなたの偉大さと、ずっと私に関わってくださる恵みとを思いめぐらしながら、あなたと豊かなときを過ごせるように助け導いてください。私が生活している文化では、事をおこなうために確約することを警戒する人がとても多いのです。結婚式のときに〝誓います〟と答えた人でさえ、あとで心変わりして去っていくことがよくあります。でもあなたは、私の永遠の**友**であり、私の魂をとこしえに愛してくださるお方です。私はあなたの**愛**によって完全に守られているのです！

私は、自分の人生とこの世界の問題にばかりとらわれないで、あなたがどんなお方であるかにもっと思いをめぐらしたいのです。あなたは私の「生きておられる主」であり、変わることのない「岩」であるだけでなく、「私の救いの神」でもあります。私の罪のために十字架にかかって死んでくださったことで「私が完全に救われた」のは、あなたが「とこしえの神」だからです。私の功績が十分ではないからあなたが愛してくださらなくなるのではないか、と心配する必要などありません。私があなたの愛に守られつづけているのは、ひとえに**あなたの**恵みと**あなたの**義によるものだからです。この問題だらけの世界を旅する私が力づけられ、安心できるのは、あなたが決して私を見捨てない、と約束してくださっているから……。あなたと**栄光**のうちに生きるときが来るのが待ち遠しくてならないのです！

息を呑むほどすばらしいあなたのお名前によってお祈りします、アーメン。

詩篇18:46、ヘブル7:25、申命33:27、Ⅱコリント5:21

８月６日

最愛のイエスさま、

私があなたによって安全に守られ、満ち足りていることを感謝します。不安にかられるままに問題を解決しようとあくせくせずに、心を占める事がらをあなたのもとに携えて来られるように助け導いてください。重くのしかかる問題をあなたに語るには、あなたに信頼して心を開き、正直にならなければなりません。私は「いっさいの思い煩《わずら》いをあなたにおゆだねする」ことができます。「あなたが私のことを心にかけ」、気づかってくださって、「あなたの御前の隠れ場に」安らぎを見いだすことができるからです。

私が道をそれて自分の人生からあなたを締め出そうとすれば、そのたびに、もはや満ち足りているとは感じられなくなってしまいます。こんなときに経験する落ち着かない気持ちは、実は、私を「初めの愛」に戻るように気づかせてくれる、あなたからの贈り物なのです。あなたを自分の思いと感情、自分の計画と行動の中心としなければならないからです。あなたが私の人生の**中心**であるときは、あなたのみこころに従った意味のある生き方ができるのです。

あなたは、私の足を天国への道に置き、常に変わらぬ**道連れ**となってくださいました。あなたと旅をしていて問題に遭遇したときは、私の大好きなことばで安心させてくださるのです――「勇気を出しなさい！　わたしはすでに世に勝っているのだから」と……。

ああ、主イエスさま、私はあなたのもとで、この上なく安全に守られ、そして満ち足りています！

勝利者であるあなたのお名前によってお祈りします、アーメン。

Ｉペテロ5:7、詩篇31:20、黙示録2:4、ヨハネ16:33

８月７日

栄光の神イエスさま、

みことばが私に、「あなたを待ち望むすべての者は幸いである」ことを保証しています。忍耐強く待つことは、私にとってたやすいことではありませんが、努力する価値のあることはわかっています。前もって計画を立ててしっかり決定し、計画どおり**事《こと》をおこなう**のが好きだからです。物ごとが起こるには時間が必要ですが、それは待つための――あなたのもとで、全身全霊であなたを信頼し、座して待つための時間です。この訓練は確かに私にとっては挑戦ですが、大きな喜びでもあります。さらに、豊かな恵みをもたらしてくれるのですから。

あなたが私に与えてくださる恵みの多くは、これから先の日々に属するもの……。あなたのもとで憩《いこ》う時間を過ごしているあいだに、そうしたまだ来てはいない恵みの備えをさせてくださっているのです。それらの恵みは、未来という神秘のベールに包まれているので、はっきりと見ることはできません。そのほかの恵みは現在のものだから、今でも見ることができます。私は、あなたを待つという過程そのものがとても有益であることを知りました。恵み深いあなたが支配しておられるのがわかっているから、「私の魂は」希望にあふれて、「あなたを仰ぎつづけている」のです。なぜこんなに長いこと待たなければいけないのか、と理解に苦しむときは、私が心の持ちようを変えられるように助け導いてください。「自分の分別《ふんべつ》に頼る」ことはやめて、「心を尽くしてあなたに信頼する」ように……。

希望に満ちたあなたのお名前によってお祈りします、アーメン。

イザヤ30:18、詩篇40:1、詩篇143:8、箴言3:5

8月8日

力の主イエスさま、

「あなたは私の助け、私の盾です」。うれしいのは、この**私の**という所有代名詞が添えられていることです。あなたは単なる**ひとつの**助けでも**ひとつの**盾でもありません。どんなときも、そして永久《とこしえ》に**私のすべて**でいてくださるのです。この日一日、あなたと歩んでいくときも、あなたが永遠にともにいてくださるという約束に強められ、励まされます。あなたは、「決して私を見捨てない」ことを約束してくださいました。私は、あなたをよりどころにしていいのです！

あなたが「私の助け」なのだから、自分にはできないかもしれない、と不安に思う必要はありません。今直面している課題が気後《きおく》れしそうなほど難しく思えても、あなたを頼《たの》みとすることで希望を見いだせる。自分の足りなさを隠さずに認めて、あなたの限りない豊かさに信頼できるからです。「私を強くしてくださるお方のおかげで、私はどんなことでもできるのです」

私には、「私の盾」であるあなたが絶対に必要です。身体面でも感情面でも、そして霊的な面でも、多くの危険から私を守ってくださるのを知っているからです。私を守るために働いておられるのに気づく時もありますが、私がまったく疑っていない危険からもかばってくださっているのです。力あるあなたに見守っていただいていることを知る以上の大きな安心はありません。「私はわざわいを恐れません。あなたがともにいてくださるからです」

盾となってくださるあなたのお名前によってお祈りします、アーメン。

詩篇33:20、申命31:8、ピリピ4:13、詩篇23:4

8月9日

愛にあふれるイエスさま、

あなたが私のことを何もかも理解し、終わりのない完全な**愛**で愛してくださることは、なんという喜びでしょうか！　これまで、私のことを十分に知るようになったら誰でも私のことを見下《みくだ》し、批判するのではないかという不安と闘ってきたからです。私には、ほかの人とのあいだに安全な距離をとるところがあって、これならば許されるだろうと思える部分だけ自己開示をしてきました。こんなふうに人とつきあっていれば安心感はありますが、孤独を感じて寂しくもなります。

私が自分を守り、うわべを装おうとしても、あなたはまっすぐにそれを見抜いてくださることを心から感謝しています。あなたに隠せるようなことは何ひとつありません！　あなたは私のことを何もかも完全にご存じです。どうか私が、「あなたに完全に知られている」のに、それでもあなたに喜ばれている奇跡に心安らぐことができるように助けてください！

あなたの**愛**を得るために必死にがんばらなくても、あなたが私を愛することを阻《はば》むものは何ひとつない、という真実を知って、ほっと安心することができます。私はあなたのもの――あなたのかけがえのない血で贖《あがな》われたものだから、永遠に**受け入れられて**いるのです。私は自分自身に、この真理をくりかえし語りつづけなければなりません。内なる自分にそのことが浸透し、私が自分自身を見る見方が変わるまで……。あなたが認め受け入れてくださったことを意識して生きていくのは、自我を忘れた献身に通じる道なのだと、あなたは教えてくださいました。それこそが、**喜び**に至《いた》る本道なのですから！

喜びに満ちたあなたのお名前によってお祈りします、アーメン。

詩篇107:1、43、Ⅰコリント13:12、詩篇149:4-5、エペソ1:5-6

8月10日

大切なイエスさま、

この世界は、考え出すと悲観的になってしまうことでいっぱいです。時には──それが自分の問題であろうと他人の問題であろうと──私の注意を引こうと大声で叫んでいるように感じられることもあります。困難な問題が次から次へと頭に浮かんできて、「気力を失い、疲れ果ててしまいかねません」。そうなったときは、自分の考えるテーマを**選ぶ**ことができるのだと気づかせてください。失意の闇の中をもがきながら進むかわりに、あなたに向かい、あなたの**光**に照らしていただくことができるからです。

私が、過去に誤《あやま》って選択してしまったことに打ち負かされないように助け導いてください。痛手を負った過去の決断に基《もと》づいて、**現在**の自分を限定してしまうことのありませんように。今の一瞬一瞬が、あなたのおそばに近づき、あなたとともに過ごすことを楽しむ新たな機会を与えてくれるのですから……。苦闘の中にあっても、困難だけに気を取られずに、自分の問題の只中《ただなか》に**あなた**を探し求めることを選び取ることができるのです。

私は、あなたのこの励ましのことばを聞くのが大好きです──「あなたはわたしによって平安を得る。あなたには、この世で苦難がある。だが勇気を出しなさい！　わたしはすでに世に勝っているのだから」

勝利者であるあなたのお名前によってお祈りします、アーメン。

ヘブル12:3、詩篇34:6-7、ヨハネ16:33

8月11日

寝ずの番をしてくださる私の神イエスさま、

私は、あなたがこう言って安心させてくださるのを喜んでいます。「わたしはあなたとともにいて、あなたがどこへ行ってもあなたを見守る」と……。冒険の旅が待っているのですが、それを期待する私の思いはちょっと複雑です。ある点では、この新たな冒険に踏み出すのをとても楽しみにしています。道中にたくさんの恵みをみつけることを期待しているから……。でも心のどこかでは、先の予想のつく楽な道を離れることを怖がっているのです。不安な思いに襲われるときは、私がどこへ行こうともずっとあなたが見守っておられることを思い起こさせてください。あなたがともにいてくださるという安心感が永遠に約束されていることを感謝します！

あなたは、これからの旅の備えに欠かせないのは日々あなたとともに過ごすことだ、と教えてくださいました。あなたが一緒にいて私のことを気づかってくださることを、常に心にとめておかなければなりません。人生の道をあなたと歩むとき、あなたの力強い手が私の手を握ってくださっているのを思い浮かべるとうれしくなります。**私の導き手**であるあなたが、前方の道を一歩一歩示してくださることを信じておゆだねできるように助けてください。あなたの方向感覚は完全だから、道に迷うことを心配する必要はありません。あなたと一緒だから安心していられる。一生をあなたと過ごせる驚くべき恵みを喜ぶことができるのです！

安心させてくださるあなたのお名前によってお祈りします、アーメン。

創世28:15、ヨシュア1:9、詩篇32:8、詩篇48:14

８月12日

「王の王」イエスさま、
一日の初めに、あるいは課せられた仕事を始めるときに力が出ないのを感じたら、手を止めて、あなたのことばに耳をすませなければなりません――「わたしの恵みはあなたに十分である。わたしの力は弱さのうちに完全に現れるからだ」と……。**現れる**という動詞が現在形なのは、あなたの驚くべき恵みが継続して与えられることを強調しているからです。私は、自分はなんて弱いのだろうと嘆くことで、力を無駄使いしたくはありません。それよりも自分の弱さを受け入れることで、どれほどあなたを必要としているかに気づけることをうれしく思うのです。弱いままであなたのもとに来れば、あなたが限りなく満たしてくださることを喜ぶことができるからです！

喜んであなたに頼って務《つと》めにとりかかるとき、しばしば驚くのは、仕事がどんどんはかどること。それればかりか、あなたと力を合わせることで、私の仕事の質もすごく高められる。これは、「王の王、主の主」であるあなたとともに生きて労することの驚くべき特権なのです。

私は、あなたのみこころにしっかり自分を合わせられるように、「あなたに喜ばれる、生きた捧げ物」となりたいのです。みことばが教えているのは、これは礼拝のひとつの形であり、私の人生を、有意義でしかも喜びに満ちたものにしてくれることです。これは、天の国で私を待っている、言い尽くせぬほどの栄光に満ちた喜びを、ほんのちょっぴり味わうのにすぎないのですから！

喜びに満ちたあなたのお名前によってお祈りします、アーメン。

Ⅱコリント12:9、黙示録19:16、ローマ12:1、Ｉペテロ1:8

８月13日

偉大なイエスさま、

あなたをよりどころとして生きることは、栄光に満ちた冒険です！　大部分の人は、自分自身の強さと能力で物ごとを達成しようとして、せわしく動き回っています。めざましい成功をおさめる人もいれば、みじめに失敗する人もいる。でも、どちらの人たちも、人生の意味を――あなたと力を合わせて生きて労することの意味をわかっていません。主イエスさま、どうか私が、もっともっとあなたに頼って生きられるように訓練してください。

あなたをよりどころとするとき、私の物の見方はすっかり変わります。私はあなたの奇跡のみわざを見ることができますが、ほかの人には、自然現象と偶然の一致しか見えません。私は毎日、喜びに満ちた期待を抱いて一日を始めます。あなたが何をしてくださるか見るのが楽しみでならないからです。私は、弱さもあなたからの贈り物として受け入れています。「あなたの力は、私の弱さのうちに完全に――もっとも効果的に現れる」のですから……。私が自分の計画を暫定的《ざんていてき》なままにしておくのは、あなたの計画のほうがはるかにすぐれていると信頼しているからです。私は、あなたが私の内に生きておられることを喜びつつ、あなたならどうなさるかを常に意識して「あなたの中に生き、動き、存在している」のです。「私があなたの内にいて、あなたが私の内におられる」ことを知るのは、なんとすばらしいことでしょう！　私の人生をあなたと分かち合うこの親しい冒険を心から感謝します。

心を高揚《こうよう》させるあなたのお名前によってお祈りします、アーメン。

Ⅱコリント12:9、使徒17:28、ヨハネ14:20

８月14日

あわれみ深いイエスさま、

「私が寝床であなたを思い起こし、夜もすがら、あなたに思いを馳《は》せる」ことができるように助け導いてください。夜、目を覚ましていると、あらゆる方向からさまざまな思いが私に向かってきます。それをなんとかして抑えないと不安になってしまうのです。こうした眠れない夜に見つけた最強の対処法は、**あなた**のことを思い起こすこと――心に浮かぶことを何もかもあなたに伝えることです。「あなたが私に心を配《くば》ってくださるから、いっさいの思い煩《わずら》いをあなたにおゆだねする」ように、みことばが教えてくれているからです。あなたが私のことを心にかけてくださっているのを知っているから、あなたのもとで安心することができるのです。

「夜もすがら、あなたのことを思い巡《めぐ》らすとき」、あなたは本当にどんなお方なのだろう、と考えてみるのです。まず思うのは、あなたの完全さ――あなたの**愛**、**喜び**、そして**平安**。あなたのお名前にも、慰めと安らぎを見いだせます――**羊飼い**、**救い主**、**インマヌエル**、**平和の君**。私があなたの主権と知恵、あわれみと恵みに感謝し、あなたの**力**と**栄光**に喜びを見いだすのは、あなたが「王の王、主の主」であられるから！　このようにして私はあなたを賛美し、あなたのもとで過ごすことを楽しむのです。こんなふうにあなたを思うことで、私のすべてが生き返ったように元気になって、考えもはっきりする。あなたの視点で物ごとを見られるようになるのです。

みずみずしく生き返らせてくださるあなたのお名前によってお祈りします、アーメン。

詩篇63:6、Ｉペテロ5:7、黙示録19:16

8月15日

至高の神イエスさま、

どうか私が、「あなたからいただいた分に応じて人生を送り」、満足できるように助け導いてください。ほかの誰かと自分の状況を比べて不満に感じたりしないように注意する必要があるし、以前の状態や、現実とは似ても似つかぬ幻想と比較するのもつらくなるだけだ、とはわかっているのです。それよりも、あなたが私に定めてくださった人生を「あなたに示された道」として受け入れられるように万全の努力をしなければなりません。こうした見方をすれば、つらく困難な状況から苦痛の棘を取り除くことができます。あなたが示してくださった状況ならば、私がそれに耐えるためだけでなく、その最中《さなか》にすら喜びを見いだすために必要なものを、すべて与えてくださることを知っているからです。

どうか、すべてを支配しておられるあなたの私への扱い方を信頼して、あなたの神秘的な無限の知恵の前に頭《こうべ》を垂《た》れることができるように訓練してください。日々の細々《こまごま》したことの中にもあなたを探し求めながら、そのあいだもずっと困難の中から現れる恵みを、期待をこめて探さなければなりません。私は今、より良い明日への希望を失うことなく、物ごとをそのままに受け入れることを学んでいるところなのです。そして、天国の希望を喜んでいます。言葉に言い尽くせない喜びに満ちた人生が、あなたが私に与えてくださった究極の目的であることを知っているからです！

究極の知恵に満ちたあなたのお名前によってお祈りします、アーメン。

Ⅰコリント7:17、ローマ11:33-34、ピリピ4:12

8月16日

驚くべき救い主イエスさま、

どうか私が、あなたによって**喜び**を見いだせるように助け導いてください。あなたは「私の力だからです」。**喜び**を生き生きと保つことがどんなに大切かはわかっています。とくに、苦難の只中《ただなか》にあるときは……。困難と闘っているときは、常に自分の思いと言葉とをことさら慎重に守る必要があります。悪いことばかりを思いつめると、ますます気落ちして力が萎《な》えてしまうからです。状況がわかったら間髪を入れず、直《ただ》ちにこの有害な過程を止めなければなりません。あなたは、私がすぐにあなたに向かって「行くべき道を知らせてください」とお願いするよう訓練してくださっているのです。

闘っているときの私に必要なのは、あなたを賛美するための時間を取ること。賛美の言葉を語ったり歌ったり、聖書の約束や賛美を読んだりすることです。「私の力よ、私はあなたにほめ歌を歌います」。「御名の栄光をほめ歌います！」

私にとって欠かせないのは、自分の問題は一時的なものだけれど、**あなた**は永遠であり、あなたと私の関係も永遠であることを思い起こすことです。あなたの内に**喜び**を見い出し、あなたの**変わらぬ愛**を喜ぶことで、私の力は決して変わることなく強められるのですから。

栄光に満ちたあなたのお名前によってお祈りします、アーメン。

詩篇59:17、ヤコブ1:2、詩篇143:8、詩篇66:1-2

8月17日

優しいイエスさま、

私が自分の置かれた状況に打ちのめされそうに感じるとき、あなたに心を集中してあなたに耳を傾ける時間を取ることを思い起こさせてください。あなたが私に、こう言ってくださるのを聞きたいのです――「安心しなさい。わたしだ。恐れることはない」と……。

ストレスを感じているときにあなたに耳を傾けるためには、多くの訓練と信頼が必要です。目まぐるしく駆けめぐる私の思いが、あなたの「かすかにささやく声」を聞き取りにくくさせているからです。ですから、聖霊さまにお願いして心をしずめていただけることを、本当に感謝しています。

私がうれしいのは、「平和の君」であるあなたが、どんなときにもそばにいてくださることです。私とともにいるだけでなく、私の置かれている状況の中にもいてくださる。私に起こるすべてのことを支配しておられるからです！　あなたが悪の王になることなど絶対にありません。それどころか、悪しきものを取って良いことのために用いることがおできになる。これは必ずしも私の苦しみを取り除くとは限りませんが、良きものとすることはできる――意味を与えることができるのです。ですから私は、困難の嵐に襲われるたびに、「わたしだ。元気を出しなさい！」というあなたの声に耳をすませます。そして、嵐の中でもずっとそばにいてくださっているしるしを探すのです。みことばが確信させてくれるからです――「私が心を尽くしてあなたを探し求めるなら、あなたを見いだす」ことを……。

心を静めてくださるあなたのお名前によってお祈りします、アーメン。

マタイ14:27、Ｉ列王19:12、イザヤ9:6、エレミヤ29:13

8月18日

崇高《すうこう》な神イエスさま、

どうか私が「あなたに信頼して、恐れない」ように助け導いてください。私は時々、世界の出来事やニュースの記事に驚き、怖くなることがあります。でもそうしたニュースは情報操作がなされていて、まるであなたが存在しないかのような印象を与えているのです。ニュース速報が流す取るに足らない最新の出来事からは、いちばん重要な要素は入念に取り除かれてしまっています。それはあなたがこの世界におられることです！　ジャーナリストは膨大《ぼうだい》な量の情報をふるいわけるときに、**あなた**と、あなたがこの地球でなしとげておられることに関しては、すべて取り除こうとする傾向があるからです。

私は自分のいる世界が恐ろしい場所に感じられるたびに、あなたに向かい、あなたがいてくださることに励ましをみつけなければなりません。そのお手本となるのがダビデです――「兵たちがみな、ダビデを石で打ち殺そうと言い出した」とき、「彼は主によって強められた」からです。ダビデのように、私もあなたがどんなお方であるかを思い出し――あなたの恐ろしいほどの**力**と**栄光**を思いめぐらして、「あなたの変わらぬ愛」を喜ぶことによって勇気を見いだすことができるのです。うれしいのは、危険を伴《ともな》う冒険の旅にあなたが同行してくださること、そして最終目的地が天の国であることを知っていることです！

あなたに思いを集中し、あなたが与えてくださる豊かな関係を楽しんでいるうちに、私の不安はしだいにおさまってきます。「私は信頼して恐れない。あなたこそ私の力、私のほめ歌」だからです！

比類なきあなたのお名前によってお祈りします、アーメン。

イザヤ12:2、Ｉサムエル30:6、詩篇33:5

８月19日

私の贖《あがな》い主イエスさま、
　私は、あなたがみことばを通してこう語ってくださるのを聞くのが好きです――「わたしはあなたに永遠のいのちを与える。あなたは決して滅びることはなく、あなたをわたしの手から奪い去る者はいない」。これほど驚くべき良き知らせがあるでしょうか！　あなたは私に「朽ちることも、汚れることも、消えることもない天の国の資産を受け継ぐ」ように、約束してくださったのです。

　永遠の**いのち**というあなたの贈り物が与えてくれる**光**は、ずっと輝きつづけています。私のもっとも暗い日々にさえも……。この輝きは、私を前へ進むようにと招き、落胆させることからも守ってくれます。だから私は、厳《きび》しい状況やこの世界の邪悪さに引きずりおろされるのを拒むことができるのです。そのかわりに前を見て、私を待っていてくれる**栄光の光**に――遠くの、ちょうど地平線を越えたところで輝いている光に、目を向けるのです。

　天の国に向かう旅では、深い水の中を通り抜けなければならないところがあることを知りました。でもあなたは、こう安心させてくださっています――「あなたが水の中を渡るときも、わたしはあなたとともにいる。あなたが押し流されることはない」。どうか私があなたに信頼して、ずっとあなたの手を握りしめていられるように導いてください。あなたが私を愛してくださり、「どんなものも、私をあなたから引き離すことはできない」ということを固く信じて……。行く手にある難局を恐れるよりも、人生の一日《いちにち》一日をあなたと歩む冒険の旅を楽しみたいと思っているからです。

　力強く頼もしいあなたのお名前によってお祈りします、アーメン。

ヨハネ10:27-28、Ⅰペテロ1:3-4、イザヤ43:2、ローマ8:39

８月20日

愛《いと》しいイエスさま、

どうか私が、もっともっとあなたの思いを思えるように助け導いてください。この世界の問題が重くのしかかってくるときは、あなたのもとで物ごとを考え抜くための時間を取らなければなりません。あなたのそばで心を休めれば、あなたの「永遠の腕」がやさしく私を抱きかかえてくださいます。それは心配ごとで思い悩むのを中断して「あなたを仰ぎ見る」この時をひたすら楽しむためのすばらしい恵みなのです。

私は静けさを楽しむだけでなく、その合間に聖書を朗読したり、あなたへの賛美を語ったり歌ったりするのも好きです。私の祈りやお願いに聖句を用いるように導いてくださることを感謝します。祈りがみことばに満たされると、もっと確信をもって大胆に祈ることができるからです。

私が願っているのは、「心を新たにして、自分を造り変えていただくこと」です。この世界は、つながらない場所のない電子通信を通して、私に膨大な圧力をかけてきます。この世の鋳型《いがた》にはめこまれないように、どうか私の考え方を変えてください。あなたが徐々《じょじょ》に私の心を新たにしてくださるにつれて、自分の考えや態度がますます強く**あなた**を映し出せるようになるのが待ち遠しくてなりません。

私を変えてくださるあなたのお名前によってお祈りします、アーメン。

申命33:27、詩篇34:5、ヘブル4:12、ローマ12:2

8月21日

「インマヌエル」のイエスさま、

この落ち着きなく揺れ動く世界において、静けさはますます手に入れにくいものになりつつあります。実際、あなたのための時間を捻出するのにも闘う必要があるのです。あなたのそばで静かに座っていたくても、四方八方から心を乱すことが押し寄せてきます。けれどもあなたと親しくふれあうことは、闘うのに値《あたい》すること。だから私はあきらめません！

私が求めているあなたと過ごす時間――あなたとあなたのことばに集中するための中断されない時間を取り分けておけるように助けてください。あなたが「インマヌエル」であることを心から感謝します。それは「神が私たちとともにおられる」という意味なのですから……。あなたの平安によってくつろぎ、心配ごとがひとつ、またひとつと消え去っていくにつれて、あなたがこうささやいてくださるのが聞こえてきます――「静まって、わたしこそが神であると知りなさい」と。

あなたを長く見つめれば見つめるほど、あなたの王としての輝きを喜び、王としての支配に信頼することができます――「あなたは私の避け所《どころ》。たとえ地が揺らぎ、山々が崩れ落ちて海の中に移るとも」。主イエスさま、あなたのみもとにはすべてを超越した安定があります。あなたの**力と栄光**の大きさを思いめぐらすにつれて、私の視点が変わっていき、自分の問題が小さく見えるようになってくるのです。「私には、この世で苦難がある」ことはわかっていますが、あなたがこう力づけてくださることに励まされるのです――「勇気を出しなさい。わたしはすでに世に勝っているのだから」と……。

すべてに打ち勝つあなたのお名前によってお祈りします、アーメン。

マタイ1:23、詩篇46:10、詩篇46:1-2、ヨハネ16:33

8月22日

かけがえのないイエスさま、

いろいろなことでごたごたした日にも、あなたを信じおゆだねすることができるように助け導いてください。自分の身の回りで起こっていることに、心の内の穏やかさ――あなたのもとで得られる**平安**を、ゆるがされたくはないのです。今は一時的な仮の世界に暮らしているとはいえ、私のもっとも深い部分は永遠に根ざし、基《もと》づいているのですから……。ストレスを感じ始めたときは、周囲の心を乱すことから自分を遮断しなければなりません。なんとか抑えこもうとあくせくするのをやめると、あなたはすべてを支配するご自分のもとで私を休ませて、「すべての理解を超えたあなたの平安」を受け取れるようにしてくださいます。

みことばが「絶えず御顔を慕い求めよ」と私に教えています。どうか、みこころを私と分かちあって私の目を開き、もっともっとあなたの視点から物ごとを見られるようにしてください。私はあなたがこう言ってくださるのを聞くのが好きです。「心を騒がせてはならない。おびえてはならない。勇気を出しなさい！　わたしはすでに世に勝っている」。主イエスさま、あなたの与えてくださる**平安**はどんな状況においても十分であることは、なんという喜びでしょう！

すべてに力あるあなたのお名前によってお祈りします、アーメン。

ピリピ4:6-7、詩篇105:4、ヨハネ14:27、ヨハネ16:33

8月23日

あわれみ深いイエスさま、

どうか私の人生のもつれてしまった部分を、心の中のものも含めて解きほぐしてください。私はありのままの自分で――もつれた問題も、ほつれた糸の端も、すべてそのままにしてあなたのもとに来ています。私の困難の多くを複雑にしているのは、ほかの人たちの問題によるものです。そのために、手のつけられない状態のどの程度までが私の問題で、どのくらいがその人たちの問題なのか、区別するのはたやすくはありません。私はほかの人の罪深い失敗に責任を感じることなく、自分のあやまちと罪の責任を取りたいのです。私が、自分の複雑な状況を解きほぐして前へ進む最善の道を見つけられるように助け導いてください。

私は、クリスチャンの成長は何よりも、一生の過程において「あなたと同じかたちに姿を変えられていくこと」だと理解しています。過去のもつれの中には、解きほぐすのがとても大変なものがあります。とくに、私のことをずっと傷つけてきた人たちがからんでいるものは……。私に必要なのは、どうすれば物ごとを修正できるかと思い悩まずに、あなたに向かいつづけること――「あなたの御顔を慕い求め、みこころを訊ね求めること」です。あなたが、私のもつれきった部分を適切な時に解きほぐしてくださることを信じて、あなたのそばで心安らかに待つことができるように助けてください。未解決の問題のせいであなたから心をそらされてしまうことなく、その問題を受け入れて生きていくにはどうすればいいか、教えてください。あなたがともにいてくださることが「私への割り当て分」であり、はかりしれない恵みであり、喜びなのですから！

あなたの大いなるお名前によってお祈りします、アーメン。

Ⅱコリント3:18、歴代誌16:11、哀歌3:24

８月24日

勝利の神イエスさま、

「あなたが味方であるなら、誰が私に敵対できるでしょうか」。**あなた**こそが私の真の味方であることを、心の底からわかるように助け導いてください。物ごとが思うように運ばなかったり、信頼している人に背《そむ》かれたりしたときは、いともたやすく、見捨てられた気持ちになってしまいます。そうしたときに何よりも大切なのは、あなたが常に**ともに**おられるだけでなく、どんなときにも「私の味方でいてくださる」という真実を思い起こすことです。これは、私が物ごとをうまく運べる日もそうでない日も、人々の私に対する扱いが良い日も悪い日も、どちらにも当てはまることなのです。

あなたが**私の味方**であることを心の底から信じていれば、逆境のときにも落ち着いて勇気をもって立ち向かうことができます。あなたは絶対に私に背を向けたりなさらない、とわかっているから、つらいときも耐え忍べる確信をもてます。私は永遠にあなたのものだから、「私の味方である」あなたのもとをずっと離れません。結局、いちばん重要なのはあなたが私をどう思っておられるかであり、そのことが永遠に続くことを心から感謝しています。「どんな被造物《ひぞうぶつ》も、あなたの愛から私を引き離すことはできない」ことほど、うれしいことがあるでしょうか！

無敵のあなたのお名前によってお祈りします、

アーメン。

ローマ8:31、マタイ28:20、民数6:26、ローマ8:39

8月25日

喜びを与えてくださるイエスさま、

天の国は現在と未来の両方に存在していることを、私にあらわしてくださってありがとうございます。あなたの手を握りしめて人生の道を歩んでいる私は、もうすでに天国の神髄《しんずい》に触れています。それは、あなたのおそばにいられることです！あなたと旅をしていると、麗《うるわ》しい天の国の気配を感じることができます。地球はあなたがおられるから、輝くばかりの生気に満ちています。仄《ほの》かな陽光が私の心を目覚めさせ、輝くあなたの**光**を優しく思い起こさせてくれる。小鳥たちも花々も、木々も空も、あなたの聖なる御名への賛美を呼びさましてくれるのです。あなたの**愛の光**の中を歩んでいくとき、私があなたの創造のすばらしさを十分に受け取ることができるように助け導いてください。

私がうれしいのは、天国への入り口が私の旅の終わりであることです。いつ私がその目的地に着くかは、**あなた**だけがご存じですが、一歩一歩その準備をさせてくださっていることは確信しています。私の永遠の家に関する完全な保証が、「あらゆる喜びと平安とで私を満たして」くれているからです。この栄光に満ちた天の国に私が着くのは、あなたの完璧《かんぺき》なタイミングによることはわかっています。たとえ一瞬たりとも、早すぎることも遅すぎることもなく……。あなたとともに「いのちの道」を歩んでいくあいだ、天国の確かな希望が私を強め、励ましてくれるのです！

天の神なるあなたのお名前によってお祈りします、アーメン。

Ⅰコリント15:20-23、ヘブル6:19、ローマ15:13、詩篇16:11

8月26日

すばらしい主イエスさま、

このひと時《とき》は、私の人生における豊かな時間です——恵みが「私の杯に満ちあふれている」からです。険しく困難な道を重い足で何週間もたどってきたあと、今は陽光の降りそそぐ青々とした草原を軽《かろ》やかに歩《あゆ》んでいる気がします。どうか、くつろいで元気を回復させてくれるこの時を、目いっぱい楽しむことができるように助け導いてください。この時間を与えてくださったことを感謝いたします！

実は時々、あなたの良き贈り物を両手を広げて受け取るのをためらうことがあるのです。偽りの罪悪感が忍びこんできて、こう言うからです——〝おまえは、これらの贈り物を受け取るべきではない。こんなにも豊かな恵みを受ける資格は、おまえにはないからだ〟と……。でもこれが根拠《こんきょ》のない考えであることはわかっています。あなたから良きものをいただくのにふさわしい人などいるわけがないからです。あなたの王国が、自分でがんばって報酬を勝ち取るところではないのは、なんとうれしいことでしょう！　天国は信じて受け取るところなのですから……。

私は、あなたの恵みあふれる贈り物を受け取るのをためらったりしないで、すべての恵みを感謝の心で受け止めたいのです。そうすれば、あなたが与えてくださる喜びと私の受け取る喜びが合わさって、豊かに「あふれる」ことができるからです。

惜しみなく与えてくださるあなたのお名前によってお祈りします、アーメン。

詩篇23:5、ヨハネ3:16、ルカ11:9-10、ローマ8:32

８月27日

「わが力なる」イエスさま、
　あなたは私に、ご自分に頼って生きることが豊かな人生を楽しむ道であることを示してくださっています。困難なときにも感謝するのは、あなたがいてくださることにもっとよく気づかせてくれるからだ、と学んでいるのです。これまで不安でたまらなかった課題でさえも、あなたとの近さを楽しめる豊かな機会になってきています。あなたが「私の力」であることを思い起こすと、疲れはてた気分のときはとくにうれしくなります。あなたに身を寄せて頼ることは、ますます自然で喜ばしいことになっているからです。
　どうか私が、もっと一貫してあなたに心を注げるように導いてください。実を言うと、自分ひとりのときはそれが楽にできるのですが、ほかの人と一緒だとあなたを見失ってしまうことがよくあります。私にはもともと相手を喜ばせようとするところがあって、そのせいで他人に縛りつけられ、その人たちを自分の関心のいちばんの対象にしてしまうのです。感謝なのは、〝イエスさま〟とあなたのお名前をささやけば、すぐにあなたのもとに戻れること。この小さな信頼の行為が、あなたを私の心の最前線に引き出してくれることです。そこが、あなたのおられるべき場所だからです。あなたのおそばにいられる恵みに心を安らがせていると、あなたのいのちが私を通してほかの人たちに流れこみ、恵みを分かち与えてくれます。あなたがこの世に来られたのは、「私たちがいのちを得るため、しかも豊かに得るため」なのですから！
　恵み豊かなあなたのお名前によってお祈りします、アーメン。

詩篇18:1-2、箴言29:25、ヨハネ10:10

8月28日

誠実な神イエスさま、

「私の時は、あなたの御手の中にあります」。だから、今直面している状況への最善の対応は「あなたに信頼する」ことなのです。あなたは、私が変化や不確実の只中《ただなか》にあっても心安らかでいられるように訓練してくださっています。私は、自分の人生を支配しているのは自分ではないと理解することが、実は救いになるのだと気づきました。人間としてのこの制約を受け入れ、主権者であるあなたに信頼するとき、私はもっともっと自由になれるのです。

大切なのは、消極的になったり、しかたがないとあきらめたりせずに、あなたが与えてくださったエネルギーや能力を「祈りによって」用いることです。どんなことに関しても祈り、一瞬一瞬あなたを探し求めるように、あなたが教えてくださってきたからです。今学んでいるのは、思いがけない場所にあなたを見いだすこと。あなたはうれしい驚きをくださる神さまなのですから！

どうか私が、「あなたが設《もう》けられたこの日を、喜び楽しめる」ように助け導いてください。みこころに従って、この日のできごとを細部にいたるまで調和させ、まとめ上げてくださいますように……。「私の時はあなたの御手の中にある」のだから、もっと早く物ごとを進めなければと焦《あせ》る必要はありません。焦りと不安とが手を組んでやってきても、あなたは「何も思い煩《わずら》ってはならない」と教えてくださっています。ですから私は、人生を歩むペースをあなたに定めていただき、「あらゆる人知を超えたあなたの平安で守ってくださる」ようにお願いするのです。

信頼するあなたのお名前によってお祈りします、アーメン。

詩篇31:14–15、詩篇118:24、ピリピ4:6–7

8月29日

恵み深いイエスさま、

どうか私が、幸せな状態を不安に思わないように助けてください。時おり、のんびりとくつろいでいるときに不安が割りこんでくることがあるのです。やらなければならないことや、計画しなければいけないことがあるんじゃないか、と思い始めてしまう。その根底には、警戒心をゆるめてその時々をただ楽しんだりして本当に大丈夫だろうか、という思いがあるからです。でもそうした考え方がまったく間違っているのはわかっています。なぜなら私はあなたのものだから、この深く分断された世界にあっても、一定の幸せを味わうことを期待できるからです。

聖書は私に、「自分でがんばるのはやめて」、心をくつろがせ、「あなたこそ神であることを知れ」と教えています。以前の私は、あなたのもとでくつろぐ時間を楽しむためには、すべての準備を整えなければならないと思っていました。でもそんなとき、この命令の全体の状況を考えてみたのです――「たとえ地が揺らぎ、山々が崩れ落ちて海の中に移るとも」。この言葉を記した詩篇の作者が描写しているのは、身の毛のよだつような大災害です！　ですから、自分の問題がすべて解決するまで幸せになるのを待つ必要などありません。今のこの瞬間こそ、「あなたを自らの喜びとする」完璧《かんぺき》なタイミングなのですから。

主イエスさま、私は今ここであなたを喜びとすることを決めました！

喜びに満ちたあなたのお名前によってお祈りします、アーメン。

詩篇144:15、詩篇46:10、詩篇46:1-2、詩篇37:4

8月30日

「愛すべき」主イエスさま、

今日一日、どうか私が正しい方向を見て過ごせるように導いてください。私を取り巻く世界には、暗く醜い荒地ばかりではなく、明るく美しい光景もあるからです。正しい方向に――「すべて真実なこと、すべて尊いこと、すべて愛すべきこと」に目を向ければ、励まされ、強められます。あなたは、私が美しいもの、良きものを楽しむすばらしい能力をもつように造ってくださいました。私の魂は、これらの恵みに共鳴して、そこから力を引き出すのです。

私は毎日、うんざりするようなこと――悪しきもの、醜いものに出会います。こうしたものに注意を奪われることなく、うまく対処できるように助けてください。そのためには、これらの問題をあなたのもとに携えてきて、あなたの見方を教えていただかなければなりません。そうすれば、心軽《かろ》やかに自分の道を進むことができるからです。あなたが何度も〝愛する者よ、**正しい**道を見なさい〟と言ってくださるのを聞くのは、なんと幸いなことでしょう。

堕落した状況にあるこの世界は、決して私を十分に満足させることはできません。私が深く求める完全さへの願いをかなえることのできるのは、**あなた**おひとりだからです。あなたは完全で聖《きよ》いお方なのに、この罪に汚《けが》れた世界を歩む私のそばに居つづけることを選んでくださいました。私が正しい方向に――恵みに向かって、あなたに向かって、目を向けるとき、「あなたの御前で、私は輝くばかりの喜びに満たされる」のです。

聖く完全なあなたのお名前によってお祈りします、アーメン。

ピリピ4:8、民数6:24-25、使徒2:28

8月31日

私のすばらしき道連れであるイエスさま、
　私の願いは、親密な愛の絆によってあなたに信頼し、喜んでともに歩むことです。あなたの私への友情を輝かせているのは、聖書に書かれている「あなたは永遠の完全な愛をもって、私を愛してくださる」というかけがえのない約束です。あなたは、常に私とともにいてくださいます。私の人生のどんな瞬間にも……。あなたは、私のすべてを知っておられ、私のあらゆる罪の報いをすでに受けてくださっています。「私のために天に蓄えられている」相続財産は、「朽ちることも、汚れることも、消えることもありません」。あなたは私を一生導いてくださり、「後《のち》には栄光のうちに受け入れてくださる」のです！

　あなたは私に、頼っておゆだねすることは人間であることの切り離せない部分であることを教えてくださいました。私を、あなたにずっと頼りつづけるように造ってくださったのです。どうか私が、あなたを常に必要としていることを恵みとして見られるように導いてください。あなたへの依存状態を受け入れて、自立しようと必死にがんばるのをやめるとき、あなたがともにいて愛してくださっていることをもっと感じられるようになるからです。主イエスさま、あなたがすばらしい**道連れ**であることを楽しめるように、私をさらにおそばに引き寄せてください。

　私の喜びは、人生の道をあなたがともに歩もうと招いてくださっていること。あなたにおゆだねして楽しく歩むことです。そして、あなたがこうささやいてくださるのを聞くことなのです――〝愛する人よ、「わたしはいつもあなたのそばにいるよ」〟と……。

　驚くべきあなたのお名前によってお祈りします、アーメン。

エレミヤ31:3、エペソ1:7-8、Ⅰペテロ1:3-4、詩篇73:24

９月

わたしがあなたの神、**主**であり、あなたの右の手を固く握り、「恐れるな。わたしがあなたを助ける」と言う者だからである。

（イザヤ書41章13節）

９月１日

栄光の救い主イエスさま、
どうか私を、あなたの愛と喜びと平安でもっともっと満たしてください！　これらのものは、生きて働いておられるあなたから溢《あふ》れ出る栄光の贈り物です。私は自分が「土の器《うつわ》」に過ぎないことはわかっていますが、あなたが天の宝であふれるように造ってくださったことを喜んでいます。これまで私は、自分の弱さは聖霊さまで満たされることの妨《さまた》げにはならないことを学んできました。それどころか、私の不十分さは、あなたの力がさらに輝くための完璧《かんぺき》な舞台設定を提供してくれるのです。

今日一日あなたとともに歩むとき、私に必要な力をそのつど与えてくださることを信じ、おゆだねできるように助けてください。今日の旅のための体力気力が十分かどうかで悩んで、貴重なエネルギーを無駄にしたくないからです。それでも、私の内におられる聖霊さまが、何が起きてもこれ以上ないほど十分に対処してくださることを知っているので、心安らかでいられます。

主イエスさま、あなたは私に必要なものをすべて与えてくださいます。「静まって（あなたとふたりだけで時を過ごし）、信頼する（あなたが適切に与えてくださることを信じてゆだねる）ことにこそ、私の力がある」のですから……。

力に満ちたあなたのお名前によってお祈りします、アーメン。

Ⅱコリント4:7、エペソ3:16、イザヤ30:15

9月2日

親愛なるイエスさま、

私はもともと、人生で何か困難なことがあると後悔したり、逃げ出したくなったりするところがあります。でもあなたは、そうした問題は偶然に起きた失敗などではなくて、私の益となり、成長を促《うなが》すための特別仕様の恵みであることを教えてくださいました。あなたが私の人生において許可したことならどんな状況をも受け入れて、あなたがそこから恵みを引き出してくださることを信じられるように助け導いてください。問題自体を恐れるのではなく、もっと十分にあなたを頼るチャンスとして見ることができるようになりたいのです。

ストレスを感じはじめるたびに、そうした感情によってあなたを必要としていることに気づくことができます。ですから私の闘いも、あなたにもっと深く頼るための――あなたとの親密さを増すための入り口となってくれるのです。この世界では自立することが賞賛されていますが、それは実は、あなた以外のものに頼る一種の偶像礼拝なのだ、ということに気づきました。ですから自分の力をあてにしないで、ますますあなたを頼《たの》みにしたいと願っているのです。

主イエスさま、この罪に堕ちた世界で困難に遭遇することを感謝します。そして、あなたとともに永遠を過ごせることを楽しみにしています。栄光の主であるあなたのもとで、永久に問題から解放されて生きることを！

あなたの聖《きよ》く崇高《すうこう》なお名前によってお祈りします、アーメン。

ヨハネ15:5、Ⅱコリント4:7-8、エペソ5:20

９月３日

「わたしの慈《いつく》しみの神」イエスさま、

あなたは「私の力」です！　この約束は、励ましと希望に満ちた命綱であり、常に私のために備えられているものです。自分の強さを感じられる日は、この事実をありがたいとは思っても、それほど力強く語りかけてくることはありません。この確実な命綱を感謝してつかむのは、自分の弱さを感じたとき。いつでもあなたに向かって、「『主よ、助けてください！』」と叫ぶことができるのがわかっているからです。

「あなたが、変わらぬ愛によって私を救ってくださる」ことを感謝いたします。自分の闘いの中で沈みかけている気持ちになったら、何よりも重要なのは、決して私を見捨てることのないもの――私の命そのものを預けられるものに、しっかりしがみつくことです。力あるあなたが寄り添ってくださることは、私を力づけてくれるだけでなく、しっかり抱き寄せて放さないようにしてくれます。いついかなるときもあなたが固く抱きしめてくださっていることを、私が忘れることのないように助け導いてください。

あなたがいつもそばにいてくださるから、私は自分の弱さを不安に感じなくていいのです。実際にみことばも、「あなたの力は、私の弱さのうちに完全に現れる」ことを教えています。あなたの力と私の弱さとは、手袋と手のようにぴったり合っているのですから。どうか私が、常に与えられるあなたの力に信頼して、自分の弱さを感謝できるようにしてください。

あなたの力強いお名前によってお祈りします、アーメン。

詩篇59:17、マタイ14:30、詩篇31:16、Ⅱコリント12:9

9月4日

全能の神イエスさま、

私の世界は荒涼として恐ろしげに見えます。ですから私は、もっとあなたのそばに寄って、「御《み》前《まえ》に心を注ぎ出す」のです。あなたが耳をかたむけ、気づかってくださることを頼《たの》みにして……。あなたが万物の支配者であられることはどれほど大きな慰めでしょうか。罪に堕ちたこの世界の物ごとがもはや手のつけられないほどひどく見えるときでさえ、あなたの支配下にあることを知っているからです。

この壊れかけた世界で奮闘しているときは、聖書に力と励ましを見つけています。とくに慰められるのは、預言者ハバククが、バビロニア人のユダ王国に対する残虐な侵略を待ち受けているときに述べた言葉です。きわめて絶望的な状況を描写したあとで、ハバククはこう結ぶのです――「それでも、私は主にあって喜び、わが救いの神に喜び躍《おど》る」と……。

主イエスさま、私の深刻な心配ごとについてあなたに必死に祈ることを許してくださってありがとうございます。どうか、ハバククになさったのと同じように、私を固い信頼とすべてを超越した喜びの場所へと導いてください。あなたのなさることは私には計り知り難《がた》いことですが、それでも「あなたを待ち望み、『御顔こそ、わが救い』とあなたをほめたたえる」ことはできます。「あなたこそ、わが力」なのですから！

あなたの希望に満ちたお名前によってお祈りします、アーメン。

詩篇62:8、ハバクク3:17–19、詩篇42:5

９月５日

大切なイエスさま、

私の人生は、あなたからのかけがえのない贈り物……。ですから私は両手を広げ、心を開いて、人生のこの日を感謝して受けとめるのです。あなたのことを、私の**友**であり**救い主**であると言えるのはうれしいけれど、あなたは私の**造り主の神**でもあることを忘れてはなりません。聖書は、「万物は御子によって、御子のために造られた」と告げています。あなたの贈り物である今日という日を過ごすのに、あなたがずっとそばにおられるしるしを見つけられるように助け導いてください。そして私の心を整えて、あなたがこうささやくのを聞きとれるようにしてください――「わたしはあなたとともにいて、あなたがどこへ行ってもあなたを見守る」と……。

明るく楽しい日々は、あなたが与えてくださった喜びについてお話しすることができます。感謝することで、**喜び**はますます大きくなるのです！暗くつらい日々には、あなたを信じおゆだねして、あなたの手を握りしめることができます――「わたしがあなたを助ける」というあなたの約束にしがみつくのです。

私の物質的な生活はすばらしい贈り物ですが、私の霊的な生活は、**計《はか》り知れない**価値のある宝物です。私はあなたのものだから、永遠にあなたとともに生きて、病気になることも疲れを感じることもない栄光のからだを楽しむのです。「恵みにより、信仰を通して救われた」かけがえのない贈り物を心から感謝します！

あなたの救いのお名前によってお祈りします、アーメン。

コロサイ1:16、創世28:15、イザヤ41:13、エペソ2:8

９月６日

頼《たの》みとするイエスさま、

「どうか私が、自分の不信仰に打ち勝てるように助けてください！」　私は新たな習慣を――何が起ころうともそれに対して〝イエスさま、「あなたを信じます」〟と言える習慣を学んでいるところなのです。この習慣を定着させるのは容易なことではありませんが、努力する価値は十分あります。あなたへの信仰を確認する習慣は、どんな状況においても**あなた**を見いだすことができるように助けてくれるからです。

私の好きな時間の過ごし方は、あなたがどれほど信頼できるお方であるかを考えること――「あなたのゆるぎない愛」を喜び、「あなたの力と栄光」に思いをめぐらすことです。「あなたがすべてを統《す》べ治めておられる」ことを知っているから、どんな出来事もあなたの**光**を通して見ることができる。そうすると私をがっちりつかんでいた不安も、その手を離すのです。何があってもあなたへの信頼を固く保《たも》っていれば、逆境も成長の機会となります。そしてすべての恵みはあなたのいつくしみの手からあふれ出ることを知って、さらに感謝を深めるのです。

こんなふうにあなたへの信頼を声に出す習慣のおかげで、私はずっとあなたのそばにいられて、あなたとの関係も強められるのです。イエスさま、「私はあなたに信頼しています」。どうかもっともっと信頼できるように助け導いてください！

あなたのゆるぎないお名前によってお祈りします、アーメン。

マルコ9:24、詩篇143:8、詩篇63:2、イザヤ40:10-11

９月７日

「ああ、主イエスさま、

あなたは私の灯《ともしび》。あなたは私の闇を照らしてくださいます」。あなたは私のそばにおられ、私の内にもおられます。「あなたは世の光です」。私は日々、この世界の――そして私自身の心の中の闇に遭遇します。けれども「あなたはすでに世に勝っておられる」ことを知っているから、「勇気を出せる」のです。だから、心を傷つけるような間違ったことばかりを取り上げるのではなく、**あなたを**――輝かしい**勝利者**であるあなたを心の中心に置くことを選ぶのです。

あなたは「平和の道」をともに歩むようにと、呼びかけてくださっています。それでも、私の注意をぐいぐい引っ張って心を乱そうとするものはたくさんあるし、自分の生活に対するきわめて現実的な責任もあります。どうか私の思いをもっともっとあなたに向けて、良いときだけでなくつらいときにも、あなたのもとで**平安**を味わえるように助けてください。確かに、このことを完全におこなうことはできませんが、少しずつ前進することは**できる**からです。イエスさま、あなたに注意を向けていれば、あなたはご自分の無敵の**光**で闇を押し返してくださる！　こんなふうにしてあなたは、「私の闇を、光へと変えてくださる」のです。

あなたの輝かしいお名前によってお祈りします、アーメン。

Ⅱサムエル22:29、ヨハネ8:12、ヨハネ16:33、ルカ1:76、79

９月８日

愛するイエスさま、
あなたが弟子たちに教えたのは、「苦労は、その日その日に十分ある」ということでした。ですから、私にも毎日**なんらかの**問題がふりかかるであろうことは予想できます。どうか私が、日々出会う困難を冷静に確信をもって対処できるように助け導いてください。私には驚きの出来事も、あなたにとっては少しも意外**ではない**ことを思うと安心します。あなたは「初めであり、終わり」であり、すべてのことをご存じだからです！　そればかりか、ずっと私と一緒にいてくださる――苦難の荒波にもまれるときも、私を導き慰めてくださるのです。

「日々、十分な苦労がある」ことは、恵みにすらなり得る――今のことに意識を集中しつづけるようになるからです。私の心は常に忙しく考えていて、いつも何かしら考える課題を探し求めています。もし今日十分に心を占めるだけのものがなかったら、たぶん先々のことまで心配しはじめてしまうでしょう。

私は、どんな困難な問題もあなたと力を合わせて対処すれば、さらにあなたに近づけることを学んできました。私の問題をあなたと**一緒に**取り組めば、自分の処理能力に自信が得られるだけでなく、ずっとあなたのそばにいられるからです。あなたが**ともにいてくださる**喜びほど、大きな恵みがあるでしょうか！

あなたの喜びに満ちたお名前によってお祈りします、アーメン。

マタイ6:34、黙示録21:6、ローマ12:12

９月９日

あわれみ深い神イエスさま、

「あなたが私の歩幅を広げ、私のくるぶしが揺らぐことのないようにしてくださる」ことを知るのは、なんと心慰められることでしょう。あなたがすべてを支配しておられるから、この先何が起こるだろうか、とか、どうすれば対処できるか、などと心配する必要はありません。私の将来に実際に何が控えているか知っているのは**あなた**だけだし、私に何ができるかを完全に理解しているのも**あなたおひとり**だからです。さらにあなたは、いついかなるときにも私の状況を変えることができる――それが徐々《じょじょ》にであろうと、劇的にであろうと……。実際、たった今私が歩んでいる道の幅すらも広げることがおできになるのです。

あなたが私の人生のあらゆる面にどれほど複雑に関わっておられるかを、しっかり理解することができるように助けてください。あなたは常に私のことを気遣って――無用な苦難から私を守るために、私の置かれた状況を微調整してくださっているのです。みことばが「あなたは御《み》もとに逃れるすべての者の盾」であると告げています。私が今学んでいるのは、私たちの冒険の旅における自分の役割はあなたに信頼すること、あなたとの心のふれあいを欠かさないこと、あなたにすべてをゆだねて、喜んであなたと歩みつづけていくことなのです。

あなたは私の人生からすべての苦難を取り除いてくださるわけではありませんが、あなたが私の前を進み、私の道を広げてくださることを感謝しています。これは、あなたが「私を祝福し、私を守ってくださる」多くの道のひとつなのですから……。

あなたの幸いなお名前によってお祈りします、アーメン。

詩篇18:36、詩篇18:30、民数6:24-26

９月10日

かけがえのないイエスさま、

どうか私があなたから目を離すことなく、あなたの偉大さを考えられるように導いてください。あなたと比べればさほど重要ではないことばかりに心がとらわれていると、落ちこみやすいからです。世界のニュースや経済、愛する人たちの問題や自分自身の問題などなど……。この世界は困難なことばかりですが、そうした問題を自分の最重要事項にしたくはありません。あなたがともにいてくださること、「あなたはすでに世に勝っておられる」ことを、どうか私が忘れることのありませんように。あなたは私が呼吸する空気よりも近くにおられるのに、無限の神――「王の王、主の主」であられるのですから。しかも愛に満ちた私の**救い主**であり、誠実な**友**でもある。あなたによって、私に必要なすべてのものが与えられているのです！

あなたの偉大さに対する意識を高める方法の中で、私のお気に入りは、あなたを賛美すること。これは、父なる神、子なる神、聖霊なる神と、すばらしい形で私を結びつけてくれるからです。あなたへの賛美は闇を押し返し、この世界にあなたの光の王国を広げてくれる。詩篇を朗読したり歌ったりしてあなたを賛美することで、恵みを受ける。聖書の真理で心を満たすことで強められ、落胆しない備えができるのです。困ったことが身にふりかかってきたときに決定的に重要なのは、あなたのそばに寄って、あなたがどんなお方《かた》であるかを考える時間をとることです――あなたは、私の**救い主**であり**友**である「全能の」神さまなのですから！

あなたの高められたお名前によってお祈りします、アーメン。

ヨハネ16:33、黙示録19:16、黙示録1:8

9月11日

私の救い主であり神であるイエスさま、

世界がますます安全でなくなってきたように見えるので、私はもっともっとあなたに注意を向ける必要があります。あなたが**いつも**ともにいてくださること、あなたはすでに最終的な勝利をおさめておられることを、私が忘れないように助け導いてください。「私があなたの内にいて、あなたがわたしの内におられる」から、私にはストレスとは無縁の永遠の人生が、天の国に用意されています。そこには不安や悩みのかけらもありません。それどころか、あなたのもとで完全な**平和**と限りない**愛**を享受できるのです。今でも、「栄光の王」であるあなたとのこの輝かしい未来を考えるだけで、**喜び**がこみあげてきます！

この「未来の希望」を思いめぐらすことで力づけられ励まされるから、私はこの深く堕ちてしまった世界で生きつづけていられるのです。私が見たり聞いたり考えたりしたことで不安を感じ始めるたびに、その心配ごとをまっすぐあなたのもとに携えてくるように促《うなが》してください。**あなた**は、何が起ころうとも私を安全に守ってくださるお方であることを知っているからです。私の心が偶像礼拝的な方法に安心感を求めようとしたときは、自分自身にこんなふうに真実を語るように気づかせてください――〝**それ**は、私を安心させてくれるものじゃないよ〟と……。こうすることで私は解放されてあなたに向かい、あなたがどんなお方であるかを考えることができるからです。勝利をおさめた**救い主**であり、私の永遠の**友**でもあるあなたのことを……。あなたによって、私は完全に守られているのですから！

勝利者であるあなたのお名前によってお祈りします、アーメン。

ヨハネ14:20、詩篇24:7、箴言23:18、ヨハネ15:13

９月12日

生きておられる私の主イエスさま、

私はあなたのもとであなたに注意を集中することで、朝露のように私の心と思いとを爽《さわ》やかにしてくださることを切に願っています。手っ取り早い伝達手段に頼るこの複雑化した時代に、なんと多くのものが私の注意を引こうと競い合っていることでしょう。あなたが最初に「静まれ、わたしこそが神であると知れ」と命じてから、世界は大きく変わってしまいました。それでも私は、時を超えたこの真理が自分の魂の安らぎに欠かせないものであることはわかっています。夜の静寂の中で、露が草や花々をみずみずしく生き返らせるように、あなたのそばで静かに時を過ごすことで、新たな活力をいただけるのです。

心が生き返って元気を取り戻すと、何が重要で何が重要でないかを判別することができるようになります。私の心はこのまま放っておくと、取るに足らない事でも簡単に行きづまってしまいます。自動車の車輪が泥にはまって空《から》回りするみたいに、私の脳の歯車もささいな問題にとらわれすぎるとむなしく回転するだけになる。けれどもその問題をあなたと分かち合えば、私の思考はたちまち泥から引き出されて、もっと重要な問題に移ることができるのです。

主イエスさま、どうか私の心にあなたの思いをもっともっと注ぎこんでください。私がずっとあなたとつながっていることができるように……。

心を生き返らせてくださるあなたのお名前によってお祈りします、アーメン。

ヘブル3:1、詩篇46:10、ルカ10:39–42

９月13日

私の避《さ》け所《どころ》であるイエスさま、
　みことばが「あなたは、御《み》もとに身を避ける者すべての盾」であると告げています。私の世界が危険で恐ろしいものに感じられるとき、どうかこの尊《とうと》い約束を思い出せるように助け導いてください。あなたご自身が「御もとに逃《のが》れる**すべての者**」を守ってくださると知っているのは、なんと心慰められることでしょう。あなたは、苦難の只《ただ》中《なか》にある安全な場所なのです。

　あなたに身を避けるには、まず「あなたに信頼して、私の心を御前《みまえ》に注ぎ出さなければなりません」。私は、自分の人生にたとえ何が起ころうと、それは常にあなたへの信頼を言い表すのにふさわしい時であることを学んできました。もちろん、時には自分の心を注ぎ出す時間を取るまえに、現在の状況が要求していることに対処しなければならない場合もあります。それでもあなたへの信頼をささやくだけならできるし、自分の感情をあなたにあらわすのに適した時間と場所を見いだすまで待つこともできます。そして事情が許せば、安全なあなたのもとで自由に話すこともできる。あなたとのこの豊かなふれあいのときは、私に真の救いをもたらしてくれます。そしてまた、あなたとの絆を強め、前へ進む道を見つけるのを助けてくれるのです。

　あなたがどんなときにも私の盾となってくださることは、なんという喜びでしょう。不安を感じたらいつでもあなたに向かい、こう言うことができるのですから――「イエスさま、私はあなたの御《み》もとに身を避けます」と……。

　避け所であるあなたのお名前によってお祈りします、アーメン。

Ⅱサムエル22:31、詩篇46:1、詩篇62:8

9月14日

最愛のイエスさま、
あなたは、私のすべての確信と信頼を置くのにふさわしいお方です！　だからこの世の出来事にびくついたりしないで、あなたを信頼し、この世界にあなたがおられる確証を見いだすことに力を注ぐのです。私が好きなのは、あなたの**お名前**をささやいて、心と思いとをあなたにつなぐこと。「あなたはご自分を呼び求めるすべての人の近くにおられる」からです。どうか私を包みこんで、あなたの**平安**に憩《いこ》わせてください。

あなたがいつくしみ深く誠実なお方であることを、私が忘れることのないように助け導いてください。「あなたのいつくしみは天にあり、あなたの誠《まこと》は雲にまで及びます」。これは、あなたの**愛**には決して終わりがない――限りがなく、永遠に続くということです！　それだけでなく、たとえどんな状況に直面しようとも、私はあなたの「誠《まこと》」の**岩**の上に立つことができるのです。

自分の能力や学歴、成功を頼《たの》みにするのはむなしいことであり、あなたを不快にさせるだけです。どうか私の確信をすべて**あなた**に置くことができるように導いてください。その犠牲の死と奇跡の復活によって、「永遠の栄光」への道を私のために開いてくださった救い主のあなたに！

息をのむほどすばらしいあなたのお名前によってお祈りします、アーメン。

詩篇145:18、詩篇36:5、Ⅱコリント4:17

９月15日

誠実な神イエスさま、

私がやめなければならないのは、まだその時が来てもいないのに自分で物ごとをなしとげようとすることです。どうか私が、一日ずつ生きていくという制約を受け入れられるように助け導いてください。そうすれば、何か注意を引かれることがあったときにいったん立ち止まって、これは私の今日の予定の一部でしょうか、とあなたに訊ねることができるからです。もし予定に入っていなかったら、あなたにお任《まか》せして取り扱っていただき、今日の責務へと進んでいく。これを実践すれば、人生が単純ですばらしいものになることがわかりました。「すべての出来事には定まった時があり」、早まることも遅れることもないからです。

あなたは「ご自分を待ち望む者」にたくさんの恵みを約束してくださっています——「新たな力」と希望の復活、あなたが常にともにいてくださるのに気づくこと……。あなたを待ち望むことで、あなたに深くおゆだねして生き、いつでもみこころをおこなう備えをして、あなたをあがめることができるようになるのです。

あなたのそばで生きることで、私の人生は雑然とした面倒なものではなくなってきました。たとえ、まわりの世界が混乱して手のつけられない状態でも、「あなたがすでに世に勝っておられる」ことはなんという喜びでしょう。「これらのことを私に話してくださった」ことを感謝します。それは、私が「あなたによって平安を得るため」だからです。

あなたのすばらしいお名前によってお祈りします、アーメン。

伝道者3:1-2、イザヤ40:30-31、ヨハネ16:33

９月16日

あわれみ深いイエスさま、

暗い日々を送っているとき――とくにつらい時間を過ごしているときは、その暗さがこのままずっと続くのかと思ってしまいがちです。逆境と闘うことが長くなればなるほど、前方の道も暗く見えてきて、自分がもう一度明るい道を歩むことを想像しにくくなってしまうのです。もうダメだとあきらめて、このまま不幸と一緒に歩いていこうか、とつい思いそうになる。けれどもイエスさま、**あなた**こそが、私の永遠の**道連れ**であることはわかっています。ですから主イエスさま、「あなたが私の闇を照らしてくださる」ことを信じて、あなたにしっかりしがみついていられるように助け導いてください。

今必要なのは、私を押しつぶそうとしている状況にばかりとらわれないで、あなたに目を向け、「あなたが絶えず私とともにいて、私の右手をしっかり握ってくださっている」のを思い起こすことです。闇の中を「信仰によって歩む」ように励ましてくださっていることを……。信仰の目を通してなら、前方にある、今より明るい時を期待してあなたを賛美できます。感謝しつつ、闇の中をあなたとともに歩んでいけば、あなたは私の前の道に「あけぼのの光」を見せてくださるのです。どうか私が、この道を忍耐強く歩んでいくことができるように助け導いてください。微《かす》かな光であっても「しだいに輝きを増して、真昼の光となる」ことを信じて……。

あなたの驚くべきお名前によってお祈りします、アーメン。

詩篇18:28、詩篇73:23、Ⅱコリント5:7、箴言4:18

９月17日

恵みあふれる神イエスさま、

みことばが「あなたの重荷を主にゆだねよ」と告げています。「主があなたを支えてくださる」から、と。私は自分の重荷をずっと背負いつづけてきて、疲れ果ててしまいました！　こんな重い荷に耐えられるほど、私の肩は強くありません。ですから主イエスさま、どうか私の重荷を負って助けてくださるようお願いします。

自分が何かに押しつぶされそうだと気づいたときは、よく調べて、それが私の問題なのか、ほかの誰かのものなのかを判断する必要があります。もしそれが自分の問題でなかったら、手を離して放っておけるからです。**自分の**問題だったら、あなたにお話しして、私がどんなふうに扱うべきかを教えていただくのです。

私は心配ごとがあるといつもそのことばかり考えて、押しつぶされそうな気持ちになります。その重荷をあなたのもとに携えていっておゆだねすることを、どうか私が忘れることのありませんように。あなたの力強い肩ならたやすく背負えることがわかっているからです。自分の重荷をあなたに手渡すことで私の荷は軽くなり、自分を解放してあなたにゆだねて生きる生活を喜んで送れるようになるのです。

主イエスさま、私はあなたが「私を支える」――私を抱き上げて必要なものを与える、と約束してくださっていることに励まされています。「ご自分の栄光の富に応じて、私の必要をすべて満たす」と約束しておられることを喜んでいるのです！

あなたの雄大なお名前によってお祈りします、アーメン。

詩篇55:22、イザヤ9:6、ピリピ4:19

９月18日

力あふれる主イエスさま、

私が「あなたこそ私の力、私の歌」だということを心に刻みつけ、「あなたを信頼して、何も恐れない」ように助け導いてください。あなたを「私の力」とすることの意味を思いめぐらすのは恵みでもあるのです。あなたはこの宇宙を造り出したお方――あなたの力にはまったく限りがありません！　私が自分の弱さに向き合ってあなたにおゆだねするなら、あなたの力はふんだんに私の中に注ぎこまれる。ところが、あなたの力が注ぎこむのを私の恐れが邪魔しかねないことに気がついたのです。そして自分の恐れと闘おうとするのは逆効果であることを学びました。それは、あなたよりもむしろ不安の方に焦点を合わせてしまうから……。そうではなく、「あなたの大いなるいつくしみ」に思いを集中させなければなりません。あなたに信頼して心を通いあわせるなら、限りなく私を強めていただけるからです。

あなたが「私の歌」であり、あなたの喜びを分かち与えてくださることを感謝します。あなたがともにいてくださることに、もっともっと気づくようになりたいのです。「あなたの御前《みまえ》には満ちあふれる喜びがある」からです。ああ、主イエスさま、天の家を目指してあなたと旅することは――そしてあなたの歌を一緒に歌うことは、なんという喜びでしょうか！

喜びに満ちたあなたのお名前によってお祈りします、アーメン。

イザヤ12:2-3、詩篇56:3、哀歌3:22-23、詩篇16:11

９月19日

至高の神イエスさま、

みことばが、「あなたは私に知恵の道を教え、まっすぐな道筋に導いてくださる」と語っています。それでも時々まごついて、前方のまっすぐな道をみつけるのに苦労することがあるのです。いろいろためしてきて、すごく希望がもてるときもありました。ところが、私の希望にあふれた道は、失望につながっていたのです。私の旅がどれほど困難なものであるかを、あなたが百パーセントわかってくださっていることを感謝しています。もっと楽な状況であったらと願ってはいても、あなたは私のすべての闘いから「益となること」を引き出せるお方であることを信じているからです。

どうか私が、自分の人生に何が起ころうともあなたに信頼して「知恵の道」を歩むことができるように助け導いてください。あなたへの確固たる信頼が、正しい道をみつけて進んでいくために欠かせないものであるとわかっているからです。旅を続けていると、行き当たりばったりだったり、間違っているように見えることにたくさんぶつかります。それでもあなたが、そのすべてを「万事がともに働いて益となる計画」――あなたの**総合計画**に組みこんでくださることを信じています。

きっと私には、ものすごく大きな絵のきわめて小さな断片しか見えていないのでしょう。私の狭い視野では、私の旅路は途方にくれるほど曲がりくねっているように見えるからです。でも今は「見えるものによらず、信仰によって歩む」ことを学んでいるところなのです。「あなたがまっすぐな道筋に、私を導いてくださる」ことを信じて……。

あなたの知恵に満ちた偉大なお名前によってお祈りします、アーメン。

箴言4:11、ローマ8:28、箴言20:24、Ⅱコリント5:7

９月20日

すばらしき救い主イエスさま、

私は憩《いこ》いを求めてあなたのもとにやってきました。私の心は人を裁くことが習慣になっているので、それをやめないといけないからです。私はこの状況やあの状況、この人やあの人のこと、時にはお天気さえも裁いてしまうのです。まるで裁くことが自分の務《つと》めだとでもいうように……。けれども聖書が教えているのは、私が何よりもまず「あなたを知って」、あなたと豊かに心を通わせて生きるように造っていただいたことです。裁きを下《くだ》すことに取りつかれてしまったら、あなたの役割を奪うことになるのに……。私がこんな罪深い態度はやめて、あなたに向かいつづけられるように――ともにいてくださるあなたの愛に気づいて、喜んで生きていけるように導いてください。

どうすれば私とあなたとの関係が、**創造主**に対する被造物《ひぞうぶつ》の、**羊飼い**に対する羊の、**王**に対する臣下の、そして「陶工」に対する「粘土」のようになれるか教えてください。私の人生を、もっともっとあなたの望むようにしていただきたいのです。あなたの私に対する扱い方を評価したりするよりも、信頼と感謝をもって受け入れなければならないからです。いくらあなたが親密に接してくださるからといって、自分はあなたと対等だといわんばかりにふるまっていいわけではありません。私の心からの願いは、あなたを「王の王」として賛美しつつ、いのちの道をあなたと手を携えて歩《あゆ》んでいくことなのですから……。

栄光に満ちたあなたのお名前によってお祈りします、アーメン。

マタイ7:1、ヨハネ17:3、ローマ9:20-21、黙示録19:16

9月21日

かけがえのない主イエスさま、

あなたは「インマヌエル――私たちとともにおられる神さま」です。あなたがいてくだされば、すべてにおいて十分なのです！　私の人生においてて物ごとが順調にいっているときは、あなたが十分に与えてくださると信頼することはたやすいです。でも次から次へとつらい目にあうと、時には、あなたの与えてくださるものでは足りないのではないか、と感じてしまうこともあります。そんなとき私の心は、物ごとを改善しなければ、という強迫観念に取りつかれて目いっぱいピッチをあげてしまいがちです。けれども解決策を追求することは中毒になりかねないことに気づきました。あまりにもたくさんの計画や可能性に心がきりきり舞いして、疲れ果ててしまうこともあるからです。

私にとって問題そのものに過度に集中するかわりに必要なのは、「あなたが常にともにおられて」私を気にかけてくださっているのを思い起こすことです。どうか私が、どんなに困難なときでも「あなたによって喜び」、あなたが十分に満たしてくださることを賛美できるように助け導いてください。これは超自然的な反応なので、聖霊さまに頼って力をいただかなければなりません。そしてまた、一日一日《いちにち》、一瞬一瞬、賢明《けんめい》な選択ができるように自分を訓練しなければならないのです。主よ、私は「わが救いの神によって喜び躍《おど》る」ことを選びます。あなたはまさに、すべてにおいて十分なのですから！

すべてを十分に満たしてくださるあなたのお名前によってお祈りします、アーメン。

マタイ1:21-23、マタイ28:20、ハバクク3:17-18

9月22日

愛あふれる主イエスさま、
「私のいのちの日のかぎり、あなたの愛が私を追ってくるでしょう！」だから私は、今日一日を過ごしながら、愛するあなたがともにいてくださるしるしを探すのです。あなたはさまざまな方法で、ご自分を私にあらわしてくださいます。必要なときに示される聖書のことばや、ほかの人たちを通して語られる助言、聖霊さまが整えてくださった**偶然の一致**、自然の美しさなどによってです。私に対するあなたの**愛**は消極的なものではありません。積極的に私のあとを追い、私の人生に飛びこんでくるのです！　どうか私の心の目を開いて、あなたが小さなことにも大きいことにも、数えきれない方法で恵みを与えてくださることを**見る**ことができるようにしてください。

私が願っているのは、あなたの豊かな恵みをただ受け取るだけでなく、注意深く「心にとめて」、大切に「思いめぐらす」ことです。感謝なことに、あなたは私の人生にさまざまな形で現れてくださいます。私が好んでそうした恵みのいくつかを書き記しておくのは、何度も何度もくりかえして楽しめるからです。あなたがともにいてくださるこれらのしるしは私を力づけ、この先の道で遭遇することになるあらゆる困難に備えさせてくれます。「どんな被造物《ひぞうぶつ》も、あなたの愛から私を引き離すことはできない」ことを、私が決して忘れることのないように助け導いてください！

すべてに打ち勝つあなたのお名前によってお祈りします、アーメン。

詩篇23:6、詩篇119:11、ルカ2:19、ローマ8:39

9月23日

私の偉大な神イエスさま、
　私は、「あなたのあわれみは尽きることがなく、朝ごとに新しい」ことを心から感謝しています。だから、あなたに信頼して毎日を始めることができます。あなたの広大な恵みの貯水池があふれんばかりにいっぱいになっているのを知っているからです！　このことを知っているからこそ、長いこと答えの与えられていない祈りをおゆだねして「あなたを待ち望む」ことができるのです。私の願いがあなたに見逃《みのが》されてしまうことなど、これまでただの一度もありませんでした。あなたのもとで待ちながら、あなたの限りない愛と尽きせぬあわれみの泉から心ゆくまで飲むことができるように助けてください。こうした聖なる糧《かて》は、私が自由に得ることができ、私の霊的な健康に欠かせないものなのです。
　私の祈りの多くはまだ答えられていませんが、「あなたの偉大な誠実さ」に希望を見いだしています。あなたはご自分の約束をすべて守ってくださる。あなたの完璧《かんぺき》な時と方法とで……。そして私に平安を与えて、心の悩みと不安を追い払うことを約束してくださいました。もし私が待つことに疲れたときは、あなたも同じように待っておられることを思い出させてください——「私に恵みとあわれみを与えようとして」待っておられるのだと……。あなたが愛をこめて備えてくださったものを私が受け取る用意ができるまで、とどめておかれるからです。あなたのもとで時を過ごしながら、私はこのみことばの約束を喜んでいます——「なんと幸いなことか、主を待ち望むすべての者は」……。
　恵みあふれるあなたのお名前によってお祈りします、アーメン。

哀歌3:22-24、ヨハネ14:27、イザヤ30:18

９月24日

愛する主イエスさま、

どうかあなたの平安を、私のいちばん奥深いところまで注ぎこんでください。あなたの光の中で静かに座って、「あなたの平安」が私の中に満ちていくのを感じていたいのです。これは自分の修練や意志の力で達成できるものではありません。自分自身を開いて、あなたの恵みを受けとることなのです。

この独立・自立の時代に自分の弱さや未熟さを認めることは、自然な感情に反するだけでなく、反文化的でもあります。それでも、あなたが私をともなってこられた道は、どれほど私があなたを必要としているかを際立《きわだ》たせるものでした。私が置かれている状況では、自分の力は不適切で、自分の弱さは火を見るよりも明らかだったからです。そんな乾き切った砂漠を進んでいく中で、あなたはますます私をご自分のそばに引き寄せてくださった。それればかりか、その「焼けつく土地」で驚くばかりのすばらしい贈り物を与えてくださいました。私はこの上なく荒れ果てた場所に、平安の木々が満開の花を咲かせているのを見つけたのです！

あなたは、ご自分が試練や困難な旅路を通して最高のみわざを成就されることを私が信じて、そうした苦難をあなたに感謝するように教えてくださってきました。私は、あなたを必要とすることがあなたを親しく知るための鍵であることを学んでいるのです。それこそが、どんな贈り物にもまさるすばらしい贈り物なのですから！

あなたの比類なきお名前によってお祈りします、

アーメン。

ヨハネ14:27、イザヤ58:11、エペソ5:20

９月25日

優しいイエスさま、

私は疲れきってあなたのもとにやってきました。昨日《きのう》の失敗に押しつぶされそうな気持ちなのです。今悔やむくらいなら、あんなことを決めなければよかったのに……。それでも過去のことは変化の可能な限界を超えているから、元に戻せないことはわかっています。時を超えて生きておられる**あなた**でさえ、この世界に存在する時間の限界を尊重しておられるのですから。だから自分の間違った選択を嘆くことで、力を無駄に使いたくはありません。それよりもあなたに赦《ゆる》されて、自分の失敗から学べるように助けていただきたいのです。

後悔することがあって押しつぶされそうな気持ちのときは、まるで重い鎖で足首を締めつけられているように、自分の失敗をひきずっている気がします。そんなときに効果があるのは、あなたが私を助けに来てその鎖を切り離してくださるのを思い描くこと。あなたはご自分に従う者たちを解放するために来られたのだから、私も「自分は本当に自由になる」という真理によって歩んでいきたいのです！

主イエスさま、私は、あなたが私のあやまちを贖《あがな》い――私を赦し、新たな道に導いてくださることを喜び、感謝しています。自分の失敗についてあなたにお話しするときに必要なのは、「あなたに学ぶ」ことです。どうか、あなたが私に望んでおられる変化を示して「私を正しい道へと導いて」くださいますように。

贖《あがな》い主のあなたのお名前によってお祈りします、アーメン。

マタイ11:28–29、ヨハネ8:36、詩篇23:3

９月26日

勝利されたイエスさま、

たとえ問題があっても、物の見方を向上させてくれるものとして歓迎できるように助け導いてください。人生において物ごとが順調にいっているときは決まった日課をこなせばいいので、うっかりすると夢遊病のような状態で日々を過ごしてしまいがちです。でも障害物が行く手をふさいでいるのにぶつかると、とたんに目がさめてもっと注意するようになるのです。

問題に遭遇してもすぐに解決策がみつからないときは、その状況に対する反応しだいで、自分を引き上げることにも下げることにもなることがわかりました。困難な問題に腹を立て、うらみがましく思って自分をあわれむこともできるけれど、こうしたネガティブな態度は、自分を自己憐憫の穴へ落としこむことになるだけだ、とこれまでの経験が教えてくれたのです。こんな傷つくだけの反応はしないで、その問題を一種のはしごとして見ることもできます。高く登っていって、自分の人生をあなたの視点から見ることができるからです。その高さから問題を見下ろせば、自分を動けなくしていた障害物は「つかのまの軽い苦難」に過ぎないことが見てとれるのです。

ひとたび高い視点から物ごとを見るようになると、困難から視線を外《はず》して、心の底からあなたに向かえるようになります。注意をあなたに集中すれば、「あなたの御顔の光が私を照らし」、「私を祝福して」元気を回復させてくださるのです。

元気にしてくださるあなたの輝かしいお名前によってお祈りします、アーメン。

Ⅱコリント4:17–18、詩篇89:15、民数6:24–25

９月27日

愛あふれる救い主イエスさま、

私は物ごとを考えすぎて、重要でもないことが頭から離れなかったりするのですが、それをやめられるように助けてください。じっくり考えられない状態のときは、とにかく計画を立てなければと思って、実際にはまだ必要でもないのにあれこれ考えて決定しがちです。これは自分の人生を制御するには効果がないし、貴重な時間の無駄遣いでもあることはわかっているのです。いずれにしても結局、気持ちが変わったり、自分が決めたことさえ忘れてしまうこともしばしばあります。計画を立てるのに「時がある」ことはわかっているのですが、明らかにそれは**すべての**時ではないし、大部分の時ですらありません。

私が心から願っているのは、今この時に生きること。ここでは、麗《うるわ》しいあなたがずっと私を待っていてくださるからです。あなたのそばで心と体がみずみずしく生き返るにつれて、あなたの**愛**が私の奥深くまで染みわたっていきます。私の喜びは、あなたに心を集中してあなたの**愛**を受け入れられるように、さまざまな問題は脇に置いて、あなたのもとで心を休めること。「私の魂はあなたに渇いている」のに、自分が本当は何を求めているかに気づかないことがあまりにも多すぎるからです。それは、私に寄り添っていてくださるあなたを意識し喜ぶことなのですから。

主イエスさま、どうか「私を憩《いこ》いの汀《みぎわ》に伴い、私の魂を生き返らせて」ください。愛する者同士は、ほとんど言葉を交《か》わさなくても心を深く通い合わせることができます。それは私の、あなたとの関係においても同じです。私の魂が**愛し慕うお方**との……。

心優しいあなたのお名前によってお祈りします、アーメン。

エペソ3:16-18、詩篇63:1、詩篇23:2-3

９月28日

力強い神イエスさま、

「へりくだる」べき状況で、私の人生を支配する主権者であるあなたが私の上に御手を置いてくださっています。私は押さえつけられ、押しとどめられ、物ごとを変えたくても力不足なことを感じています。これはとても不快な気分なので、私の中には、この状態から逃げ出して少しでも自分の思いどおりにしたいと願う気持ちがあります。それでも、私を「へりくだらせる」この状況は、実は私にとって良い環境なのです。この不快な気持ちが、だらだらと過ごす決まりきった日課から目覚めさせ、**あなた**こそが、私の人生を託《たく》すべきお方であることを思い起こさせてくれるからです。

私は今直面している困難な状況に対して決定的な選択を迫られています。あなたの私への扱い方をうらめしく思って、自分の問題についてぶつぶつ文句を言うこともできるけれど、もっとあなたのそばに近づくこともできる。苦しんでいるときは、どんなときよりもあなたの近くにいる必要があるからです。あなたのそばに寄ってあなたへの信頼を確認すればするほど、「あなたの変わらぬ愛」に希望を見いだすことができます。あなたは、「私があなたを待ち望むときに」、「希望をもって喜ぶ」ように教えてくださっています。あなたのもとには**喜び**が満ちあふれているからです！

主イエスさま、「ちょうどよい時に、あなたが私を高く上げてくださる」ことを信じて、たゆまずあなたに信頼しつづけられるように助け導いてください。そのあいだも私は「いっさいの思い煩《わずら》いをあなたにおゆだねします」。「あなたが私のことを」愛情深く「心にかけて」、ずっと見守ってくださっているのを知っているからです。

あなたの力あるお名前によってお祈りします、

アーメン。

詩篇33:22、ローマ12:12、詩篇16:11、Ⅰペテロ5:6-7

９月29日

思いやり深い主イエスさま、

私は、自分の杯《さかずき》が恵みで満ちあふれていることに気づいて、感謝の心であなたのもとに来ました。感謝することで、あなたをもっとはっきり感じられるし、あなたとの愛に満ちた関係を喜ぶことができるからです。「どんなものも、あなたの愛から私を引き離すことはできない！」ことを、心からありがたく思っています。このようにあなたがずっとともにいてくださると保証されていることが、私の安心と安全の基盤になっているのです。私が不安を感じはじめたらそのたびに、私の安心はただあなたおひとりにかかっていることを思い起こさせてください。そして、あなたが完全に「信頼できる」お方であることも……。

自分の人生の状況を自分自身で支配することはできないのはわかっていますが、今は**あなたの**支配におゆだねして気持ちを楽にすることを学んでいるところなのです。あなたが私に教えてくださっているのは、予測のつく安全な生き方をがむしゃらに求めるよりも、あなたを探し求めて、この上なく深く広くあなたを知ることなのですから。

主イエスさま、私が自分の古いやり方にしがみつくのではなく、**あなた**にしっかりとすがって離れないように助けてください。私は自分の人生を、あなたと分かち合う栄光の冒険の旅として生きたいのです。私の永遠の**友**であり、常に変わらぬ**道連れ**であるあなたと……。あなたはいつも私の内に新しいことをしてくださる。私のあらゆる状況に働いてくださる。だから私に必要なのは、いつも注意を怠《おこた》らずに、あなたが私のために備えてくださったものをひとつ残らず見いだそうとすることなのです。

あなたの驚くべきお名前によってお祈りします、アーメン。

ローマ8:38-39、詩篇56:3-4、イザヤ43:19

９月30日

「私の避《さ》け所《どころ》」であるイエスさま、

あなたは、私のすべての確信と信頼を置くのにふさわしいお方です！　**ある程度の**信頼と確信に値する人や物ごとはあるにしても、**すべて**に値するのはあなたおひとりしかいません。ますます安全さが失われ、予測もつきにくい世界にあって、あなたこそが、私の人生に堅固な礎《いしずえ》を与えてくれる**岩**――「私が逃れることのできる岩」なのです。

あなたが「私の避け所」でいてくださるから、私の安全に対する意識が状況に左右されることはありません。もともと、自分の人生は自分の思いどおりにしたいとがんばってしまうたちですが、あなたは私が**ご自分の**卓越した管理下にあって安心できるように訓練してくださっているのです。あなたは「苦難のときに傍《かたわ》らにある強き助け」であり、常に私の「そばにいて」くださいます。どうか私が、歓迎できない**変化**や気力をなくすような状況に対しても恐れず向き合えるように助けてください。

不安な思いに心の中を我が物顔にうろつきまわらせないように、あなたへの信頼をきちんと声に出して、しっかり捕まえておかなければなりません。捕獲したそれらの思いをあなたのもとに携えて来さえすれば、あなたが服従させて、私に**平安**を与えてくださるからです。みことばが保証してくれているように、「あなたに信頼する人は、安全にかくまわれる」のですから。

あなたの力強いお名前によってお祈りします、アーメン。

詩篇18:2、詩篇46:1-2、Ⅱコリント10:5、箴言29:25

10月

どうか、希望の神が、信仰によるすべての喜びと平安であなたがたを満たし、聖霊の力によって希望にあふれさせてくださいますように。

（ローマ人への手紙15章13節）

10月1日

大切なたいせつなイエスさま、

あなたは私の喜びです！——この言葉を思ったり、ささやいたり、あるいははっきり声に出して言ったとたん、私の人生はすっと明るくなります。あなたはいつも私のそばにいてくださるから、「あなたの御前での喜び」をずっと受け取ることができる。あなたへの信頼と愛をはっきり言い表すことで、あなたに対して心を開くことができるのです。私の救い主である「あなたによって喜ぶ」とき、あなたの光が私を照らし、私の内にも輝き渡る。あなたが私にとってどんなお方であるか、そしてこれまで私にしてきてくださったすべてのことに思いをめぐらすとき、大きな喜びに包まれるのです。

私があなたを信じ従う者となったとき、あなたは人生のいかなる状況も乗り越えられる力を私に与えてくださいました。限りない力をもつ助け主の聖霊さまで満たし、さらには「戻って来て、私をあなたのもとに迎える」ことを約束してくださいました。それは「あなたのおられるところに私もいられるようにするため」です。しかも永遠に！

私のいる世界が暗く見えるときは、必ず「世の光」であるあなたおひとりに目を向ければ視界は明るくなります。あなたのもとで心を休めていると、あなたがこうささやく声が聞こえるようです——〝わたしはあなたを愛している。わたしはあなたの喜びなのだから〟と……。

あなたの麗《うるわ》しいお名前によってお祈りします、アーメン。

詩篇21:6、ピリピ4:4、ヨハネ14:3、ヨハネ8:12

10月２日

栄光の神イエスさま、

「あなたは死を越えて私を導かれる」――この驚くべき真理は、なんと喜ばしいことでしょう！　日々導いてくださるお方は決して私を見捨てることはない、と知っているのはどれほど心慰められることか……。あなたは、私が常に頼ることのできる**不変のお方**。私の前を進んで道を開き、しかもすぐ隣に寄り添いつづけてくださるお方です。「あなたは、私の右の手をしっかりとつかんでくださる。私を諭《さと》して導き、やがて栄光のうちに受け入れてくださる」のです。

私は物ごとを決めるのが苦手なので、時にはほかの人たちに過剰に頼りたくなることがあります。でもあなたは、それよりはるかに良い方法を示してくださっています。あなたは私の**主**であり、私の**救い主**だから、私には「絶えず私とともにいてくださる」完全な信頼と無限の知恵をもつ**指導者**が与えられているのです。「あなたはご自分の真理によって導き、教え」、私が正しく決断できるように備えてくださるのです。

あなたと旅を続けるのに、聖書というすばらしい地図を用意してくださっていることを感謝します。「あなたのことばは、私の足の灯《ともしび》、私の道の光です」。どうか私がこの**光**に従い、**あなた**にお従いすることができるように助け導いてください。あなたこそ、私の行《ゆ》くべき最善の道を知っておられるお方なのですから……。

頼《たの》みとするあなたのお名前によってお祈りします、アーメン。

詩篇48:14、詩篇73:23-24、詩篇25:5、詩篇119:105

10月３日

愛《いと》しいイエスさま、

どうか私が、審問《しんもん》にかけられることはないということを忘れることがありませんように。「あなたに属する者――あなたを救い主として知っている者が罪に定められることは決してない」からです。私は、あなたが十字架で成し遂げてくださったみわざを通して、天の法廷ですでに〝無罪！〟の判決を受けているのですから……。あなたの犠牲的な死と奇跡的な復活によって、私は罪の奴隷の身分から解放されました。あなたの王国でくつろぎ、罪から解放された境遇を味わうことを学びながら、この自由によって喜んで生きていきたいのです。それなのにイエスさま、私はあなたが私のために勝ち取ってくださったこの驚くばかりの自由を生きることに骨折っているのです。

「あなたが私の上にあふれさせてくださった恵み」は感謝してもしきれません。どうか私の心に働いて、あなたの恵みへの感謝が、みこころに従って生きたいという願いをさらに燃え上がらせてくれるように助けてください。もっとあなたの近くで生きるようになればなるほど、みこころがよくわかるようになり、あなたの**喜び**と**平安**をさらに十分に経験できるようになる。あなたをもっと深く親しく知ることで、たとえ苦難の最中《さなか》でもあなたに信頼して、あなたの**平安**を得ることができるのです。しかも「あふれるばかりに感謝する」ことには、私の**喜び**を増し強めるといううれしい**副作用**もあるのですから！

恵みあふれるあなたのお名前によってお祈りします、アーメン。

ローマ8:1、ヨハネ8:36、エペソ1:7-8、コロサイ2:6-7

10月４日

無敵の主イエスさま、
あなたは私の人生の礎《いしずえ》であり中心です。あなたがそうした確固たる土台で——どんなに激しい嵐にもゆるがない私の岩でいてくださることを感謝します。力ある主イエスさま、あなたを賛美いたします！
あなたが私の救い主であり神であることを知るまえは、私には自分の人生を築いていく礎《いしずえ》となるものは何ひとつありませんでした。何か意味のあるものを造り出そうとするたびに、まるでトランプを組み立てた家みたいに、最後にはパタパタと崩れ落ちてしまったからです。あなたなしには、何もかもが結局は「空《くう》の空！」でした。けれどもあなたが私の救い主となられてからは、私はあなたという堅固な岩の上に人生を築いてきました。私が労《ろう》してきたことの中には、うまくいったものもあればいかないものもありました。それでも私には、常に「立つべき確かな岩」が——あなたが私のために備えてくださった土台があるのです。
私は、自分の人生をゆるぎないものにする秘訣は「絶えず目の前にあなたを置く」ことだと知りました。あなたを私の中心に置くとき、自分の人生の道をもっとしっかり歩くことができるからです。競い合って私の注意をあなたから引き離そうとするものは今もたくさんありますが、あなたが常に私の前におられて道案内をしてくださる。前を向いてあなたを見つづけているかぎり、あなたが招いてくださるのを見ることができるのです。一歩一歩、また一歩、天の国までずっと！
雄大なあなたのお名前によってお祈りします、
アーメン。

Ⅱサムエル22:47、伝道者1:2、詩篇40:2、詩篇16:8

10月５日

あわれみ深い救い主イエスさま、

「あなたが私のことを心にかけておられる」と、みことばが教えています。あなたが私のことを気遣ってくださっているのだ、と！　それなのに、悩んでいる状況が好転するどころかさらに悪くなると、まるであなたが私を弱らせようとしているかのように――あなたは実は、私が今経験していることのどれにも関心をもっておられないのではないか、と思いこみそうになるのです。あなたは私の状況を簡単に変えることができるのに、そうしてくださらないじゃないか、と……。

どうか私を落ち着かせて、物ごとを自分の思いどおりにしようとむやみにがんばるのをやめさせてください。自分で自分の問題を解決する方法を考え出そうと不毛な努力をするのは、本当にやめたいのです。あなたのもとで「静まって」、安堵のため息をつきながら、あなたの力強い腕の中に倒れこみたいのです。私には理解できないことがどれほどあろうとも、あなたのもとで安らぎ、あなたの変わらぬ愛に憩《いこ》うことができるからです。

主イエスさま、あなたのなさることは深遠で計《はか》り知れず、あなたのすばらしい愛は決して尽きることがありません。「私はあなたを仰ぎ見、私の救いの神を待ち望みます」。あなたこそ「私の救いの神」――「私に耳を傾けてくださる」神だからです。

あなたの救いのお名前によってお祈りします、アーメン。

Ｉペテロ5:6-7、詩篇46:10、出エジプト33:14、ミカ7:7

10月6日

かけがえのないイエスさま、

どうか私が「希望を抱いて喜ぶ」ことができるように助け導いてください。時おり、自分の人生の状態やこの世界の状況のせいで喜ぶのが難しいことがあるからです。あなたは、「希望」が真の**喜び**を見いだす最善の場所のひとつであることを教えてくださいました。「あなたの招きによる希望」と「あなたによって受け継ぐ豊かな栄光」をもっと十分に知りたいのです。あなたが受け継ぐべきものを私にも分かち与えてくださったことは、なんとすばらしいことでしょう。私をあなたとの共同相続人にしてくださったのですから！

状況に押しつぶされそうになっているときは、必死に希望をつかんでいなければなりません！そうすることで単に生き抜いていくだけでなく、豊かに生きる——喜んで生きることができるからです。

それでわかったのは、希望とは熱気球のようなものだということ。浮き上がる力が強いからこそ、私を悩みごとから高く引き上げることができるのです。そうすることであなたと一緒に天に昇《のぼ》っていくことができる。そこからなら、物ごと全体を高い位置から見ることができます。といっても、この天の旅路に飛び立つためには、まず熱気球の下の吊り籠に乗りこまなければなりません。あなたによる希望は決して私を落胆させることはない、と固く信じて……。

イエスさま、「私はあなたを信じます。不信仰な私を助けてください！」

あなたの高く上げられたお名前によってお祈りします、アーメン。

ローマ12:12、エペソ1:18、箴言23:18、マルコ9:24

10月７日

いつもともにいてくださるイエスさま、

私は今日の冒険に自分自身を完全に託《たく》し、**いのちの道**を大胆に歩みたいのです！　常におられる**道連れ**であるあなたを頼《たの》みにして……。そう確信するのには十分な理由があります。私の人生のすべての日々を、永遠に至《いた》るまで、あなたがともに歩んでくださるからです。

どうか、豊かな生き方を私から奪おうとする恐れや不安に負けることがないように助け導いてください。あなたに信頼して、問題が来るたびにしっかり向き合えますように……。私はもともと、問題が起こるのを予想してあらかじめ備えておこうとするところがあって、自分の人生は自分で制御していたいと空《むな》しい努力を重ねてきました。けれどもあなたは、「信仰の創始者であり完成者であるあなたから目を離さずにいれば」、道の前方にある多くの障害物も、私がそこに着くまでに消え失せる、と教えてくださったのです。

私が不安を感じはじめたら、どうかそのたびに「私の右の手を取って」、あなたがずっとそばにいてくださることを思い起こさせてください。みことばがこう確信させてくれるからです——「高いものも深いものも、そのほかのどんな被造物《ひぞうぶつ》も、あなたの愛から私を引き離すことはできない」と……。

勝利者であるあなたのお名前によってお祈りします、アーメン。

詩篇48:14、ヘブル12:2、イザヤ41:13、ローマ8:38-39

10月８日

喜びをくださる主イエスさま、

どうか私が、祈ることを面倒だなんて思わないように助け導いてください。面倒どころか、私のお慕いするお方である**あなた**と心を交《か》わす手段だと思いたいのです！「あなたを私の喜びとする」ことは、あなたとの心地良いふれあいに引き入れてくれるのですから。私は、あなたが自分にとってどういうお方なのか、そして私のためにしてくださっているあらゆることを思いめぐらして時間を過ごすのが好きなのです。聖書は私に、すばらしい確信を与えてくれています――「あなたは私のことを大いに喜び」、永遠《とわ》に変わらぬ完全な**愛**で愛してくださっていることです。私があなたのもとで憩《いこ》うとき、あなたの優しさに包まれて、こんなにもあなたに愛されているのだと、どうか確信できますように……。あなたは私を決して離しはしないと知っているのは、なんという喜びでしょう！

あなたとお話しするときはまず、私の**救い主の神**であり、愛する**友**であることを感謝すると始めやすいのです。自分の人生や家族に今起こっていることなどを感謝することもできます。こうした感謝の祈りは、私をあなたに結びつけてくれるし、ほかの種類のお祈りもしやすくなります。

私があなたに自由になんでも話せるのは、あなたが私のことや私の状況について何もかもご存じだから。私のあらゆる罪に対する罰をすべて代わりに受けてくださったあなただから、絶対に私を拒んだりはなさらないとわかっているからです。だから私は自由に「自分の心をあなたの前に注ぎ出す」ことができるのです――「私の避け所《どころ》であるあなたに信頼して」……。

贖《あがな》い主であるあなたのお名前によってお祈りします、アーメン。

詩篇37:4、ゼパニヤ3:17、詩篇118:28、詩篇62:8

10月９日

「驚くべき助言者」のイエスさま、
　あなたは、私自身よりもはるかによく私のことをわかっておられます。そのことを知っているから、自分の問題と不安とを抱えて、あなたのもとに助言を求めてやってくるのです。あなたの愛の光の中で、私は本当の自分の姿を見ることができます。しみひとつないあなたの正義の衣《ころも》を麗《うるわ》しくまとった姿を……。あなたの正義がどれほど完全であっても、私が自分や他の人たちの不完全さと闘いつづけていくことになるのはわかっています。この世界で生きていくかぎりは……。けれどもみことばが確信させてくれるのは、あなたと一緒に立っているなら安全だということ。「どんな被造《ひぞう》物《ぶつ》も、あなたの愛から私を引き離すことはできない」のですから。

　あなたはそうした偉大な**助言者**だから、私が真理を悟り、それに従って生きていくのを助けてくださる。だから私は、自分の心配ごとをあなたのところに携《たずさ》えてくるときは正直に自分をさらけだせるのです。「真理を知ることは、私を自由にする」と聖書が告げているように、あなたの「驚くべき助言」が私を罪と恥から解放してくれるからです。

　主イエスさま、あなたはほかの何よりも「あなたを、私の喜びとする」ことを教えてくださいました。あなたがまぎれもなく私のもっとも深い「心の願い」であることは、なんという喜びでしょう。どうか私をずっとあなたのおそばに置いてください。あなたの愛に喜んで気づけるように……。

　喜ばしいあなたのお名前によってお祈りします、アーメン。

イザヤ9:6、ローマ8:39、ヨハネ8:32、詩篇37:4

10月10日

私のイエスさま、

あなたは私の悩みをひとつ残らず知っておられます。「私の涙をすべて集めて、ご自分の革袋に蓄《たくわ》えてくださっている」のです。だから私が涙を――いいえ、涙の原因となる困難を恐れることがないように助け導いてください。私の問題が偶発的なものや無意味なものではないことはわかっています。あなたに信頼し、あなたがあらゆるものを支配しておられることに慰めを見いだすよう教えてくださっているからです。あなたが何もかも承知の上でなさっていることは疑う余地がありません！

あなたの視野は時間や空間に制限されることなく無限だから、この世界にどのようにみわざをおこなわれるかは私の理解をはるかに超えています。もしも私があなたの**神**の視点から物ごとを見ることができたら、あなたのみこころの完全さに驚嘆し、あなたの**栄光**に歓喜することでしょう。けれども「今は、鏡にぼんやり映ったものしか見えていない」ので、わからずにいることを受け入れて生きていかなければならないのです。

あなたは「私の涙をご自分の革袋に蓄えておられる」ことを私に確信させ、ご自分にとって私がどれだけかけがえのない存在であるかを教えてくださっています。そして聖書も、いつの日か「あなたが私の目から涙をことごとくぬぐい去ってくださる。もはや死はなく、悲しみも嘆きも痛みもなくなる」ことを約束しています。私を待っている天の国での輝かしい未来は、いったいどれほどの喜びに満ちたものでしょうか！

勝利者であるあなたのお名前によってお祈りします、アーメン。

詩篇56:8、Ⅰコリント13:12、黙示録21:4

10月11日

愛するイエスさま、

目の前の難題に心がくじけそうになったとき、その重荷をやっかいな責務というよりも特権として見られるように助けてください。これまであなたは、私の**やらねばならぬ**的考え方を、**やればできる**式取り組み方へと換える訓練をしてくださってきました。このことは、私の物ごとの見方を根本から変えて、単調な骨折り仕事を喜びに変えることがわかったのです。これは魔法や奇術などではなくて、なすべき仕事であることに変わりはありません。けれどもこうして私の見方が変わると、手強《てごわ》い仕事にも喜びと自信をもって取り組めるようになるのです。

今学んでいるのは、仕事に取りかかるには忍耐力が欠かせないことです。疲れてきたり、自信がなくなってきたときは、〝私はこれを**やるんだ**!〟と自分に言い聞かせなければなりません。それを成しとげるために必要な強さと能力とをあなたが与えてくださっていることを感謝できるし、感謝することで心のもやもやが晴れて、さらにあなたに近づくことができるからです。

あなたのもとでじっくり物ごとを考える――問題を熟考し、解決法を探すとき、どうか私の心を導いてください。私の願いは、「何をするにも、あなたに対してするように、心からおこなう」ことなのですから……。

すべてを変えてくださるあなたのお名前によってお祈りします、アーメン。

コロサイ4:2、ピリピ4:13、コロサイ3:23

10月12日

私の宝物イエスさま、
どうしたら「明日のことを心配せずに」、今をもっと十分に生きることができるか教えてくださ い。私が心から願っているのは、あなたのもとで過去形でも未来形でもない現在形で生きること、**あなた**を人生において追い求めるいちばん大切なものとすることです。これは私にとってかなりの努力がいります。計画を立てることと心配することとは、私には実に自然なことだからです。

どうか私が心配したくなる誘惑に打ち勝てるように助け導いてください。私が生きているのは、こんなにも堕落した——罪と争いだらけの世界です。少しでも気をゆるめたら不安にさせられてしまう物ごとに絶えず直面しているのです。けれどもみことばは、「その日の苦労は、その日だけで十分である」と言っています。あなたは、私がその日一日に出会う労苦の量を注意深く調整してくださっています。私がどのくらいまでなら対処できるかを正確にご存じだからです。それだけでなく、常に私のそばにいて、私を力づけ、励まし、慰めようとしておられるのです。

私は、豊かに生きるためのもっとも効果的な方法はあなたに寄り添って歩みつづけることだ、と知りました。私に必要なのは、自分の思いがさまよい出すたびにあなたのもとに引き戻すこと。「あなたは私のことを大いに喜び、高らかに歌って私のことを喜んでくださる」ことを知っているから、あなたのもとに喜んで戻ってこられるのです。

喜びにあふれたあなたのお名前によってお祈りします、アーメン。

マタイ6:34、イザヤ41:10、ヨハネ10:10、ゼパニヤ3:17

10月13日

生きておられる私の神イエスさま、

私は恵み深いあなたのもとに、この日の一歩一歩を導いてくださるようにお願いにきました。あなたが**光**を与えてくださるのは一度に一日だけ、とわかっているからです。先々のことに目を向けようとするたびに、自分が闇の中をのぞきこんでいることに気づくのです。「あなたが御顔を私に照らしてくださる」のは、今のこのときだけなのですから！　**ここ**にこそ、消すことのできないあなたの変わらぬ**愛**――「母親と乳飲み子」の絆よりも強い愛を見いだすことができるのです。「たとえ女たちが自分の乳飲み子を忘れても、あなたが私を忘れることはありません！」　みことばが、「あなたは私を、ご自分の手のひらに刻みつけてくださった」ことを保証しているからです。

私が望むのは、「人知をはるかに超えたあなたの愛を、経験を通して実際に知ることができるようになる」ことです。主イエスさま、これはきわめて高い目標なので、私の内に住んでおられる聖霊さまに助けていただかなければなりません。聖霊さまは、あなたの限りない**愛**を経験する力を私に与えてくださるお方だからです。私が願うのは、「あなたの満ちあふれる豊かさにまで自分が満たされる」こと。「すべてあなたに満ちあふれる体《からだ》になる」ことなのです！

あなたの聖なるお名前によってお祈りします、

アーメン。

10月14日

主イエスさま、

今、私の心を支配しようとして強力な戦いが進行中です。天と地が私の頭の中で交差し、私の思考を引き寄せようとするどちらの領域の影響も感じられるのです。主イエスさま、私を創造するときに、天の国を前もって垣間見《かいま》ることのできる力を与えてくださったことを感謝します。気を散らすものを締め出し、あなたに心を集中するとき、あなたとともに「天上で座《ざ》に着く」喜びを味わうことができるのです。このことは、あなたに属するものとなって御顔《みかお》を求める者だけに与えられるすばらしい特権です。あなたは私の内に、あなたと心を交《か》わして時を過ごしたいという強い願いを注ぎこんでくださいました。あなたとあなたのことばに集中すれば、聖霊さまが「いのちと平安」で心を満たしてくださるのです。

この世界は、私の思いを引きずりおろし堕落させようとねらっています。メディアは皮肉や嘘、強欲や肉欲の爆弾を浴びせてきます。こうしたものに直面するときに、善悪を見分けて自分を守る力をお与えください。この世界の荒野《あらの》の中を歩むときは、ずっとあなたとつながっていなければなりません。どうか、悩み惑《まど》いたくなる誘惑に抵抗できるように助け導いてください。それは私に重くのしかかり、あなたがともにいてくださることに気づかなくさせる世俗的な思いの一種だからです。私の心にひっきりなしに挑みつづけてくる戦いに対する注意を、私が怠ることのありませんように……。ああ、主イエスさま、戦いから永遠に解放される天の国での暮らしがどれほど待ち遠しいことでしょう!

あなたの力強いお名前によってお祈りします、アーメン。

エペソ2:6、ローマ8:6、Ⅰペテロ5:8

10月15日

王の王なるイエスさま、

私は、安らぎと元気の回復を求めてあなたのもとにやってきました。あなたに心を集中して時間を過ごすことで、力づけられ励まされるのです。主イエスさま、「天と地にあるすべてのものを造られた」あなたと、自分の家でくつろぎながらふれあえるのは、なんと驚くべきことでしょう。

地上を支配する王族は、人をたやすく近づけようとはしないので、一般の市民はめったに拝謁《はいえつ》することはできません。たとえ地位の高い人でも、王と話すためには面倒な手続きを突破しなければならないのです。**あなた**は、この広大で荘厳《そうごん》な宇宙の**王**でありながら、いつでも私と会ってくださる。なんという喜びでしょうか。

あなたがどんなときにもどんな状況においてもともにいてくださることを、私が忘れることのないように助け導いてください。あなたの愛から私を引き離すことのできるものなど**何ひとつ**ないのですから！　あなたが十字架の上から「『成し遂げられた！』」と叫んだとき、「神殿の幕が上から下まで真《ま》っ二《ぷた》つに裂けました」。これによって、私が儀礼や祭司の介在をまったく必要とせずに、あなたと「顔と顔を合わせて」会える道が開けたのです。「王の王」であるあなたが、常に変わらぬ私の**道連れ**でいてくださるのは、なんとすばらしいことではありませんか！

王であるあなたのお名前によってお祈りします、アーメン。

コロサイ1:16、ヨハネ19:30、マタイ27:50-51、Ⅰテモテ6:15

10月16日

私の造り主イエスさま、

あなたがともにいてくださることにさらに気づくようになって、自分の進むべき道を見分けるのが楽になってきました。主イエスさま、これはあなたのそばで生きることの実際的な恩恵のひとつです。前方の道には何があるのかとか、もしもこうなったらどうすべきかとか、いつそうすべきかとか、あれこれ思いわずらわずに、あなたと心を通わすことに集中できるからです。ひとたび選択した地点に実際に到達したら、あなたにおゆだねしてどの方向に進むべきかを教えていただけるのですから……。

実を言うと私は、時々、将来の計画や決定で頭がいっぱいになって、今選択しなければならないことを見失うことがあります。自分でしっかり考えずに、自動運転装置にまかせてその日その日を送ってしまう。しばらくこんなふうな暮らしをしていると、人生にどんよりした鈍《にぶ》さが忍びこんでくる。夢遊病者のように日々を送って、歩き疲れたお決まりの道をたどることになるのです。

「天と地を創造された」あなたは、想像もつかないほどの創造力に長《た》けたお方です！　深いわだちのついた道で空回りする私を、そのまま放っておいたりはなさらないことを感謝します。それどころか、新たな冒険の旅路に導き、私が知らなかったことを明らかにしてくださるのです。

どうか私がずっとあなたとつながっていられるように助けてください。私を導いてくださるあなたに、従いつづけられるように……。

息を呑むほどすばらしいあなたのお名前によってお祈りします、アーメン。

詩篇32:8、創世1:1、イザヤ58:11

10月17日

愛に満ちた救い主イエスさま、

私には、安全の保障を間違った場所に――この壊れかけた世界に求める傾向があることを告白しなければなりません。自分の人生を制御するために必要なことのチェックリストを心の中に書きとめたり、実際に書き出したりしているのですが、めざしているのはリストのすべてに終了の印をつけて最終的に安心できること。それなのに、この目標を達成しようとがんばればがんばるほど、リストにあげることが出てくる。努力すればするほど、挫折感《ざせつかん》でいっぱいになってしまうのです！

あなたは、この人生に安心安全を見いだすことのできるはるかに良い方法を教えてくださいました。私に必要なのは、自分のチェックリストを細《こま》かく調べるよりも、「あなたのことを考える」こと――あなたがともにいてくださるのを喜ぶことです。聖書は、私がずっとあなたに心を集中していれば「全《まった》き平安のうちに守ってくださる」と告げています。それだけでなく、あなたとふれあうことで、何が重要で何が重要ではないか、今何をすべきかすべきではないかを選《え》り分けるのを助けてくれるのです。

主イエスさま、どうか私が「見えるもの――自分の置かれている状況にではなく、見えないものに」――あなたの愛に「目をとめる」ことができるように訓練してください。

あなたの比類なきお名前によってお祈りします、アーメン。

ヘブル3:1、イザヤ26:3、Ⅱコリント4:18

10月18日

雄大な救い主イエスさま、

あなたによって得られる**喜び**は、私の置かれている状況には左右されません。私があなたから引き離されることは決してないし、「あなたの御前には喜びが満ちあふれている」からです！　今日の道を歩むとき、私は、目には見えなくてもあなたが確かにおられるしるしを探すのです。時には、紛《まぎ》れもない完璧《かんぺき》な方法で私とふれあってくださることもあります。これは**偶然**と呼ばれてはいますが、明らかにあなたの御手のわざによるものです。また、もっと微妙な形であなたを垣間《かいま》見られる時もあります。これはたいていあなたとふたりだけで親しく過ごすときなので、ほかの人は気づきもしません。それでもこうした繊細なしるしは、私に深い**喜び**をもたらしてくれるのです。

私が注意深くなればなるほど、日々の細々《こまごま》したところにもっとあなたを見いだすことができるようになります。ですから、私が常に注意を怠《おこた》らないように――あなたがともにおられる喜ばしいしるしを注意深く探しつづけられるように助けてください。

私は、自分の心と思いをみことばで満たしたいと願っています。そこには、あなたがもっとも明確にご自身を現しておられるからです。あなたの約束が私の思いの中に染みわたれば、ずっとあなたのそばにいることができます。あなたがみことばを通して、私に語りかけてくださるのを聞くのはなんという喜びでしょう――「わたしの声を聞きなさい。わたしはあなたを知っており、あなたはわたしについて来る。わたしはあなたに永遠のいのちを与える。誰もあなたをわたしの手から奪うことはできない」と……。

無敵のあなたのお名前によってお祈りします、

アーメン。

詩篇16:11、エレミヤ29:13、ヨハネ10:27-28

10月19日

「わたしの神、主イエスさま、
あなたは私の力です！」「あなたは私に」、栄光の主であるあなたとともに、「高い所をも歩ませてくださいます」。けれども私は高みをめざすこの長旅で、時おり、次の一歩を踏み出せないように感じることがあるのです。前方に目をやると、とても登れそうにないような険しい山々が見えます。「しかし、あなたは絶えず私とともにいて、私の右手をしっかりつかんでくださる。助言を与えて導き」、そうした高き峰々をきわめる最良の方法を見つけるのを助けてくださるのです。

あなたとの旅はなかなか大変で、時にはへとへとに疲れることもあります。忍耐力競争など及びもつきません。それでもあなたが常にともにいてくださるという事実は、どんなにつらい登攀《とうはん》も喜びで満たしてくれます！　だから私は、あなたが私のために用意してくださったすべての喜びを見つけようと心がけているのです。でもどんな喜びをみつけたとしても、いちばんすばらしい宝物は、私の最愛の道連れであるあなたです。

私は、高い所というのは今登っている山の頂上を指しているのだとずっと思っていました。けれども、足を止めて自分の旅が始まった場所を振り返ると、もうすでにずいぶん遠くまで来たのを見ることができます。ほっとくつろぐ時間を取って、愛をこめてあなたを見つめるとき、自分が「あなたの栄光」に包まれているのを感じるのです！

栄光の主であるあなたのお名前によってお祈りします、アーメン。

ハバクク3:19、詩篇73:23-24、ヘブル1:3

10月20日

あわれみ深いイエスさま、

私は安全を求めるのに、ひたすら**あなた**に頼りたいと願っています。個人的な思いでは、自分の世界は自分で支配したいと思ってがんばってきました。そうすればあらかじめ予想がつくので安心していられるからです。ところがこれは、不可能な目標であること、そして私の霊的な成長にも逆効果であることに気がつきました。

どうか私がもっともっとあなたに頼ることを学べるように助け導いてください。とくに私の私的な世界が不安定に感じられるときには……。なんとかまた制御できるようにとやっきになるかわりに、私に必要なのは、支えてくださるあなたの手をしっかり握りしめること――あなたに頼ることを意識して生きることです。

私はこれまでずっと、問題とは無縁の生活を熱望してきました。ところがあなたは、「試練にあう」ことであなたがともにおられることをはっきり意識できるのだと教えてくださったのです。苦難の闇の中に「御顔の光」がまばゆく輝き渡り、励ましと慰めの光を放ってくれるからです。

どうか私が、自分の人生における問題を有益なものとみなして、「さまざまな試練にあったときはいつでも、この上ない喜びと思える」ようにしてください。たとえ何が起ころうとも、私はいつも喜ぶことができるのです。永遠に問題から解放される天の暮らしが私を待っていてくれるのですから！

あなたの驚くべきお名前によってお祈りします、アーメン。

詩篇139:9-10、ヤコブ1:2、ピリピ4:4

10月21日

私の誠実な神イエスさま、

私はこの日、助けと慰めと心のふれあいを求めて「あなたを仰ぎ見ています」。あなたがいつも私の隣にいてくださるのを知っているから、ちらっと見るだけでもあなたと心を通わすことができるのです。助けを求めてあなたを見上げれば、それはあなたのもとからふんだんにあふれ出てきます。大きなことだけでなく、ささいなことでも、絶えずあなたを必要としていることに気づくように教えてくださっているのです。

　私に慰めが必要なとき、あなたは愛をこめて抱きしめてくださる。私が慰められるだけでなく、私を通してほかの人たちを慰める水路にもしてくださるのです。その結果、私が受ける恵みは二倍になる。あなたの慰めが私を通してほかの人々に流れこむとき、その恵みの一部を私も受けられるからです。

あなたが常にともにいてくださることは、驚くばかりの贈り物です！　あなたに目を向ければ、あなたが私の、誠実で愛にあふれた真《まこと》の道連れでいてくださるのがわかります。人生においてどれほどの喪失を経験しようとも、私にはわかっているのです――「どんな被造物《ひぞうぶつ》も、あなたの愛から私を引き離すことはできない」ことを！

　慰めを与えてくださるあなたのお名前によってお祈りします、アーメン。

詩篇105:4、詩篇34:5、Ⅱコリント1:3-4、ローマ8:38-39

10月22日

栄光のイエスさま、

あなたは私の確固たる礎《いしずえ》。私はその上で歌い、踊り、あなたの栄光を賛美することができるのです！　このかけがえのない贈り物を、あなたからの高く聖なる招《まね》きとして受け取ります。あなたの栄光をあがめ、あなたとのふれあいを楽しむことは、きちんとまとまった生活を維持するよりもはるかに重要であることを教えてくださったからです。それなのに私は生まれつき、何もかも自分の思いどおりに運ぼうとがんばってしまうところがあります。それは不可能なことであるだけでなく、「あなたの尽きせぬあわれみ」を傷つけるものでもあることを、私が理解してやめることができるように助けてください。

あなたはご自分の子供たちを、ひとりひとり個人的に導いてくださいます。だから私にとって、みことばと祈りを通してあなたに耳を傾けることが、進むべき道を見いだすために絶対に欠かせないのです。どうか私を待ち受ける日々への備えをさせ、正しい方向を指し示してください。あなたがずっとともにいてくださるのだから、不安におびえる必要などありません。不安につけまわされることがあっても、しっかりあなたの手をつかんでいるかぎり、なんの危害も加えられないのですから。びくびくおびえることなく、あなたに信頼して自分の道を歩んでいきたいと思います。あなたがそばにいてくださる平安を楽しみながら……。

あなたの気高く聖なるお名前によってお祈りします、アーメン。

詩篇5:11、哀歌3:22-23、ユダ24-25節

10月23日

恵みあふれるイエスさま、

「私は、あなたの満ちあふれる豊かさの中から、恵みの上にさらに恵みを受けました」。「この恵みにより、あなたを信じる信仰を通して救われたのです」。この驚くべき贈り物である救いの賜物のことを思いめぐらしながら、あなたを賛美します。これは「行いによるのではなく」、完全な贈り物なので、私の救いがゆらぐことは絶対にありません！　私のすべきことは、この貴重な賜物を、あなたが与えてくださったことを信じる信仰によって、ただ受け取るだけです。あなたの血の代価によって買い取られた限りなく高価なこの宝物は、どれほど喜ばしいことでしょう。

私は「あなたの驚くべき豊かさの中から」さまざまな恵みがあふれ出るのを見てきました。私の罪悪感も、あなたの赦《ゆる》しのあたたかな光の中で溶《と》けて消えました。「神の子どもとなる特権」は、私の人生に意味と目的とを与えてくれているのです。ほかの人たちとの関係も、あなたが与えてくださった愛と赦しをもってつきあうにつれて良くなっています。

ああ、主イエスさま、あなたのすばらしい恵みに思いをめぐらすとき、私の心をあふれるばかりの感謝で満たしてください。自分の人生における豊かな恵みについて考え、あなたに感謝するために時間を費やすことを思い起こさせてください。そうすることで、私の心に〝恩知らずの雑草〟がすぐにはびこるのを防ぐことができるからです。心が「感謝に満ちあふれる」ように、どうか導いてください！

あわれみ深いあなたのお名前によってお祈りします、アーメン。

ヨハネ1:16、エペソ2:8-9、ヨハネ1:12、ヘブル12:28

10月24日

力強い救い主イエスさま、

みことばが、あなたが私とともにいてくださるだけでなく「私の味方である」ことを保証しています。あなたのみこころに従う行動をとろうと決意するとき、私を妨げることのできるものは何ひとつありません。だから私は、自分の目標に向かって進むときに、どれほど多くの障害にぶつかってもあきらめないのです。あなたと歩む旅路にはたくさんの浮き沈みがあることはわかっていますが、「あなたの助けがあれば」、どんな障害にも打ち勝つことができるのです。「常に傍《かたわ》らにある助け」である「あなたに不可能なことは何ひとつない」という驚くべき事実に、どれほど励まされることでしょう！

私は、自分の人生におけるストレスの多くは、まだその時が来てもいないのに事を起こそうとするせいであることに気づきました。あなたはさまざまなかたちで主権を行使されますが、物ごとの起こるタイミングもそのひとつです。私は時おり辛抱《しんぼう》しきれなくなったりもしますが、自分の人生行路をずっとあなたのそばにいて、何をするにも**あなた**のやりかたでおこないたいと心から願っているのです。あなたが私に進むように望んでおられる旅路の一歩一歩を、どうか導いてください。目的地に向かってがむしゃらに突進するのではなく、あなたに歩調を定めていただきたいのです。歩調をゆるめれば、あなたを道連れとしてたどる旅路を、もっともっと楽しむことができるのですから……。

あなたの輝かしいお名前によってお祈りします、

アーメン。

ローマ8:31、詩篇18:29、詩篇46:1、ルカ1:37

10月25日

ゆるぎない主イエスさま、

私が心から願っているのは、あなたとのふれあいを欠かすことなく、信頼の道をさらに着実に歩むことです。あなたは、私の人生行路においてA地点とB地点を結ぶ最短のルートは、ご自分にゆるぎない信頼を寄せる道であることを教えてくださいました。信仰がぐらつくと、いつも決まって曲がりくねった道を選び、本道から外れてしまうからです。あなたがすべてを支配してくださっているので、最終的にはなんとかB地点にたどりつくのですが、自分の不信仰の結果として貴重な時間と体力を失ってしまいます。自分が信頼の道からさまよい出ていることに気づいたら、すぐさま〝イエスさま、「あなたに信頼しておゆだねします」〟と、ささやかなければなりません。こう断言するだけで、元の道に戻ることができるのです。

不信仰の道をさまよえばさまようほど、あなたがともにいてくださることを思い起こすのが難しくなります。不安な思いはあらゆる方向に枝分かれして、ますます私を引き離してあなたに気づけなくさせてしまうのです。道からそれずにいるためには、あなたへの信頼をたびたび声に出さなければなりません！ このちょっとした信仰の行為が、あなたと足並みをそろえて歩きつづけさせてくれるのです。どうか私が「心を尽くしてあなたに信頼する」ことができますように……。「私の進む道筋をまっすぐにしてください」

頼もしいあなたのお名前によってお祈りします、

アーメン。

イザヤ26:4、詩篇9:10、詩篇25:4、箴言3:5-6

10月26日

優しいイエスさま、

私はもともと、物ごとが自分の思いどおりにいかないとうろたえてしまうところがあります。そんなときは、今やっていることを中断して「あなたの御顔を尋《たず》ね求める」――あなたのもとで少しでも時間を過ごすことを楽しめるように助け導いてください。あなたは私が挫《ざ》折感《せつかん》を抱いている問題についてお話しすると、ご自分の視点から物ごとを見るように導いて、何が本当に重要かを見分けられるようにしてくださいます。そして私があなたに信頼して、あなたと心を交《か》わしながら先へ進んでいくにつれ、私の前方の道を切り開いていってくださるのです。

実を言うと、私の不満の背後に潜《ひそ》んでいる元凶は、自分の思いどおりにしたいという強い欲求なのです。自分で日々の計画を立て、ほかの人たちがその計画を邪魔しないようにふるまうことを期待する。けれども私が心にとめておかなければならないのは、支配しておられるのは**あなた**だということ。「天が地よりも高いように、あなたの道は私の道よりも高い」ことです。失敗したり、他人《ひと》に邪魔されたりしても動揺しないで、自分自身に思い出させたいことがあります。それは、あなたこそすべてを支配する神であり、私はあなたに愛され、あなたにお従いする者だということです。どうか私が「あなたの変わらぬ愛に信頼して」、自分の計画を、あなたの限りなく賢明《けんめい》な**総合計画**に喜んで従属させることができるように助け導いてください。

あなたの驚くべきお名前によってお祈りします、アーメン。

詩篇27:8、イザヤ55:9、Ⅱサムエル22:31、詩篇13:5

10月27日

私の偉大なる神イエスさま、
どうすればあまり深刻にならずに問題に取り組めるか教えてください。何かの問題に思いが向かうと、ついその状況にのめりこんであなたを見失ってしまいがちだからです。その困難をすぐさま克服しなければならないと自分を駆り立て闘おうとする。私の心は臨戦態勢に入り、体は緊張し、不安がつのる。全面的な勝利を達成できないかぎり、敗北感に陥《おちい》ってしまうのです。
でも、それよりずっと良い方法があることはわかっているのです！　何か問題が起きてそれが私の思いに影を落としはじめたら、すぐにあなたのもとに携えていってあなたに相談し、「あなたの御顔の光の中で」検討するように、私に促《うなが》してください。そうすることで自分自身と気がかりな問題とのあいだに必要な間隔をあけ、もっとあなたの視点から見られるようになるからです。時には、取るに足らないことに深刻になりすぎていた自分を笑っておしまいになることも……。
「私には、この世で苦難がある」ことはわかっています。でもそれよりもっと重要なのは、私にはいつも**あなた**がともにいて、どんなことに遭遇しても対処できるように備えてくださっていることです。私が自分の問題をあなたの照らしてくださる**光**の中で見て、明るく軽《かろ》やかに取りかかれるように助け導いてください。
光り輝くあなたのお名前によってお祈りします、
アーメン。

ルカ12:25-26、詩篇89:15、ヨハネ16:33

10月28日

約束を守ってくださる主イエスさま、あなたが永遠に私の手を握りしめていてくださることはなんと驚くべきことでしょう。あなたの**愛**が私の手を放すことは絶対にないからです！

私の生きている世界はいろいろな面で予測がつかないし、安全ではありません。あたりを見回すと、破られた約束の残骸《ざんがい》があちこちに散らばっています。

ありがたいことに、あなたの**愛**の約束が破られることは**決して**ありません。「たとえ山々がゆらぎ、丘が移ろうとも、あなたの私への愛が変わることはない」からです。この聖句が描き出す光景はなんと恐ろしい状況でしょう――「山々がゆらぎ、丘が見えなくなっていく」。それでも、たとえ**何が**起ころうとも「あなたの愛がゆらぐことはありません」。私はその上に、自分の人生を築くことができるのです！

私にとって、あなたの**愛**を完璧《かんぺき》に受け入れることが難しいのは認めなければなりません。どうか「御霊により、力をもって私を強めてくださいますように」。そして「あなたの私への愛が、どれほど広く長く高く深いものであるかを真に悟る」ことができるように導いてください。イエスさま、私は「人の知恵をはるかに超えたあなたの愛を知る」ことを心から願ってやまないのです！

どうか、私が欠点だらけの自己イメージから解放され、自分のことをあなたがご覧になっているとおりに見ることができるようにしてください――「正義の上着をまとい」、あなたの**愛**の光に包まれて輝いている姿を……。

あなたの正義のお名前によってお祈りします、アーメン。

イザヤ54:10、エペソ3:16-19、イザヤ61:10

10月29日

かけがえのないイエスさま、

どうか私が今日一日ずっとあなたのことを思って、一足一足歩んでいけるように助けてください。あなたが「いつも私とともにいてくださる」ことはかけがえのない約束であり、守られているという安心感を与えてくれます。復活されたあと、あなたはご自分に従う者たちにこう言って安心させました――「わたしは世の終わりまで、いつもあなたがたとともにいる」と……。この約束はあなたに従う**すべての人**のためのもの。私も、そのうちのひとりなのです！

あなたと旅を続けていて、あなたがともにいてくださることこそが、絶対に欠かせない力強い守りであることを見てきました。人生の道を歩んでいくと、すぐ近くに数えきれないほどの落とし穴があります。自分の真《まこと》の道からほんの数歩でも離れてしまえば、そこには自己憐憫と絶望の落とし穴や、高慢やわがままの台地が待ちかまえています。さまざまな声が私の注意を引き、自分の道に引きずりこもうと競《きそ》っています。もしも私があなたから目を離してほかの誰かの道をたどるようなことがあったら、間違いなく危険に陥《おちい》ってしまうでしょう。いくら仲の良い友人たちでも、私の人生におけるあなたの場所を奪い取らせるようなことになったら、私を道に迷わせかねません。

どうすればあなたを心の中心に置きつづけ、「いのちの道」からそれずにすむかを教えてくださって感謝します。あなたが私を愛してともにいてくださるのを知ることは、私を守る**だけでなく**「満ち足りた喜び」ともなるのです！

慰め守ってくださるあなたのお名前によってお祈りします、アーメン。

マタイ28:20、ヘブル12:1、詩篇16:11

10月30日

あわれみ深いイエスさま、

あなたこそ、私をずっと安全に守ってくださるお方です。私はもともと自分の考えや計画にひどく頼ってしまうところがあります。まるでそれが自分の安心の保証になるとでもいうように……。何か心配になりはじめると、解決策を探し、安心感を求めてがむしゃらに心を酷使しはじめてしまうのです。そのあいだもずっと「あなたは私とともにいて、私の右の手をしっかりとつかんでくださっている」のに……。どうか私が、いつもあなたがともにいてくださることを忘れずに、あなたを頼《たの》みにできるように助け導いてください。

「自分の心に頼るのは愚かな者」だから、私は「知恵によって歩みたい」。ずっと私を安全に守ってくださるあなたにおゆだねしたいのです。聖書はあなたの教えとして、自分自身やほかの人々よりもあなたに信頼するように告げています。あなたは常に「知恵をもって私を導こう」としておられるから、私は、自分の心配ごとをすべてあなたのもとに携《たずさ》えてくることができるのです。時には自分の祈りを書き出すことで、考えをはっきりさせることができます。とくに、気持ちが混乱しているときは……。

私があなたのもとで待ち望み、あなたとみことばに集中しながら、自分の心を導いてくださるようお願いするとき、どうか前に進む道を示してください。〝イエスさま〟とささやくことは、あなたに心を集中するひとつの方法なのです。「あなたの御名《みな》は堅固なやぐら」。私は「その中に駆けこんで保護される」のです。

あなたの力強いお名前によってお祈りします、アーメン。

詩篇73:23、箴言28:26、箴言18:10

10月31日

永遠の神イエスさま、

「あなたの御前には、満ちあふれる喜びと全《まった》き平安、変わらぬ愛があります」。私の喜びは、あなたとともに「いのちの道」を歩むこと、あなたと連れ立って歩む一歩一歩を楽しむことです。あなたが常に隣にいてくださるから、あなたと一緒にいられる**喜び**をいつも味わうことができるのです！

あなたは、「私のあなたへの志《こころざし》が堅固なら、全き平安をもって守る」と約束してくださいました。私の語る言葉や思いや歌を通して、あなたとふれあい続けられるように助け導いてください。あなたのことばを吸収するために十分な時間を費やすとき、どうかそのみことばが私の心に染み渡り、私の考え方や生き方を変えてくれますように……。実際のあなたはどんなお方だろうと思いめぐらすとき、**あなたの光**があたたかく私の心の中に注ぎこんで、「平安のうちに祝福してくれる」のです。

主イエスさま、私が望むのは、あなたのもとで「神の家に生い茂るオリーブの木のように生長する」ことです。あなたの陽光が私に降り注ぎ、私を育《はぐく》んでくださるから、あなたの王国で実を結ぶことができるのです。そして「あなたの変わらぬ愛に信頼すればするほど」、はっきり気づくのです。私があなたによって、どれほど完全に守られているかを！

愛に満ちたあなたの輝かしいお名前によってお祈りします、アーメン。

詩篇16:11、イザヤ26:3、詩篇29:11、詩篇52:8

11月

感謝をもって　御前に進み
賛美をもって　主に喜び叫ぼう。　（詩篇95篇２節）

11月1日

聖なる救い主イエスさま、

栄光に満ちた恵みの贈り物をありがとうございます！「私が恵みによって、信仰を通して救われた」ことをみことばが教えてくれています。「これは私の力によるのではなく、行《おこな》いによるものでもありません」。あなたを信じるために――救いを受けるために必要な信仰でさえも、あなたからの贈り物だからです。あなたが十字架の上で成し遂げてくださったみわざを通して、私は「永遠のいのち」というあなたの驚くべき恵みを与えられたのです。驚くばかりの豊かさであなたが与えてくださることに、私が感謝の心をもってこたえられるように助け導いてください。どれほど熱く、どれほどたびたび感謝しても、とうてい感謝しきれないからです。

私はこの感謝祭の時期に、自分のすべての罪が赦《ゆる》されたというのはどういうことかを時間をかけて考えてみたいと思っています。もはや私は地獄への道は歩んでいません。私の最終的な目的地は「新しい天と新しい地」なのですから……。この保証された天の相続財産は、人生の一日《いちにち》一日を喜んで生きる最大の理由を私に与えてくれているのです。

今日は比類のない恵みの贈り物のことをあなたにたびたび感謝しながら、ともに歩んでいきたいと思います。恵みに感謝することで、あなたが**ほかにもたくさんの恵みを与えてくださっていることに気づいて、さらにもっと**感謝の気持ちをもてるようになりますように……。

恵みあふれるあなたのお名前によってお祈りします、アーメン。

エペソ2:8-9、ヨハネ3:16、マタイ10:28、黙示録21:1

11月2日

かけがえのない救い主イエスさま、「私は希望を抱いて喜びます！」　私には天の国へ行く途中だという喜ぶべき理由があるからです。主イエスさま、私のすべての罪を贖《あがな》うための代価を払い、あなたご自身の義の衣《ころも》をまとわせてくださることを感謝します。**これ**こそが私の希望の礎《いしずえ》――どんな状況に置かれようとも、決してゆらぐことのない希望です。「誰も私を、あなたの手から奪い去ることはできません」。あなたによって私は、完全な永遠の平安を保障されているのです！

みことばが私に、「たゆまず祈る」ように教えています。私には、あなたと常にそうやって心を通わせあうことが必要なのです。とくに、私が苦しんで闘っているときには……。それなのに試練の只中《ただなか》では、あなたに心を集中する力がストレスや疲れに邪魔されてしまいます。ですから、私の内に驚くばかりの力の源《みなもと》――聖霊さまがおられることを感謝しています。聖霊さまに「私の心を支配して」いただくようにお願いすると、私を強めて祈れるようにしてくださいます。祈るときは、立て板に水のようにすらすらと言葉が出なくても、きちんとまとまっていなくても、自分の状況を思いつくままにお話しできるのですから。

主イエスさま、どうかあなたにずっとつながっていられるように助け導いてください。とくに、逆境にあるときは……。そうすれば「希望をもって、苦難に耐える」ことができるからです。

希望に満ちたあなたのお名前によってお祈りします、アーメン。

ローマ12:12、ヨハネ10:28、ローマ8:6

11月3日

私の偉大なる神イエスさま、
どうか私が「たじろぐ」ことのないように訓練してください。実を言うと、あまりにも多くのことに邪魔されてあなたを意識していないときがあるのです。私が生きているのは、目で見て耳で聞く世界ですが、自分を取り巻く刺激の奴隷になりたくはありません。どんな状況でも、たとえ何が起こっても、あなたがおられることを意識できるのですから。私が自分の人生において実践することを深く願っているのは、何があっても「たじろがずにいる」ことなのです。

予期せぬ出来事によって、私が道を外《はず》れてしまうことがないように助け導いてください。うろたえたり不安になったりしないで、冷静に確信をもって対応したいのです。「あなたが私とともにいてくださる」ことを心に刻みつけて……。何か注意を引かれることがあれば、すぐにあなたにお話しすることができます。だから喜びも悲しみも、どちらもあなたと分かち合うことができる。そして目の前に何があろうと、あなたは私が自分で対処できるようにしてくださるのです。

主イエスさま、どうか私の内にもっとあふれるほどに住んで、私の内に働いてください。そして私を通して、あなたのみわざを働かせてください。私はこの混乱した世界にあなたの**平安**が流れこむための水路となりたいのです。

慰めに満ちたあなたのお名前によってお祈りします、アーメン。

詩篇112:7、イザヤ41:10、詩篇46:1–2、テサロニケ5:16–17

11月４日

私の力強い救い主イエスさま、

私が今日という日の状況と向き合うためには「あなたを頼《たの》みにする」ことが必要です。誰もが何かに頼っています。体力や知力、美や富や業績、家族や友人――これらはすべてあなたからの贈り物だから、あなたからの恵みを感謝して楽しみたいと思っています。といっても、この中のどれに対しても依存してしまうのは危険であることは学んできました。どのひとつをとっても、私を落ちこませかねないからです。

難しい状況に直面して弱さを感じているときは、どうやってその日を切り抜けようかということで頭がいっぱいになりがちです。これは時間とエネルギーの大変な無駄になるし、もっと悪いことには、あなたとの関係から心をそらされてしまいます。こんなことが起きたら、そのたびに私の目を開いて、そうした状況の只中《ただなか》でもあなたを見いだすことができるようにしてください。あなたが私のそばに立って、私を助けようとその力強い腕を差し伸べてくださっているのが見えるように……。そうすれば、自分はちゃんと対処できると言い張ったり、実際の自分よりも強いふりをするかわりに、あなたにしっかり頼ることができるからです。そうすることで、あなたが「私の重荷をかわりに担《にな》って」、どうすれば自分の困難に対処できるかを教えてくださるのです。

そして私は、「私の力」であるあなたを喜び、「私のいつくしみの神であるあなたを讃える歌を歌うのです」。

あなたの輝かしいお名前によってお祈りします、

アーメン。

箴言3:5、詩篇68:19、詩篇59:17

11月5日

全能の神イエスさま、

どうか私が「悪に負けることなく、善をもって悪に打ち勝つ」ことができるように助け導いてください。時々、世界で起こっているあらゆる悪しきことの砲弾を浴びているような気がすることがあるのです。ニュース記事は警鐘を鳴らし、人々は「悪を善と言い、善を悪と言っています」。もしも私があなたとつながりつづけていなかったら、こうしたすべてのことに打ちのめされてしまうでしょう。あなたは、身の毛のよだつようなこの世界の恐ろしさにも決して動じることはありません。そのことを知っているのは大きな慰めです。あなたは人間の心が「人を欺《あざむ》き、救いがたいほど悪しき状態にある」ことを完全に理解しておられます。あなたを驚かせるようなことは何ひとつとしてありません！

私が願っているのは、この世界の状態に落胆することなく、闇の中に輝く光になることです。悪が勝利しているように見えるときに必要なのは、何か「良い行《おこな》い」を達成しようと今まで以上に強く決意することです！　これは、自分を悩ませている悪しきことに対して直接働きかける時もあるし、自分の能力や機会に応じて、真に良いことを促進できるものならすべてためしてみようとする時もあります。どちらにしても、悪しき状況を嘆くよりも「あなたがあらかじめ備えてくださった良い行いをすること」に心を集中させたいと願っているのです。

あなたの卓越したお名前によってお祈りします、アーメン。

ローマ12:21、イザヤ5:20、エレミヤ17:9、エペソ2:10

11月6日

親愛なるイエスさま、

どうか私が、あなたに深くおゆだねして生きていくことで勝利の人生を送れるように助け導いてください。これまで私は、勝利を成功と結びつけてきました。倒れたりつまずいたりしないように、間違いをおかさないように、と……。けれども自分自身の力でうまくやろうとすると、あなたのことを忘れて自分の思いどおりに事を運ぼうとしがちになります。私は、さまざまな問題と失敗、弱さと必要を通して、あなたに頼ることを学んでいるのです。

真の意味であなたに頼ることは、私がこうすると決めたことを祝福してください、とお願いするだけのことではありません。心を開いてあなたのもとに来て、あなたの望みを私の内に植えつけてくださるようにお願いすることなのです。

あなたは時々、私の手にはとうてい届きそうにもない夢を注ぎこんでくださることがあります。そうした目標に到達するには、私自身の力量では不十分なことはわかっています。あなたに深くおゆだねした私の旅が、こうして始まるのです。それはあなたの力と導きに頼って一歩一歩進む「信仰による歩み」……。これはずっと成功が続く道ではなく、さまざまな失敗のある道です。けれども、それぞれの失敗のあとには急激な成長が生じて、あなたにますます頼ることでさらに育《はぐく》まれていくのです。私が望んでいるのは、あなたにもっと深く頼ることで勝利の人生の恵みを享受することなのですから。

勝利者であるあなたのお名前によってお祈りします、アーメン。

詩篇34:17-18、Ⅱコリント5:7、ピリピ4:13

11月7日

常におられるイエスさま、
　あなたと静かに座っていると、恐れや不安が心の表面に泡のように湧き上がってきます。その泡は、あなたの**光**の中ではじけて消えていく。でも中には、何度も何度もまた湧き上がってくる不安の泡があるのです。とくに将来への不安が……。私の思いは明日や一週間先、そしてひと月後、一年後へと飛躍しがちで、それは十年後にまで及びます。そして、予想する難局に自分がちゃんと対処できないことを想像してしまうのです。けれども、そんな心配は無意味なことはわかっています。それは**あなた**を除外してしまっているから……。逆境の中をひとりぼっちで歩いていくような、そんな恐ろしい時は来るはずが**ありません**。あなたがどんなときも**ずっと**そばにいてくださるから。「あなたは決して私を見捨てず、私をひとりにしない」と約束してくださっているからです！

　将来に向けた不安に襲われたときは、それをしっかり捕獲してあなたのもとに携《たずさ》えてこられるように助けてください。そのときも、そして常にあなたがともにいてくださることを思い起こせば、どれほど困難なときにも対処**できる**確信を得られるのです。

　主イエスさま、どうか私を現在のこの瞬間に呼び戻しつづけてください。あなたのもとで**平安**のうちに過ごすことのできるこの時に……。

　心を静めてくださるあなたのお名前によってお祈りします、アーメン。

ルカ12:22-23、申命31:6、Ⅱコリント10:5

11月8日

頼《たの》みとする主イエスさま、

「私の時は、あなたの御手の中にあります」。あなたはそのきよい御手で、私をいつくしみ、必要をかなえることが完全におできになります。どうか私が、あなたの至高の見守りのうちにくつろぎ、あなたが最善をおこなってくださることを信じておゆだねできるように助け導いてください。自分の人生において**何**を**いつ**御手にゆだねたら安心なのかはわかっています。あなたは完全に信頼できるお方だからです。

私は、天の国のこちら側にとどまっているかぎり、時間という現実に従わなければなりません。将来の出来事をわくわくしながら想像するとき、その喜びを早送りすることができたらどんなにいいだろうと思います。でもどんなに願っても、時の流れは変えられない。待たなければなりません。苦しんでいるときはできるだけ早く楽になりたいと思うけれど、それでも待たなければいけないのです。

主イエスさま、あなたは時間の圧倒的な力を超越して生きておられます。それどころか、あなたが時間の**主人**なのです。何かを待つのに苦労するときは、自分には変えられないものと闘おうとはせずに、必ずあなたに信頼しておゆだねしなければなりません。時の**主人**であるあなたが私の苦闘を完全にわかってくださって、「とこしえの愛をもって私を愛しておられる」――そのことを知っているのは、なんという喜びでしょうか。

あわれみ深いあなたのお名前によってお祈りします、アーメン。

詩篇31:14-15、詩篇62:8、エレミヤ31:3

11月9日

王なる主イエスさま、

どうか、私が**今、ここで**「あなたに信頼する」ことができるように助け導いてください。まるで厳《きび》しい訓練を受けているように――私にとってつらく困難な、危険に満ちた道をたどっているかのように感じているからです。今私が歩《あゆ》んでいる道は自分で選んだものではないけれど、私のための**あなたの**道なのだと受け入れてはいるのです。あなたは私の理解をはるかに超えたことをおこなってくださることをわかっているから……。あなたにもっと十分に注意を向ければ、私の心にこうささやいてくださるのを聞くことができるからです。〝愛する子よ、私にゆだねなさい〟と……。

私はまるで密林の中にいるような気がしています。自分の前も後ろも横も、はっきり見通すことができない。あなたの手にしっかりつかまって、暗い「闇の中を通って」この道をたどっていくのです。行く先を見きわめるのは難しくても、あなたがそばにいてくださることは岩のように堅固な現実だとわかっているから、希望をもってあなたに目を向けられます。あなたがこの状況を完全に支配してくださっていることを固く信じて。

私が心を集中する必要があるのは、あなたご自身と、あなたがしてくださることのすべてを喜び楽しむこと。どんなに今の状況がうるさく解決策を要求してこようとも。自分の問題で頭がいっぱいになって、どう解決すべきかとくよくよ思い悩みたくはありません。それよりもしっかりと「あなたに信頼して」、あなたのもとで期待して待ちたいと願っているのです。あなたが成しとげてくださることを目にするのを「待ち望みつつ」……。

すべてを満たしてくださるあなたのお名前によってお祈りします、アーメン。

イザヤ50:10、詩篇33:20–21、ミカ7:7

11月10日

「わたしの救いの神」イエスさま、

あなたは私に、感謝の姿勢が天国の窓を開くことを教えてくださっています。その開いた窓を通して、霊的な恵みが豊かに降り注いできます。感謝にあふれた心で見上げると、あなたの栄光をかいま見ることができるのです。まだ天の国で暮らすことはできないけれど、自分の終《つい》の棲家《すみか》を前もって知ることはできます。これらの天の祝宴を試《ため》すことは、私の希望をよみがえらせ、喜びで満たしてくれるのです。感謝の気持ちが私にこうした経験への門を開いてくれ、さらに感謝を深める理由を与えてくれます。だから私の道は、ますます喜びを増しながら天へ向かってらせん状に昇っていくのです。

感謝の思いは、何かの魔法の呪文のようなものではありません。それは愛のことばであり、あなたと親しく心を交《か》わさせてくれるもの……。あなたは私に、問題だらけの現実を無視することなく、感謝にあふれた心の姿勢を保つように訓練してくださっています。どうか私が、試練と困難の渦中《かちゅう》にあっても「私の救いの神であるあなたによって、喜ぶ」ことができるように助け導いてください。「あなたが私の避《さ》け所《どころ》であり、力であり、苦難のときに傍《かたわ》らにある強く確かな助けである」ことを感謝します。

あなたの力強いお名前によってお祈りします、

アーメン。

エペソ1:3、ハバクク3:17-18、詩篇46:1

愛するイエスさま、

みことばが私に告げています。「あなたは、私の名を呼んで連れ出してくださる。あなたは私を知っておられる」――どんな細かなことも、すべてご存じなのだ、と！　あなたにとって、私が統計上の数字のひとつであることは決してありません。あなたは私をひとりの人間として、驚くほど親密に関わってくださっています。あなたが私の心に「愛する者よ、『わたしについてきなさい』」とささやくのを聞くのは、なんという喜びでしょうか。

復活したあなたをマグダラのマリアが園の番人と見誤ったとき、あなたはたったひとこと声をかけました――「マリア」と……。あなたに名前を呼ばれ、マリアはすぐにあなただとわかって、「ヘブル語で『ラボニ（先生）！』と叫んだのです」。

私はあなたに従う者だから、あなたは同じように私の名前を心の奥深くに呼びかけてくださる。時間を取って聖書を読み、あなたが私ひとりに語りかけて私への愛を確信させてくださるのを聞くとき、私はこんなにも美しい祝福のことばに、喜びでいっぱいになるのです――「わたしはあなたを闇の中から、わたしの驚くべき光の中へと招き入れた。そして、とこしえの愛をもってあなたを愛した」。あなたが永遠に私を愛してくださるというゆるぎない知識は、私の人生に堅固な土台をもたらしてくれます。どうか私が、信仰と喜びにあふれてあなたにお従いしていけるように助け導いてください。人生の道を旅しながら「あなたの栄誉を私が広く伝えられる」ように……。

あなたの崇高《すうこう》なお名前によってお祈りします、アーメン。

ヨハネ10:3、27、ヨハネ20:16、Ⅰペテロ2:9、エレミヤ31:3

11月12日

「喜び」の神イエスさま、

あなたは、私がどんな状況におかれても「御前で喜び」を見いだすことができると教えてくださっています。ある日には、私の人生の道に**喜び**がふんだんに注がれ、陽光にきらめいている。こういう明るくて気持ちのいい日には、息をするようにたやすく満足することができます。ところがどんよりと雲に覆《おお》われた日には、もしかしたらこの旅には終わりがないんじゃないか、と旅の重圧を感じてしまうのです。くすんだ灰色の岩々が立ちはだかって、足を痛めつける。暗い鉛色の日々には、「隠された宝を求めるように」**喜び**を「探し出さなければなりません」。

この日はあなたがお造りになったもの……。偶然の出来事**などではない**ことを思い起こさせてください。今日一日ずっとあなたがともにいてくださることを忘れることがありませんように。あなたがおられることを感じとれるときも、そうでないときも……。

心に浮かぶままにどんなことでもあなたにお話しできることを感謝します。私のことを完全にわかってくださって、今経験していることを何もかもご存じなのがうれしくてなりません。あなたと心を通わせてさえいれば、気持ちがしだいに明るくなっていくのがわかったからです。あなたというすばらしい**道連れ**のいることを意識するだけで、どれほど陰鬱な灰色の日にも**喜び**で満たされるのですから！

あなたの喜びのお名前によってお祈りします、

アーメン。

詩篇21:6、箴言2:4、コロサイ1:16

11月13日

私の贖《あがな》い主イエスさま、

私の願いは、自分の救いがどれほど豊かなものなのかを――どんなときも完全に愛されていることの喜びを、もっと十分に味わうことです。なのに実を言うと、自分がどう見えるか、どうふるまうか、どう感じるかに基《もと》づいた表面的な方法で自分自身を判断してしまう傾向があるのです。もしも鏡をのぞきこんだときに目に映るものを好きになれたら、もう少しあなたの愛にふさわしいと感じられるのに……。人生において物ごとが順調に運んでいて、きちんとおこなえていると思えるときは、自分はあなたの愛《いと》し子《ご》なのだと信じやすいのです。でも自信をなくしているときには、どこが悪いかを見つけ出して直せるように心の内側をのぞきこもうとしがちです。

そんなふうに自分自身を決めつけるのではなく、私の魂が愛する「あなたのことを考えられる」ように導いてください。自分自身を裁くことにエネルギーを使うよりも、あなたと心を通わせることに――あなたを信頼し、あなたを褒めたたえることに向けなければならないからです。私を、**あなたの義**に包まれてあなたの完全な愛に輝くものとして見てくださることを心から感謝します。

あなたの聖なるお名前によってお祈りします、アーメン。

エペソ2:8-9、ヘブル3:1、詩篇89:16、詩篇34:5

11月14日

力ある救い主イエスさま、

私の人生に対するあなたのご計画が、私のまえに開かれています。私の歩《あゆ》んでいる旅路は遮《さえぎ》られているように見える時もあるし、ひどくゆっくりとしか開けなくて歩くペースをかなり落とさなければならない時もあります。そして突然、ちょうどよいタイミングで目の前の道が開けるのです。自分自身の努力なんて何もしていないのに……。あなたは、純然たる贈り物として、ずっと私が望んでいてそのためにがんばってきたものをふんだんに与えてくださる。私はあなたがこの世界をいかにたやすく動かしておられるかに驚き、「あなたの力と栄光」をかいまみるのです。

あなたの偉大な栄光に対する畏敬《いけい》の念に打たれるとき、自分がいかに弱いかをまざまざと感じさせられます。けれどもそうした弱さにうちひしがれるよりも、それを「あなたの力と栄光」を最高に輝かせる舞台と見なしたいのです！

あなたが私のために備えてくださった道を辛抱強く進むとき、私を支えるあなたの御力《みちから》をよりどころとするのです。どうか私が注意を怠《おこた》ることなく、奇跡の訪れを待ちつづけられるように助け導いてください。奇跡は生まれたままの裸眼《らがん》では常に見えるとはかぎりませんが、「信仰によって生きる」人は、もっとはっきり見ることができます。「見えるものによらず、信仰によって歩む」ことで、ずっとあなたのそばにいて、あなたの驚くべきみわざにあずかることができるのです。

あなたの栄光のお名前によってお祈りします、

アーメン。

詩篇63:2、Ⅱコリント12:9、Ⅱコリント5:7、ヨハネ11:40

11月15日

あわれみ深いイエスさま、

私は、あなたがこうやさしくささやいてくださるのを聞くと喜びに満たされます――「どんなものも、どんなことも、わたしの愛からあなたを引き離すことはできないのだよ」と……。あなたのもとで安らいでいると、この聖なる宣言がわたしの思いを通して心と魂に染みこんでいくのです。私が恐れや不安を感じはじめたら、どうか、そのたびにこの約束をあなたに祈り返すことを思い起こさせてください。〝イエスさま、「どんなこともあなたの愛から絶対に私を引き離すことはできません」。何ひとつとして！〟

人間の不幸の大半は――私も含めて、愛されていないと感じることから来ています。逆境の只中《ただなか》では、あなたの愛がなくなり、見放されてしまったような気持ちになりやすいからです。あなたから見捨てられてしまったというこの思いは、逆境そのものよりもひどいことになりかねません。ですから、あなたが私を――そしてあなたの子どもの誰ひとりとして、たとえ一時《ひととき》たりとも見放すことは絶対にない、と再認識させてくださるのは、どれほどありがたいことでしょうか。みことばのこの約束が私を勇気づけてくれるのです――「わたしはあなたを見放さず、あなたを見捨てない」。「わたしはあなたを手のひらに刻みつけた」

主イエスさま、私はあなたが「まどろみもせず、見守っていてくださる」ことを知って、喜びに満たされるのです。

愛に満ちたあなたのお名前によってお祈りします、アーメン。

ローマ8:38-39、申命31:6、イザヤ49:15-16、詩篇121:3

11月16日

私の羊飼いであり王であるイエスさま、みことばが「あなたは御もとに逃れるすべての者の盾」であると私に告げています。ですから主イエスさま、私はあなたのそばに寄って、あなたの守りの傘の下に「身を避ける」のです。

時おり、守られているとは思えなくて、危険にさらされていると感じることがあります。それはあなたの守りの傘の下から這《は》い出して、自分だけでこの世界と向き合おうとするときです。知らず知らずのうちにそうしているのは、どんな瞬間にもあなたが必要だという本質的な真理を忘れてしまっているからなのです。そんなときに私が感じる不安を用いて、私があなたのもとからさまよい出していると警告してください。そして私を正しい道へと導いてください。「あなたのもとに身を避ける」ように、と……。

「あなたが私の羊飼いである」ことほど、私にとってうれしいことはありません！　あなたは常に寝ずの番をしてくださり、私の前方の道に何があるかを正確に知っておられます。危険な状況を予測し、私にその備えをさせてくださいます。すぐれた**羊飼い**であるあなたが実に巧《たく》みに危険から守ってくださるから、私は危険に気づくこともなく、幸せでいられるのです。そればかりか、あなたほど頼りになるお方はほかにいません。ただひとりの完璧《かんぺき》な「良い羊飼い」なのです。あなたとあなたの道に従おうと努《つと》める私を、危険から**も**恐れから**も**守ってくださっていることを感謝します。

私の避《さ》け所《どころ》であるあなたのお名前によってお祈りします、アーメン。

Ⅱサムエル22:31、詩篇23:1、4、ヨハネ10:11、14

11月17日

イエスさま、

どうか私を、「その日その日に、あなたに信頼する」ように訓練してください。これを習慣とすることで、ずっとあなたのそばにいて、みこころにこたえやすくなるからです。正直に言うと、あなたへの信頼は決してやすやすと得られるものではありません。それはとても難しいことだと知りました。けれどもそんな私の感情がどうあろうと、あなたが完全に信頼できるお方であることはわかっているのです。「私のうちにおられる聖霊さま」が、常駐の**個人教師**として難しい課題を学ぶのを助けてくださることを心から感謝しています。聖霊さまが後押《あとお》ししてくださるのをもっと敏感に感じて、優しく触れてくださるのを受け入れ、お従いしたいのです。

主イエスさま、どうか私に**あらゆる**状況において「あなたに信頼する」ことを教えてください。すべてを理解したいと願うあまり、そばにいてくださるあなたの愛から離れてしまうことのありませんように……。喜んであなたにおゆだねして生きることで、今日という日を勝利して生き抜きたいのです。

「明日のことは、明日が自分で心配します」。明日の心配という蜘蛛《くも》の巣にからめとられることなく、今日を過ごしたいと思います。一瞬一瞬をあなたに信頼して！

あなたの強く頼もしいお名前によってお祈りします、アーメン。

詩篇84:12、Ｉコリント6:19、エレミヤ17:7、マタイ6:34

11月18日

高く上げられた神イエスさま、

「あなたの道は、なんと極《きわ》め難《がた》いことでしょう！」私がへりくだった心であなたのおそばに近づくことができるように――私の理解力などあっさり超えるものはたくさんあるのだ、という事実を受け入れることができるように助け導いてください。私の知識は浅く、「あなたの知恵と知識には限りがありません」。私の知力は限りがあるので、自分の人生やこの世界に起こることはわからないことだらけです。だから物ごとをじっくり考えるときには、「あなたが明らかにされた奥義」のための余地を残しておかなければなりません。

私には、「幾世代にもわたって隠されてきて」、以前は秘儀だった多くのことを知る特権が与えられています。新約聖書は、あなたが人間の姿をとってお生まれになったこと、その人生と死、そして復活を通して明らかにされた啓示に満ちています。この限りなく貴重な知識を得たことは、私にとって、計《はか》り知れない恵みなのです！

それでも、私が生きているこの世界であなたがいかに働いておられるかはしばしば謎めいているので、理解したいと思うあまり欲求不満になることもあります。これには、ふたつの選択肢があります。あなたのやり方に挑戦することと、驚き畏《おそ》れてあなたの前に首《こうべ》を垂れること……。私は、驚きと崇拝の心をもってあなたのおそばに行くことを選びます。「あなたの知恵と知識がいかに豊かで深いものであるか」を驚嘆しつつ……。

あなたの驚くべきお名前によってお祈りします、

アーメン。

ローマ11:33、箴言3:5、コロサイ1:26

11月19日

「生きておられる」私の主イエスさま、

私は「あなたが生きて私を見守ってくださる神である」ことを喜んでいます。あなたは私が想像もつかないほどの全《まった》き栄光に輝いておられます。あらゆる**栄光**の内にあるあなたを「顔と顔とを合わせて見る」とき、私は畏怖の念に打たれることでしょう！　でも今は、「鏡にぼんやり映るものを見ています」。私の堕落した状況のせいで、あなたのお姿ははっきり見えないからです。

あなたが**私**を、驚くほど完全に知っておられるのは、なんとすばらしいことでしょう。あなたは、私がもっとも秘密にしている思いや感情もすべて知っておられ、私がどんなに不完全で弱いかをわかっておられる――「わたしが土の塵《ちり》にすぎないことを心にとめてくださっています」。けれど私にどれほど欠点や失敗があろうとも、あなたは永遠に変わらぬ**愛**で私を愛することを選んでくださったのです。

あなたの**愛**の贈り物は計《はか》り知れないほど「高価である」ことを、どうか私が忘れることのないように導いてください。あなたは私を、私の罪から救い出すために筆舌に尽くせぬ苦しみを耐えてくださいました。「わたしがあなたによって神の義となるために、私のために罪となってくださった」のです。あなたの完全な義が、私に永遠に保証されているという驚くべき真理に思いを馳せるたびに、私は喜びに満たされます。この限りなく高価な贈り物は、あなたを私の**救い主**として信じおゆだねしたときから私のものとなりました。「生きて常に私を見守っておられる方」が、私を永遠に愛してくださるまさにそのお方であることは、どんなに感謝しても感謝しきれないのです！

救い主であるあなたのお名前によってお祈りします、アーメン。

創世16:13、Ⅰコリント13:12、詩篇103:14、Ⅱコリント5:21

11月20日

尊くかけがえのないイエスさま、

最近わかってきたことですが、たびたびあなたに感謝することは、あなたがおられることに心が目ざめるようになるだけでなく、思いを研ぎ澄ませることにもなります。ですからあなたとふれあわなくなったり、あなたに心を集中できなくなったときは、**感謝するもの**を見つけるためにあらゆる努力をしなければなりません。選ぶものはいつもあふれるほどあるのですから。救いや恵み、信仰といった永遠の贈り物のほかにも、日々与えられる通常の恵みも……。

あなたは私に、過去二十四時間をふりかえって、あなたからいただいたすべての良きものを心にとめ、その一部を日記に書き記す訓練をさせてくださっています。この訓練によって私の霊性は高められ、力を与えられて、もっと明快に考えられるようになるのです。

聖書は「私の敵であるサタンが、吼えたける獅《し》子《し》のように、誰かを食い尽くそうと探し回っている」と教えています。だから私にとって、「身を慎《つつし》み、目を覚ましている」ことは、とても大切なことなのです。私が心の焦点を見失って、思いがさまよい出したら、サタンの攻撃にますます傷つきやすくなってしまいます。こうした攻撃を受けやすい状況にあるときは常に私に警告して、あなたに感謝と賛美を捧げることで敵を撃退できるように助け導いてください。これこそ、賛美による闘いなのですから！

あなたの褒《ほ》むべきお名前によってお祈りします、

アーメン。

エペソ2:8-9、Ⅰペテロ5:8、Ⅱコリント9:15

11月21日

栄光の神イエスさま、

「私はあなたに感謝のいけにえを献げます」。あなたからのすばらしい贈り物は、どんなものも当然のように受け取りたくはありません。朝日が昇ることさえも……。感謝の気持ちは自然に持てるものではないけれど、あなたは私が**超自然に**反応できるように訓練してくださっているのです。

みことばが教えているのは、感謝の態度をもつことがいかに重要かということです。エデンの園でエバが蛇に誘惑される以前は、感謝することはごく自然な反応でした。ところが邪悪なものの誘惑は、禁じられている唯一のものにエバを向かわせました。エデンの園にはおいしい果物が満ちあふれ、自由に食べてよかったのに、エバはそのったひとつの禁断の実しか目に入らなかった。この負の執着が彼女の心を闇に落とし、誘惑に負けさせてしまったのです。

私が、欲しいけれど手に入れられないものや、不快になる状況にばかりとらわれていると、私の心は同じように暗くなります。いのちや救い、太陽の光や愛する人々といったあなたからの数えきれない贈り物を当然のように思いこむ。間違ったものを探し求めて、人生を楽しむことを拒絶しているうちに、その状況が定着してしまうのです。けれども感謝を抱いてあなたに近づくなら、あなたの**光**が私の中に注ぎこんで、私を根底から変えてくれます。主イエスさま、どうか私があなたとともに「光の中を歩んでいける」ように助け導いてください。「あなたを喜びとし」、感謝を捧げる規律を実践できるように……。

あなたの驚くべきお名前によってお祈りします、アーメン。

詩篇116:17、創世3:6、Ⅰヨハネ1:7、詩篇37:4

11月22日

誠実な神イエスさま、
私は、感謝と信頼はいつも私を助けようと待っていてくれる親友同士のようなものだと学んできました。どんなときにもこの誠実な友人たちに頼る必要がありますが、毎日がわびしく感じられ、この世界が恐ろしいものに思えるときは、とくにそうしなければなりません。主イエスさま、あなたは、こんなときには立ち止まって自分のまわりを見回し、美しいものや恵みを探すように教えてくださいました。そうやって見つけたものをあなたに感謝するとき、私は驚くべき形で「あなたに近づく」ことができるのです。あなたが与えてくださるたくさんのすばらしい贈り物のことを熱く語れるのは、なんと感謝なことでしょう。私がどんな気分であっても、あなたに夢中で感謝できるように努力して……。あなたへの感謝をあらわすための努力をつづけていれば、私の気持ちもしだいに明るく軽くなっていくのです。
あなたは絶対的に信頼できるお方です！　あなたへの信頼を口にするたびに、あなたがそばにいて見守ってくださっていることを思い起こすのです。私の人生にはまだまだ、もっと十分にあなたに信頼しおゆだねしなければならない領域があります。困難に襲われるとき、それは私の信頼の幅を広げ、こうした難局において「信仰によって歩む」ための絶好の機会だと見なせるように助けてください。この機会を無駄にすることなく、「あなたに近づく」ために用いたいのです。あなたが両手を広げて、私をあたたかく迎えてくださるのは、なんという喜びでしょうか！
あなたのあわれみ深いお名前によってお祈りします、アーメン。

詩篇92:1-2、詩篇118:28、Ⅱコリント5:7、ヤコブ4:8

11月23日

恵みあふれる神イエスさま、
　こんなにもたくさんの恵みを私に注いでくださってありがとうございます！　私のもっているものはすべて、呼吸のひとつひとつまでがあなたからの贈り物です。あなたの**いのち**を吸い込みつづけることがどれほど驚くべきことか、と考えることはめったにありませんが、アダムが「生きる者となった」のは、「その鼻にあなたがいのちの息を吹きこんだ」ときからでした。

　私は時々あなたのそばに黙って座って、息を吸うたびに静かに感謝を捧げ、息を吐くたびにあなたへの信頼を確認する時間を楽しんでいます。この時間を長くとればとるほど、ゆったりとくつろぐことができるのです。

　主イエスさま、私がしばしば見逃してしまいがちな恵みを——小鳥たちや木々、光や色彩、愛する人々や日々の安らぎを、心からありがたく思い、あなたに感謝できるように導いてください。恵みのリストには限りがありません！　自分の人生に良きものを探せば探すほど、私の視界も明るく開けていくのです。

　もちろん私の最大の感謝は、「あなたを信じる者」に与えられる「永遠のいのち」をいただいていることです。このかけがえのない永遠の贈り物は、「あなたの御前にある満ちあふれる喜び」で私を満たしつづけてくれるのですから！

　恵み豊かなあなたのお名前によってお祈りします、アーメン。

創世2:7、ヨハネ3:16、詩篇16:11

11月24日

私を愛してくださる主イエスさま、

どうか、私のあなたへの感謝の気持ちをもっと強めてください。感謝することは私の毎日を明るくするだけでなく、あなたに対してもっと十分に心を開かせてくれるからです。私は、自分の置かれている状況の只中《ただなか》で**あなた**に出会うことを切に願っています。ですから、人生における「いのちの道」を歩みながら、あなたがおられるしるしを探しているのです。感謝の態度をもつことで私の心と目の両方が開かれ、自分の人生の全体図だけでなく細かな事がらにおいても、あなたを見ることができるようになります。あなたの恵みのすべてに気づくためには、ペースを落として時間を取らなければなりません。あなたの恵みを感謝し、あなたからのたくさんの贈り物を楽しむために……。

どうか私を、もっと一貫してあなたに信頼しつづけられるように訓練してください。しっかり培《つちか》われた堅固な信頼は、足場の不安定な道をつまずくことなく歩ませてくれるからです。私の旅が困難なものとなればなるほど、あなたへの信頼を声に出して告げる必要があります――〝主イエスさま、「私はあなたの変わらぬ愛に拠《よ》り頼《たの》みます」〟と……。この短い祈りは、あなたがともにおられて私を気遣い、永遠に愛してくださることを思い起こさせてくれるのです！

私がこんなにも「喜びに満ちあふれる」ことができるのは、あなたが私の感謝と信頼に限りなくふさわしいお方だからです！

あなたの偉大なるお名前によってお祈りします、アーメン。

Ｉテサロニケ5:16-18、コロサイ4:2、詩篇16:11、詩篇52:8

11月25日

あわれみ深い神イエスさま、

どうか私がずっと感謝のうちに過ごすことができるように助け導いてください。これはもっとも喜びに満ちた場所――あなたの**喜び**の光が、あたたかく私に降り注いでいる場所だからです。

私はあることを熱心に祈って、その答えを期待して待つことがよくあります。あなたが願いをかなえてくださるときは、喜びと感謝にあふれて受け止める。でも、すぐにまた次のお願いに移ってしまうのです。ほんの短いあいだ感謝をあふれさせるのではなく、**喜び**と感謝に満ちた態度を持続させたい。感謝の思いが未来へとふんだんに流れこむようにしたいのです。そのためには、私の願いにあなたがどれほど恵み豊かにこたえてくださったかを忘れないように、自分自身を訓練しなければなりません。ひとつの方法は、私があなたから受けてきた恵みについてほかの人たちに語ること。もうひとつは、祈りの答えを、何度もくりかえし見られる場所に書きとめておくことです。

主イエスさま、「あなたの奇《く》しきみわざを感謝して心に留《と》める」ことを教えてください。あなたは私に、感謝の気持ちをもつことで恵みも二倍になることを示してくださっています。祈りが答えられた幸せな記憶と、そのうれしさをあなたと分かち合える**喜び**との！

喜びに満ちたあなたのお名前によってお祈りします、アーメン。

詩篇95:2、Ⅰコリント15:57、Ⅰ歴代16:12

11月26日

思いやりに満ちたイエスさま、

私はあなたのもとで、自分自身をあなたに開放して——あなたを意識してあなたに心を向け、あなたに信頼し感謝して生きていきたいのです。あなたはいつも私のそばにいてくださっている。だから私も、自分自身を——心も気持ちも精神も、生きておられるあなたに対して完全に開いているのです。

今日、自分の道をゆくとき、あなたがいてくださることを忘れることのないように助け導いてください。あなたが私の存在を完全に認識しておられないことなど一瞬たりともないことを知っているから、安心していられます。私も注意深くありたい。あなたに対してだけでなく、あなたが私の人生にもたらしてくださった人たちにも注意を怠らず、慎重に耳を傾けたいと思っているのです。ほかの人々に対して十分な注意を払い、祈りの心で話を聴くことは、その人にとっても私にとっても恵みになることを知ったからです。

聖書には、あなたに信頼し感謝するようにという教えが満ちあふれています。あなたは最高に信頼できるお方だから、あなたとあなたの約束を信じることは、私の人生にゆるぎない土台を与えてくれています。それればかりか、あなたは私の弱さをわかって、「不信仰に打ち勝てるように助けてくださる」のです。

あなたは私に、一日を通してあなたに感謝することの大切さを教えてくださってきました。この喜びあふれる訓練は、実に大きな恵みを与えてくれます。あなたのそばにずっといられて、もっともっと喜びを得られるのですから！

頼もしいあなたのお名前によってお祈りします、アーメン。

黙示録1:18、ヤコブ1:19、マルコ9:24、詩篇28:7

11月27日

惜しみなく与えてくださるイエスさま、「あなたに感謝します。あなたは、まことにいつくしみ深いお方だからです。あなたの愛はとこしえに続きます」。私は時間をかけて、あなたの与えてくださるたくさんの恵みについて考えたいと思っています。主イエスさま、いのちの贈り物を――あなたが与えてくださる呼吸のひとつひとつを感謝します。日々の糧《かて》についても――食べ物や水、身を守る住居や衣服、家族や友人を与えてくださってありがとうございます。けれども、私の救い主であるあなたからいただいてきた中で最高の贈り物は、永遠の**いのち**です！

あなたが私のためにしてくださったすべてのことに思いを馳《は》せ、あなたがどんなお方であるかを考えるとき、私は喜びに満たされます。あなたは偉大なる「わたしはある」というお方なのです！あなたは百パーセント「いつくしみ深い」お方です。「世の光」であるあなたには、針の先ほどの暗さもありません。そればかりか、あなたの愛には終わりがない。いつまでもいつまでも、永遠に続くのです。

私はあなたのものだから、愛に満ちたあなたのみもとから決して離れることはありません。あなたがいつもそばにいてくださることを知っているから、あなたがおられることを感じ取れるかどうか悩む必要はないのです。自分自身の感情にとらわれずに、あなたがともにおられることだけを頼《たの》みにできるように助け導いてください――「あなたの変わらぬ愛」に感謝できるように……。

あなたの幸いなお名前によってお祈りします、アーメン。

詩篇107:1、ヨハネ8:58、ヨハネ8:12、詩篇107:8

11月28日

親愛なるイエスさま、

あなたは私に、感謝することで逆境のつらさを和らげられることを教えてくださいました。さらに聖書は「あらゆることについて感謝しなさい」と教えています。私はこの行為に、奥義の要素を見いだしています。すなわち、自分の感情に関わりなくあなたに感謝を捧げるなら、あなたは私がどんな状況にあろうとも喜びを与えてくださる。これは従順の行為――ときには盲目的に従う、霊的な行為です。胸が張り裂けるような苦しみに対してあなたに感謝することは理不尽だし、不可能にすら思えます。それでも私は、こんなふうにあなたにお従いするなら、たとえ苦難は残っていても恵みを受けられる、ということを学んできたのです。

感謝することは私の心を、そばにおられるあなたに向かって開き、私の思いをあなたの思いに向けて開いてくれます。私はまだ同じ場所にいて、同じ状況に向き合っているかもしれませんが、まるで光のスイッチが入ったようにもっとはっきりとあなたの視点から見られるようになる。この「あなたの御顔の光」こそが逆境の棘を取り除いてくれるのです。主イエスさま、どうか私がもっともっとあなたとともに「光の中を歩んでいける」ように助け導いてください！

光り輝くあなたのお名前によってお祈りします、アーメン。

エペソ5:20、詩篇118:1、詩篇89:15-16

11月29日

永遠なる神イエスさま、

どうか私が、あなただけを――自分の人生において、何よりもあなたを第一に礼拝できるように助け導いてください。聖書は、あなたが「妬《ねた》む神である」こと、偶像崇拝があなたの民を常に堕落させてきたことを教えています。現代の偶像が昔のものより巧妙でわかりにくいのは、今日《こんにち》の偽りの神々は世俗的なものが多いからです。人々や財産、地位や富は、現代でもっとも人気のある偶像の一部です。これらのものにぬかずく誘惑の落とし穴に陥《おちい》らないようにするには、「身を慎《つつし》み、目を覚《さ》ましていなければなりません」。

あなたは、偽りの神々は決して満足させてくれることはない、と教えてくださってきました。彼らは欲望を、これでもかこれでもかとあおるだけだからです。この世の偶像神ではなく、**あなた**を求めるとき、あなたの「喜びと平安」を味わうことができます。こうした無形の貴重な宝が私の魂の渇きを癒《い》やし、深い満足を与えてくれるのです。この世界のきらびやかさはブリキ缶の輝きのようで、つかの間のものにすぎません。**あなたの光**はまばゆく永遠に輝きつづけます。私はあなたとともに「光の中を歩んで」いきたいのです。灯台のように、私を通してほかの人々をあなたに引き寄せる光となって……。

あなたの尊いお名前によってお祈りします、アーメン。

出エジプト34:14、Ⅰペテロ5:8、ローマ15:13、Ⅰヨハネ1:7

11月30日

栄光の主イエスさま、

私は人生のこの日を、あなたからのかけがえのない贈り物として受け取ります。あなたの「御顔を慕い求め」、まず祈ることで宝物として扱いたいのです。私の前に広がるこの日に目を向けるとき、何がいちばん重要かを見極《みきわ》められるように助け導いてください。あなたのみこころにそって優先順位を定め、それを我が道をゆく道しるべとして用いるにはどうしたらいいか教えていただきたいのです。そうすることで、自分の時間と労力を用いる最善の選択をすることができます。そして一日の終わりには、自分のしたこと――そしてしなかったことについても、安らかな気持ちになれるのです。

あなたは、私の行《おこな》いのすべてにご自分を含めるように教えてくださっています。どれほど短い祈りであっても、あなたを私の行動にお招きするには十分であることを学んできました。どんなことについても祈ることであなたをずっと必要としていることを示して、自分の困窮を「あなたの栄光の御前に」強力につなげてくれるものと見なして喜ぶことさえも学んでいるのです。

クリスチャンとしての依存的従属的な生き方が反体制文化的であるとしても、私はそれが祝福された生き方であることを見いだしてきました。限りない「あなたの恵み」と「あなたの変わらぬ愛」に歓喜の声を上げるほどに……。

喜びに満ちたあなたのお名前によってお祈りします、アーメン。

詩篇118:24、Ⅰ歴代16:10-11、ユダ24節、詩篇33:22

12月

御使いは彼らに言った。「恐れることはありません。見なさい。私は、この民全体に与えられる、大きな喜びを告げ知らせます。」　　（ルカの福音書２章10節）

12月1日

あわれみ深い主イエスさま、

私は、あなたの誕生をお祝いする心の準備をするためにあなたのもとにやってきました。クリスマスは、あなたが人間となってこの世界に来てくださった奇跡を喜び祝うとき……。あなたが――「ことばが人となって、私たちの間《あいだ》に住まわれた」ことに歓喜の声をあげるときなのです。あなたは極限まで人間になってくださった。人となって私たちの世界に住んでくださったのです。この驚くべき奇跡が広く知られているからといって、自分への影響を過小評価したくはありません。あなたはどんな贈り物にもまさる**贈り物**であり、私は「あなたを喜んでいます！」

あなたが人間の歴史に加わってくださった奇跡に思いを馳《は》せる時間を取ることで、私の心は開かれ、喜びに満たされます。私はこれらのできごとを、ベツレヘムの近くで「野宿をしながら夜通《よどお》し、羊の群れの番をしていた」羊飼いたちの視点から見てみたいのです。彼らは、「最初にひとりの天使が、そして次にはおびただしい数の天の軍勢が現れて、夜空を照らす」のを目撃したのですから。「天使たちは、こう賛美して言った――『いと高き所には、栄光が神にあるように。地には平和が、みこころにかなう人々にあるように』」

どうか私がその羊飼いたちと同じように、あなたの誕生の**栄光**を目にすることができるように、そして子どものような驚きで受け止められるように助け導いてください。

あなたの驚くべきお名前によってお祈りします、

アーメン。

マルコ1:3、ヨハネ1:14、ピリピ4:4、ルカ2:8、13-14

12月２日

絶えず見守ってくださる救い主イエスさま、私は必死にあなたから目をそらさないようにしています！　苦難の波が次々に打ち寄せてきて、あきらめて投げ出したくなっているからです。今の状況にこれでもかこれでもかと注意力を消耗させられているので、あなたを見失ってしまわないか心配でなりません。けれどもみことばが、「あなたが絶えず私とともにいて、私の右の手をしっかりとつかんでくださっている」と確信させてくれるし、さらには、あなたは私の置かれている状況を完全にご存じで「私を耐えられないような試練にあわせることはなさらない」こともわかっているのです。

あなたは、明日のことを思いわずらうことはあなたを不快にさせるだけでなく、私の活力を消耗させることになる、と教えてくださいました。実は私は、明日の重荷まで今日背負おうとして、その重さによろめいているのです。こんなことをずっと続けていたら、いつかはばったり倒れこんでしまうでしょう。あなたが「私の救いの神であり、日々、私の重荷を担《にな》ってくださる」ことを心から感謝します。

どうか私が「今日」という境界の中で生きられるように助け導いてください。今ここにおられるあなたから目を離すことのないように、そして今このときあなたのそばで――あなたの力と導きに頼って歩んでいけることを忘れることのありませんように……。

あなたの力強い導きのお名前によってお祈りします、アーメン。

詩篇73:23、Ｉコリント10:13、詩篇68:19、ヘブル3:13

12月３日

至高の救い主イエスさま、

私は自分の人生のゴミの山に押しつぶされたくはありません。順番はとくに決まっていないけれどいつかは片づけなければならないこまごました用事が、山ほど待っているのです。こうしたささいな仕事をすべて片づけようといくらがんばっても、やってもやっても終わりのないことに気づかされます。時間をかければかけるほど、時間を食いつぶしてしまいかねません！

その解決法は、用事をすべて一度に片づけようとしないこと――そして、今日しなければならないことに集中することだ、とあなたが教えてくださったことを感謝します。私がこの日にやりとげるようにあなたが望んでおられる務《つと》めを選んで、それ以外は心の裏側にしまいこむことができるように助けてください。そうすれば常にあなたのことを、自分の意識の最前線に置きつづけることができるからです。

私の最終的な目標は、あなたのそばで生きること――あなたが率先してなさることにいつでも対応できる備えをすることです。自分の思いがぐちゃぐちゃにならずにまっすぐあなたに向かうとき、いちばん自由にあなたと心を交《か》わすことができるからです。どうか今日一日じゅう「あなたの御顔を慕い求める」私のそばにいて、私の思いを整え、私のすべてに平安をもたらしてくださいますように……。

贖《あがな》い主であるあなたのお名前によってお祈りします、アーメン。

箴言16:3、詩篇25:5、詩篇27:8、イザヤ26:3

12月4日

「私を愛してくださる」主イエスさま、

私はあなたがこう言ってくださるのを聞くたびに、喜びでいっぱいになります――「わたしは、とこしえの愛をもってあなたを愛した」と……。でも実を言うと、わたしの心はあまりにも人間的すぎるので、「あなたの愛は永遠に変わらない」ということを完全には理解できてはいません。私の感情は状況の変化に直面するとふらふらぐらついて、そんな変わりやすい自分の感情をあなたに投影しやすいからです。このために「あなたの変わらぬ愛」の恵みを十分に受けとれずにいるのです。

どうすれば私が、絶えまない状況の変化の先に目をやり、あなたが愛のまなざしでふりかえっておられるのに気づけるか教えてください。そんなふうにあなたがそばにいてくださると気づくことで、私は強められる。あなたの愛をもっと受け止め、受け入れられるようになるからです。「あなたは昨日《きのう》も今日も、永遠に変わることのないお方である」ことは、なんという喜びでしょう！　私はあなたにもっと完全に自分を開け放したいのです。あなたの愛がとぎれることなく、私の中に注ぎこまれるように……。私が絶えずあなたを必要としているように、あなたの私への愛も果てしなくあふれでているのですから。

あなたの不動のお名前によってお祈りします、アーメン。

エレミヤ31:3、出エジプト15:13、ヘブル13:8

12月５日

大切なイエスさま、

あなたという「喜びは、誰も私から奪い去ることはできません」。あなたのそばで安らぎながら、私はこの栄光の贈り物のすばらしさを味わっています。この恵みはとこしえに私のもの――**あなた**がずっと永遠に私のものだなんて、なんという喜びでしょうか！

この世界には、私に喜びをもたらせるものはたくさんあります。でもそれはしばらくのあいだだけで、死んだり朽ちたりしてすべて消滅してしまいます。ところが**あなた**によって私は、比べるもののない**宝物**をもっているのです。「昨日《きのう》も今日も、とこしえに変わることのないお方」による**喜び**です。この喜びを私から奪い去ることは誰にもできません。あなたは誠実で変わることのないお方だからです。

私が喜びを感じられないときは必ず、問題は**喜び**の源《みなもと》のあなたにあるのではなく、受け取り手の私にあります。時々、自分の人生における困難や心を動揺させるものに気をとられすぎて、あなたとの関係をおろそかにしてしまうことがあるからです。どうか私が自分の人生においてあなたを第一とし、常にあなたを私の「初《はじ》めの愛」としてつながっていられるように助け導いてください。そして一瞬一瞬、もっとあなたを感じ受け入れることができるようにしてください。「あなたを自らの喜びとする」時間を過ごすことで、**喜び**を最大限に受け取れるのですから！

喜びにあふれたあなたのお名前によってお祈りします、アーメン。

ヨハネ16:22、ヘブル13:8、黙示録2:4、詩篇37:4

12月6日

「いと高き」イエスさま、

あなたは「いと高き所から私たちに訪れ、暗闇に座している者たちを照らす曙《あけぼの》の光」です。私の置かれている状況は、時にはあまりにも困難で収拾《しゅうしゅう》がつかなくて、暗闇に囲まれている気がすることがあります。私の心はさまざまな解決法を提案してくるので、もうためしてみたのですが、うまくいきませんでした。それでくよくよ悩んで、次はいったいどうすればいいのかと、無力感といらだちを覚えるのです。こんなときは天を仰いで、私を照らしてくれるあなたの光に目を向けなければなりません。子どものような信頼を抱いてあなたを見つめれば、あなたによって希望と安らぎを見つけられるからです。

みことばが私に「静まって、あなたこそが神であると知れ」と教えています。私が問題解決のための努力を脇に置いて、あなたが「平和の君」であることを思い起こし、あなたのもとで安らげるように助け導いてください。あなたの平安をひと息ごとに吸いこむと、ほっとします。あなたを吸いこめば吸いこむほど、私の心は静まり穏やかになります。しばらくあなたと休息したあとは、自分の問題に「心を注ぎ出す」用意ができているのです。私の行くべき道をあなたが示してくださると信頼して……。

主イエスさま、どうか「私の足を平和の道に導いてください」。

あなたの尊《とうと》いお名前によってお祈りします、アーメン。

ルカ1:78-79、詩篇46:10、イザヤ9:6、詩篇62:8

12月７日

愛するイエスさま、

私の心も思いも静まっているときには、あなたが「わたしのもとに来なさい」と招いてくださるのを聞くことができます。あなたの栄光の招きはなんと喜ばしいことでしょう。「わたしのもとに来なさい……わたしのもとに来なさい……わたしのもとに来なさい」と呼びかけてくださっているのです。あなたのそばに近づくためには、私にとってなんの努力もいりません。磁石のように引き寄せられるあなたの**愛**に抵抗するのをやめて、自分をあなたに明け渡すだけでいいのですから。

どうか私が「聖霊さまによって」自分自身をあなたに対してもっと十分に開いて、「あなたの満ちあふれる豊かさにまで満たされるように」助け導いてください。「あなたの私への愛の広さ、長さ、高さ、深さがどれほどのものかを悟《さと》り、人知をはるかに超えたこの愛を知ることのできる力をもつ」ことをどれほど望んでいることでしょう。この広大な海のような**愛**は、測ることも説《と》き明かすこともできないけれど、経験することはできるからです。

あなたの驚くべきお名前によってお祈りします、アーメン。

ヤコブ4:8、マタイ11:28、ヨハネ6:37、エペソ3:16-19

12月8日

輝かしいイエスさま、

「あなたは世の光です！」 私の好きなアドベントの祝い方は、イルミネーションで飾ったツリーやキャンドルによって、家を光で照らすこと。これは、闇を切り裂き、天に上《のぼ》る道を開く永遠の光であるあなたが私たちの世界に来てくださったことを象徴するものです。あなたの栄光に満ちた救いのご計画をくつがえせるものなど何ひとつないことを感謝します。あなたは、ご自分を救い主と信じる者はすべてあなたの王家の一員として迎えられ、永遠にあなたとともに生きることを約束してくださっているからです！

「あなたの光は闇の中に輝いている。闇はこの光に打ち勝たなかったからです」。私がこの暗い世界の中にどれほど多くの悪と不信仰を目にすることがあっても、あなたは燦然《さんぜん》と輝きつづけておられる。だから私にとって、可能なかぎりその光に目を向け、「あなたから目を離さずにいる」ことが何よりも重要なのです。正しく考えることによって、私は日々の旅路であなたを**見る**ことができます。どうか、あなたに目を向けつづけるというこの喜ばしい訓練を忍耐強く続けられるように助け導いてください。あなたの語ったこのすばらしいことばは、なんと希望に満ちていることでしょう——「わたしに従う者は、決して闇の中を歩むことなく、いのちの光を持つ」と……。

燦然と光り輝くあなたのお名前によってお祈りします、アーメン。

ヨハネ8:12、エペソ1:5、ヨハネ1:5、ヘブル12:2

12月9日

私の造り主イエスさま、

みことばが私に告げています。「私は、畏《おそ》れ多いほどに驚くべきものに造り上げられた」ことを……。あなたは私の頭脳に、自分自身の思いを観察する驚くべき能力を組みこんでくださいました。ですから私は自分の思いを監視して、それに関する選択をすることができるのです。そこで気づいたのは、不安はしばしば不適切な時に物ごとを考えた結果もたらされること。まだベッドにいるときに気にかかっていることを考えると、いとも簡単に悩みはじめてしまうからです。でも自分の考えを監視していれば、そうした不安な思いをすぐに中断させることができる――深く悩まずにすむのです。

自分の心をきちんと律して、心配ごとは最小限に、賛美は最大限にできるようにするためにはどうすればいいか教えてください。不適切なときに考えごとをしている場合は――自分では何もできないのにくよくよ思い悩んでいるときは、どうか聖霊さまを通して警告してください。痛手を受ける考えごとから**離れて**、イエスさま、あなたへと思いを**向ける**ことができるように助けてください。詩篇の祈りの聖句をあなたに向けて祈ること――賛美によってあなたへの愛と信頼とを表すことで、おそばに近づけるのはなんという喜びでしょう。「ああ、わが力なる主よ、私はあなたを慕います」。「私はあなたに信頼します。ああ、主よ、私は告白します。『あなたこそ、わが神です』と……」

あなたの力強いお名前によってお祈りします、アーメン。

詩篇139:14、ルカ12:22、25-26、詩篇18:1、詩篇31:14

12月10日

かけがえのないイエスさま、

あなたは私の宝です！　私が見たり聞いたり、触れたりできるすべてのものをしのぐ、計《はか》り知れないほどの価値あるお方です。「あなたを知ることにまさる賞」など何ひとつありません。

地上の宝は、安全のためにしばしば密《ひそ》かに貯蔵されたり隠されたりして心配はつきません。けれどもあなたによって得られる富は、絶対に失われることも盗まれることも傷つけられることもないのです。それどころか、あなたをほかの人々に惜しげもなく分かち合うと、さらに**もっと**あなたを得られることがわかりました。あなたは限りのないお方だから、私は常にあなたをもっと見いだし、もっと愛するようになるのです。

私の世界は多くの場合、大小を問わない無数の事がらで細分化されていて、私の注意を引こうと張り合っています。あなたのもとで過ごす時間を楽しみたいという私の願いを邪魔する、**どうでもいいつまらないこと**がいかに多いことか……。「いろいろなことに気をつかい、思い煩《わずら》ってしまう」のは、私にとってごく自然なことであるのは認めます。けれどもみことばは、私に「必要なことはひとつだけだ」と断言しているのです。あなたをその「ひとつのこと」にするときに私が選ぶのは、「私から取り上げられることのない」ものなのです。

あなたがいつもそばにいてくださることを喜び、あなたを意識することで物ごとを正しく見ることができるように助け導いてください。あなたは、私のすべての時を輝かせることのできる**宝**なのですから！

限りなく貴いあなたのお名前によってお祈りします、アーメン。

ピリピ3:14、マタイ6:19、ルカ10:41-42

12月11日

力の神イエスさま、

あなたは私に力を与えてくださいます――「あなたが私を力で満たしてくださるから、私はいつでもどんなことでもできるのです」。この内なる力は、イエスさま、あなたとのつながりによって――**あなたを通して**与えられることを、私が忘れることのないように助け導いてください。それは、私が必要とするたびに――あなたから目を離さずあなたにおゆだねして信頼の道を歩むときに与えられます。この約束は、恐れに対する強力な解毒剤なのです。とくに、目の前に立ちはだかる状況に圧倒され、恐れおののいているときの……。どんなにそれが恐ろしげに見えても、あなたが私の人生にもたらしてくださるものならどんなことにも必ず対処できると信じられるのです。

私に起こることは、すべてあなたが注意深く制御しておられることを感謝します。それだけでなく、すでにわかっている危険からも未知の危険からも常に守ってくださっている。そして私が能力をためされるような状況に対処するために、まさに必要なそのときに力を与えてくださるのです。

あなたは、私が将来について心配していることの多くは、実際には起こらないことを教えてくださいました。あなたの約束は、私が現在直面していることのためのもので、もうそれで十分なのです。だから登り坂の旅路をつらく感じるときに私に必要なのは、立ち止まってこの真理を自分自身に言い聞かせること――「私を強めてくださる方のおかげで、私はどんなことでもできるのです」と……。

あなたの力強いお名前によってお祈りします、

アーメン。

ピリピ4:13、ヨハネ15:4、マタイ6:34

12月12日

私のイエスさま、

あなたは私を、ご自分とひとつになって生きるように造り上げてくださいました。私がありがたく思うのは、この結びつきは私の人格を否定するものではないことです。それどころか、もっと完全に自分自身であるようにしてくれるのです。あなたには頼らない生き方をしようとすると——たとえそれが短期間であっても、満たされないむなしさを味わうことになります。でも「私があなたの御顔の光の中を歩む」とき、あなたは私を深い満足感と喜びで満たしてくださる。あなたを賛美することは私の喜び——「あなたの義によって高く上げられる」のです。

どうか私が、あなたのそばで生きることに充足感を見いだし、あなたの私に対する目的に従うことができるように助け導いてください。あなたは時には、私にはなじみのない道に導いてくださることがあります。そんなときは、あなたは承知してそうしておられるのだと信じて、あなたにしがみついていなければなりません。全身全霊であなたにお従いするとき、それまで隠されていた自分の一面を発見できるのです。

あなたは私のことを——私が自分自身を知っているよりもはるかによくご存じです。あなたとひとつになることで、私は完全なものとなる。あなたと近しくなることで、私はあなたが造ってくださったものにますます変えられていくのです。

正しく美しいあなたのお名前によってお祈りします、アーメン。

詩篇89:15–16、詩篇139:15–16、Ⅱコリント3:18

12月13日

いつもともにいてくださるイエスさま、
　私は、あなたがこうささやいてくださるのを聞くのが好きです。「わたしはあなたとともにいる……あなたとともにいる……あなたとともにいる」と。それはまるで天の国の鐘が、あなたがともにいてくださるという、その約束をずっと鳴り響かせているかのようです。悲しいことですが、その輝かしい鐘の音《ね》を一度も聞いたことのない人がいます。その人たちの思いは地上に縛りつけられ、心はあなたに対して閉ざされているからです。また、あなたがおられることを告げる驚くべき知らせを、生涯にたった一度か二度しか耳にすることのない人もいます。それは、ほかの何よりもあなたを求める類《たぐい》まれな瞬間なのに……。あなたは常にいてくださる私の**羊飼い**であり、私はあなたから目を離すことなく「あなたの声を聞き分ける」羊でありたいのです。
　静寂は、あなたがご自分の声を聞くことを教えてくださる学び舎《や》です。私には心を静めるための静かな場所が必要だからです。私はどうも物を覚えるのが遅いようなので、この喜ばしい訓練を進められるように助け導いてください。そしてついには、どこへ行っても冷静沈着でいられるようになりたいのです。私はいまだに修練中のクリスチャンですが、せわしい日常生活に戻っても、時おり、この美しい鐘の響きを聞くことができるのですから。「わたしはあなたとともにいる。あなたとともにいる。わたしはあなたとともにいる」と……。
　心を静め、喜びをくださるあなたのお名前によってお祈りします、アーメン。

イザヤ41:10、エレミヤ29:12-13、ヨハネ10:14、27-28

12月14日

「ああ、いと高きイエスさま、
なんと喜ばしいことでしょう、朝にあなたの愛を、夜ごとにあなたのまことを告げ知らせることは……」

あなたの驚くべき愛を大胆に語るとき、私はあなたによって力と勇気を見いだすのです。この輝かしい恵みは、みことばを口に出して語ることでさらに豊かに私の中に流れこんできます。私があなたの愛を言いあらわすとき、「ことばに尽くせない栄光に満ちた喜びにあふれる」ことができるように助け導いてください！

あなたの驚くばかりの愛は、犠牲的で限りのない、はてしなく貴重な――「天にまで及ぶ」ものです。それはまばゆいばかりに輝き、私のすべての日々を、たとえどんなに暗い日であっても切り抜けられるようにしてくれるのです。

それぞれの日の終わりに近づくときは、「空にまで及ぶ」あなたの誠実な愛を表明するときです。その日一日をふりかえると、あなたがどんなにたくみに私を導き、私の前に道を開いてくださったかがわかります。困難にぶつかればぶつかるほど、さらに力強く、さらにたくみに障害に打ち勝てるように私を備えてくださるのですから。

私は、あなたがどれほど誠実なお方であるかを、とくに夜、声に出して言い表すのが好きです。そうすれば「安らかな気持ちで身を横たえ、眠りにつける」からです。

平安を与えてくださるあなたのお名前によってお祈りします、アーメン。

詩篇92:1-2、Ⅰペテロ1:8、詩篇36:5、詩篇4:8

永遠の神イエスさま、

「初めにことばがあった。ことばは神とともにあった。ことばは神であった」。あなたは「人となったことば」であり、今までも、そしてこれからもそれが変わることはありません。あなたの誕生をお祝いするとき、あなたが神であることを私が見失うことのないように助け導いてください。

あなたは全能の神でありながら、人間として成長し、救い主となられました。そのことはどんなに感謝しても感謝しきれません！　もしあなたが神でなかったなら、あなたの犠牲的な生涯と死とは、救いをもたらすには十分ではなかったことでしょう。いたいけな乳児としてこの世界に来られたあなたが、この世を生み出したまさに**そのお方**であることはなんという喜びでしょうか。

「あなたは富んでおられたのに、私のために貧しくなられました。それはあなたの貧しさによって、私が豊かになるためでした」。どんなクリスマスの贈り物も、あなたという大いなる宝物とは比べものになりません！　あなたのおかげで、「東が西から遠く離れているように、私の背《そむ》きの罪は遠ざけられて」――あらゆる罪の責めから私は解放されました。あなたは、決して尽きることのない、想像もつかないほどの栄光に満ちた**いのち**を与えてくださったのです。主イエスさま、ありがとうございます。この息を呑むほどすばらしい**贈り物**を、喜びと感謝にあふれてお迎えいたします。

あなたの至高のお名前によってお祈りします、

アーメン。

ヨハネ1:1、14、ヘブル1:2、Ⅱコリント8:9、詩篇103:12

12月16日

親愛なるイエスさま、

私はあなたを渇望して、あなたのもとにやってきました。どうか、**あなたの愛の光**で私を満たしてください。あなたに明け渡した心は、困難な状況になっても泣きごとを言ったり、反抗したりしません。それどころか、つらいときにもあなたに感謝する勇気を奮い起こさせてくれるのです。私の意思をあなたのみこころに従わさせることは、最終的には信じおゆだねする行為なのですから。

私はこの日一日、ずっとあなたとともに心安らかに歩みたいと願っています。それなのに、自分に求められていることをすべてうまく処理できるのか心配になってしまうのです。私はもともと、こんなふうにしようか、あんなふうにしようかと心の中で前もって予行演習しておくところがあるのですが、それよりもあなたのことや次の一歩を踏み出すことに、思いを集中できるように導いてください。私の一日に求められるものが多ければ多いほど、あなたのお力に頼らなければなりません。どうか、自分の足りなさを恵みとして見ることを教えてください。あなたは私を、ご自分に深く信頼するように造ってくださったのだ、と信じて……。難しい課題にぶつかるときは自分の未熟さに気づかされ、力のなさを痛感するのです。

次はどうしたらいいのかわからないときは、あなたが私の前に道を開いてくださるのを待つことにします。あなたの導きにいつでも従えるように心を備えていたいのです。あなたのなさっていることにはあなたのお考えがあることを信じていますから……。「私に力を与え、平安をもって祝福してくださる」というあなたの約束に、私は心を躍らせるのです。

力を与えてくださるあなたのお名前によってお祈りします、アーメン。

エペソ5:20、申命33:25、詩篇27:14、詩篇29:11

12月17日

「真実な」神イエスさま、

私が、「あなたは真実な方である」と信頼して、「告白した希望をゆるぎなくしっかり保《たも》てる」ように助けてください。時々――とくにいろいろなことがうまくいかないときに私にできるのは、ただしっかりあなたにしがみついていることだからです。心の中で物ごとを整理して前に進む道を見つけられたらいいと思うのですが、不可能な場合がほとんどです。そんなとき、本当に私に必要なのは、「あなたの御顔《みかお》を慕い求めて、自分の希望を告白する」ことなのです。

希望を告白することは、公然とそれを肯定することです。私の言葉はほかの人々だけでなく、自分に対しても重きをもつからです。悲観的な話し方をすると、まわりの人ばかりか、自分自身も気持ちがくじけてしまう。けれども、私の言葉が自分の希望とあなたへの信頼を肯定するとき、進むべき道をあなたが示してくださるという確信を得られるのです。

私の確信の根拠《こんきょ》となるのは、「あなたは真実なお方である」ということです。それだけでなく、「あなたは、私を耐えられないような試練にあわせない」と約束してくださっています。時には、あなたが「備えてくださる脱出の道」は、私自身の言葉から来ることもあります――〝イエスさま、あなたを信じおゆだねします。あなたは私の希望です〟。こう断言することで、私の希望であるあなたの手をずっと握《にぎ》りしめていられるからです。決してゆらぐことのない信頼を抱いて……。

希望で満たしてくださるあなたのお名前によってお祈りします、アーメン。

ヘブル10:23、詩篇27:7-8、Ⅰコリント10:13

12月18日

全知全能の神イエスさま、

あなたは、理解することで**平安**がもたらされることは絶対にない、と教えてくださいました。みことばは「自分の分別《ふんべつ》に頼ることなく、心を尽くしてあなたに信頼する」ように教えています。この聖句は、私の日々の生活に対する挑戦です。

実を言うと私には、物ごとを自分で解決したい――自分の人生は自分が支配していたいという貪欲な願望があるのです。ところがこの世界は、次から次へと果てしなく問題をつきつけてきます。やっとどうにか一連の難題を片づけたと思ったら、またすぐ別の問題が起きて私を不安にさせる。たちまち私の心は、再び高速回転を始めて――**ご主人**である「あなたを捜し求める」かわりに、なんとか自分で理解し決着をつけようとやっきとなるのです。主イエスさま、そんな私をどうかゆるしてください。そしてほかの何よりも「あなたを求める」ように助け導いてください。

あなたの平安は、複雑な迷路の真ん中に隠されたとらえどころのないゴールなどではないことを感謝します。私はあなたのものだから、あなた独自の**平安**にもうすでに包まれているのです。イエスさま、私があなたに目を向ければ向けるほど、あなたはご自分のかけがえのない**平安**を与えてくださるのです。

頼《たの》みとするあなたのお名前によってお祈りします、アーメン。

箴言3:5、エレミヤ29:13、ローマ5:1、Ⅱテサロニケ3:16

12月19日

最愛のイエスさま、

あなたと一緒に本通りを歩めることは私の喜びです！　でも私たちがたどっている道には、上《のぼ》り坂もあれば下り坂もあることには気づいていました。はるか遠くには、雪におおわれた峰々が陽光に輝いている壮麗な景色を見ることができます。あの峰々に達したいという思いが、それなら近道をしよう、と私をそそのかすのです。けれども私に課せられているのは、「あなたに従う」こと。あなたが私の歩みを導いてくださると信じておゆだねすることです。高き山々が前へ進めと私を招いているのはそのままにしても、私の最優先事項は、ずっとあなたのそばを離れずにいることなのですから……。

私にとってあなたにおゆだねするのが難しいのは、物ごとがうまくいっていないときです。いつもおこなっていることが邪魔され、中断させられると不安になりやすいからです。でもあなたは、そうした困難が実は私にとって益となることを教えてくださいました。私が信頼して試練を受け入れるとき、「その苦難とは比べものにならないほどの恵みがもたらされる」からです。私の道をあなたと手をつないで歩むとき、この道の一歩一歩はすべてあなたが愛をもって計画してくださったのだ、という真実を固く握《にぎ》りしめるのです。

岩だらけの険しい道にさしかかったとき、どうか私の信仰が弱まることがありませんように……。あなたの手をしっかり握りしめ、あなたの香りを深く吸いこみ、あなたがこう言って安心させてくださるのに耳を澄ませるのです――　〝愛する人よ、わたしの助けがあれば、あなたは必ずやりとげられる！〟と……。

力づけ励ましてくださるあなたのお名前によってお祈りします、アーメン。

ヨハネ21:22、Ⅱコリント4:17、ハバクク3:19

12月20日

恵み豊かな神イエスさま、

聖書は、「あなたを待ち望む者は新たな力を得る」と約束しています。私はあなたのもとで待ち望む時間を過ごすのが好きです。多くのことを同時にこなさなければならなくて、忙しいのがあたりまえになっていても……。アドベントの期間にはふだんよりもやるべきことが**たくさん**あります。しばらくのあいだ、あらゆる活動や要求から解放されるように助け導いてください。「あなたの御顔を慕い求めて」あなたのもとで過ごす時間を楽しみながら、クリスマスとはすべて**あなた**にまつわることだ、という根源的な真理に思いをめぐらしたいのです。

祈ってあなたとともに待つことは、信仰の行為——祈りは、実に大きな違いを生み出すものだと信じることです。だから私は「重荷を負って疲れ果てて、あなたのもとに来るのです」。あなたにありのままの自分をさらけ出して……。あなたのもとでくつろいで、気にかかっていることをお話ししているあいだに、あなたは私の痛む背中から重い荷物を取り上げてくださいます。「あなたは、私が願い、思うことすべてをはるかに超えておこなうことのできるお方である」ことは、なんと感謝なことでしょうか！

あなたと過ごすこの静かな時間から立ち上がるとき、あなたがこうささやいてくださるのを耳にして、私は喜びに満たされます——「わたしはあなたとともにいる」と……。そしてあなたと時間を過ごすことで「新たな力」を得られたことを喜ぶのです。

力で満たしてくださるあなたのお名前によってお祈りします、アーメン。

イザヤ40:31、詩篇105:4、マタイ11:28、エペソ3:20

12月21日

栄光のイエスさま、

あなたのそばで心を集中して待っていると、「あなたの栄光を悟る知識の光」が私を照らしてくれます。この輝かしい知識は、私の理解を完全に超えるものです。さらには私の気持ちを新たにし、心をきよめ、体を活気づけて、私の全体を変えてくれるのです。どうか私が、栄光に満ちたあなたのもとで自分の心を完全に開くことができるように助け導いてください！

あなたが赤ちゃんとして私たちの世界に来られたときにどんなものを手放したのか、私には想像もつきません。あなたは人間と——私と同じものとなるために、「あなたの栄光」を打ち捨てた。何もできない無力な乳児として、愕然とするような状況を受け入れた——家畜小屋で飼い葉おけをベッドの代わりに生まれてこられたのです。あなたの誕生の設定には、輝かしいものは何ひとつありません。それでも天使たちは夜空を輝かせ、驚き畏《おそ》れる羊飼いたちに、「栄光あれ！」と高らかに告げたのでした。

あなたのもとで静かな時を過ごすことで私が経験するのは、あなたが味わってこられたのとは正反対のことです。「あなたは私が豊かになるために貧しくなられた」のですから……。あなたのおそばに寄ると、天の軍勢が現れてあなたの栄光をかいま見させてくれるのです。ああ主イエスさま、あなたの聖なる御名《みな》を賛美します、ハレルヤ！

あなたの聖なるお名前によってお祈りします、アーメン。

Ⅱコリント4:6、ピリピ2:6–7、ルカ2:13–14、Ⅱコリント8:9

12月22日

あわれみ深いイエスさま、
「あなたは光として世に来られました。あなたを信じる者が、誰も闇の中にとどまることのないようにするためです」。あなたはこの世界に**光をもたらした**だけではありません。あなたは「闇の中で輝いている光です。闇は光に勝たなかったからです」。どんなものも、この輝きを消し去ることはできません。あなたは無限であり、何よりも力があるからです！

あなたを信じたとき、私は「光の子ども」となりました。あなたの輝きが私の内に入り、あなたの視点から世界の物ごとを、**そして**私の心の中のものを見られるようになったのです。聖霊さまが私の心の中を照らし、あなたに喜ばれない事がらを示してくださるとき、私が悔い改めてあなたの道を歩めるように助け導いてください。これこそが自由への道なのですから……。

主イエスさま、私の視野を明るくしてくださってありがとうございます。「この世の神は、信じない者たちの心を暗くし、あなたの栄光に関わる福音の光を見えないようにしてきました」。けれども私はあなたに属する者だから、「あなたの栄光を知る光」が私の心の中を照らしてくれているのです。感謝します、イエスさま！

あなたの輝かしいお名前によってお祈りします、
アーメン。

ヨハネ12:46、ヨハネ1:5、Ⅰテサロニケ5:5、Ⅱコリント4:4、6

12月23日

「インマヌエル」のイエスさま、
あなたは、常に「私たちとともにおられる神」です。みことばによるこの約束が、私の喜びのゆるぎない基盤を与えてくれているのです。一時的な事がらに喜びを探すことも時にはありますが、あなたが私とともにいてくださることは永遠の恵みです。私の救い主であるあなたが「わたしは決してあなたをひとりにしない」と約束してくださっているのは、なんという喜びでしょうか。

時間そのものの性質からみて、私が自分の人生を十分に楽しむことが難しくなる可能性もあります。すべてが順調にいっている日々でも、理想的な状態はつかのまにすぎないのだと気づくと、楽しみが薄れてしまいかねません。最高に楽しい休暇だって、いつかは終わってしまう。同様に、人生の四季も訪れては去っていく。時計を止めて、ずっとこのままでいてほしい、とどんなに願う時があっても……。

私は、あなたの与えてくださる一時的な喜びを軽《かろ》んじたいわけではありません。でも、それらの限界を――私の魂の渇きを癒《い》やすことはできない、ということを認めなければ**ならない**のです。**あなた**を私の求める最終的な目標としないかぎり、永続する**喜び**を追求しても失敗に終わることを、どうか私が忘れないように助け導いてください。「あなたの御前にこそ、満ちあふれる喜びがある」のですから……。

喜びに満ちあふれるあなたのお名前によってお祈りします、アーメン。

マタイ1:23、ヘブル13:5、詩篇16:11

12月24日

「王の王」イエスさま、

あなたは「王の王、主の主。近づくこともできない光の中に住まわれる方!」そして私の牧者でもあり、仲間で友でもあり――決して私の手を放すことのないお方であることを感謝し、聖なる「主権者」としてのあなたをあがめます。私はあなたのもとであなたの愛に憩《いこ》うために、おそば近くに来るのです。私が必要としているのは、神であり、人であるあなたです。私のあらゆる必要をかなえられるのは、はるか昔のあの最初のクリスマスに誕生したあなたおひとりなのです。

私は、あなたが人間としてお生まれになったことを知識として理解しようとするのではなく、賢者たちの例から学びたいのです。彼らは、ひときわ輝く星の導きにしたがってあなたのもとに来て、「ひれ伏して礼拝しました」。そのマギ――東方の博士《はかせ》に誘発されて、私もあなたの聖なる誕生の奇跡に、熱烈な敬愛の心でこたえたいと願うのです。

どうかあなたを、私の救い主であり、主であり、王として、もっともっと賛美しあがめられるように助け導いてください。あなたは私のために備えてくださった驚くべき贈り物を、何ひとつ惜しみはなさいませんでした。私はあなたが救い主で、主で、王であること、そしてあなたが私にしてくださったことのすべてを、「この上もなく喜ぶ」のです!

あなたは「いと高き所から私たちに訪れ、私たちの足を平和の道に導く曙の光」なのですから。

王であるあなたのお名前によってお祈りします、

アーメン。

Ｉテモテ6:15–16、マタイ2:10–11、ルカ1:78–79

12月25日

かけがえのない主イエスさま、
ベツレヘムの近くで「野宿をしていた羊飼いたち」に、天使があなたの誕生を告げたとき、「天使は彼らに言いました。『恐れるな。私はあなたがたに大きな喜びを告げ知らせる』」と……。恐れるな、というこの命令は、聖書の中でたびたびくりかえされています。この優しくあわれみ深い命令を与えてくださったことを感謝いたします。あなたは私が不安になりやすいのをご存じなのに、そのことで私をとがめたりはなさいません。でも私は、自分の不安症の傾向からなんとか脱却したいのです。

私は、**喜び**が恐れに対する強力な解毒剤であることに気づきました。そしてその**喜び**が大きくなればなるほど、解毒剤の効き目もますます強くなることも……。天使が羊飼いたちに告げた知らせは、そうした「大きな喜び」のひとつでした！福音は驚くばかりの良き知らせであることを、どうか私が決して見失わないように助け導いてください！

あなたを私の**救い主**として信じおゆだねした瞬間に、あなたは私の罪を――過去の罪も現在の罪も、そして未来の罪をも**すべて**赦《ゆる》してくださいました。この輝かしい恵みの贈り物は、私の最終的な目的地が天の国であることを保証するものです。そればかりか、あなたは私に「あなたご自身」を――どんな宝よりも尊い最高の宝物を与えてくださいました！　ご自分の**愛**を惜しみなく注ぎ、永遠に私とともにいると約束してくださったのです。羊飼いに告げた天使の奇跡に思いを馳せるとき、私は自分の愛する救い主である「あなたによって喜ぶのです」。

あなたの大いなるお名前によってお祈りします、
アーメン。

ルカ2:8-10、エペソ2:8、ピリピ4:4

12月26日

すばらしいイエスさま、

みことばが「私があなたのうちにおり、あなたが私のうちにおられる」ことを教えています。これはなんと深遠な奥義でしょうか！　あなたは無限の**創造主**、宇宙の**支え主**であり、私は罪に堕ちた有限の人間にすぎません。それでも、あなたと私は**ともに**生きるだけではなく、お互いの**内に**生きている。私は「あなたの満ちあふれる豊かさにまで、あなたに満たされている」のです！　この深く豊かな結びつきは、どんな人間関係にも見いだせないものです。あなたは私のすべてをご存じです。それは、私の心の奥底の思いや感情だけでなく、これからの人生で遭遇する出来事《できごと》にまで及んでいます。私はあなたのものだから、自分はひとりぼっちなのだという感情は、単なる幻想にすぎません。この地上のすみずみまで、ともにおられるあなたの栄光に満ち満ちているのですから！

「私はあなたの中に生き、動き、存在しているのです」。私の歩む一足《ひとあし》一足、私の語る一語《いちご》一語、私の呼吸する一息《ひといき》一息——そのすべては、あなたが見守り、抱きとめてくださる中でおこなわれています。目には見えなくても確かにおられるあなたの愛にたっぷり浸って！　あなたを意識すればするほど、自分がもっと生き生きと完全になれるように感じるのです。今日のこの日を一歩一歩進んでいくとき、どうか、ともにおられるあなたの愛をさらに強く感じることができますように……。

愛をこめて見守ってくださるあなたのお名前によってお祈りします、アーメン。

ヨハネ14:20、コロサイ1:27、エペソ3:19、使徒17:28

12月27日

ゆるぎない救い主イエスさま、

私が試練にあって打ちひしがれているときにも**喜び**を見いだせるように、どうか助け導いてください。喜ぶことがいちばん難しいのは、一度に複数の問題と取り組んでいるとき――答えを探しているのにまったく見つからず、しかもいきなり新しい問題に直面したりするときです。答えを見つけることにばかり心をとらわれていると、自分のあらゆる困難の重みに押されて沈みはじめてしまうのです。そうしたとき、「さまざまな試練」の最中《さなか》にもあなたがともにいてくださるということを、私に思い起こさせてください。あなたが私の置かれた状況で働いて、悪しきものから良きものを引き出してくださると信じておゆだねしなければならないからです。あなたは比類なき知恵と至高の力によって、悪を善で打ち負かすことのできるお方なのですから！

私は困難な状況に置かれると、**あなた**にお会いしたくなります。悩みの中にある私のすぐそばにいてくださることを信じているから……。私に必要なのは、自分の感情のプラグをすべての問題から引き抜いてあなたにつなぐこと。あなたとつながっていれば、私の暗い気持ちも着実に明るく晴れやかになるからです。しかも、「あなたの中にとどまり」、あなたの輝きにつながっていれば、あなたは私をご自分の視点から物ごとを見られるようにしてくださるのです。

たとえ逆境の最中《さなか》でもあなたとつながりつづけることで、私は明るく元気でいられます。「あなたの御前《みまえ》には、満ちあふれる喜びがある」からです！

喜びに満ちたあなたのお名前によってお祈りします、アーメン。

ヤコブ1:2-3、ローマ11:33、ヨハネ15:4、詩篇16:11

12月28日

喜びの主イエスさま、

私は、あなたがくりかえし歌ってくださる歌を聴くのが好きです——「わたしはあなたのことを大いに喜び、愛をもってあなたを新たにし、高らかに歌ってあなたのことを喜ぶ」……。この世界の声は混沌《こんとん》とした不協和音で、あっちだ、こっちだと私を引きずり回します。私がそうした声に耳を貸すことなく、みことばによって対抗できるように助け導いてください。この世の騒音を遮断して、あなたのもとで静まり、あなたの声を聴くことのできる場所を見つけるにはどうしたらいいか教えてください。

あなたに耳を傾けることで見いだすことのできる隠れた宝は莫大《ばくだい》なものだ、と私は信じています。あなたは常に私に恵みを注ぎつづけてくださっていますが、あなたのもっとも豊かな恵みの中には、積極的に探し求めなければならないものがあります。あなたがご自身を——みことばやあなたを信じる人々や創造の驚異を通して、私にあらわしてくださるとき、私は大きな喜びに包まれるのです。求める心をもつことは、私を開かれたものとしてさらにあなたを受け入れられるようにしてくれます。聖書がこうはっきり教えているからです——「求めなさい。そうすれば与えられます。探しなさい。そうすれば見いだします。叩きなさい。そうすれば開かれます」と……。

豊かに与えてくださるあなたのお名前によってお祈りします、アーメン。

ゼパニヤ3:17、マタイ17:5、マタイ7:7

12月29日

安らぎを与えてくださる主イエスさま、

私は安らぎを求めて「あなたのもとに来ました」。「主よ、あなたがいつも私のことを想っていてくださるのはなんと貴《とうと》いことでしょう！」私はもっともっとあなたのことを心に思っていたいのです。どんなに忙しいときでも、あなたがそばにおられるのを意識するだけで「安らぎが与えられる」ことを教えてくださっているからです。「あなたがいつも私とともにいてくださる」ことを思い起こすことで、内なる平安がわき出てきます。この思いは私の心や精神に染みわたり、**喜び**で満たしてくれるのです。

実は時々、目にする問題や耳に入る予想に気を取られすぎて、幾重《いくえ》にも重なる不安と恐れの下に自分の喜びが埋もれてしまうことがあるのです。そんなときに必要なのは、こうした心配ごとをあなたのもとに携えてきて、そのひとつひとつについてお話しすること。あなたの助けと導きを求めて、この積み重なった心配を取り除いてください、とお願いすることです。**自分**の思いわずらいをあなたにおまかせすることで再び**喜び**が現れてきます。私が学んできた、こうした喜びを育《はぐく》むもっとも効果的な方法は、あなたへの賛美を語って歌うことなのです。「栄光の王」であるあなたへの賛美を！

賛美すべきあなたのお名前によってお祈りします、アーメン。

マタイ11:28、詩篇139:17、マタイ28:20、詩篇24:7

12月30日

愛に満ちた救い主イエスさま、

私の願いは、自分の心をもっともっとあなたでいっぱいにすることです。なのに正直に言うと、私のふだんの心の状態は自分自身のことで占められています。自分の必要や欲求や目標、外見などのことが頭から離れないのです。こうした罪深い傾向は自分でも嫌《いや》でたまらないし、あなたにも喜ばれないこともわかっています。こんな束縛から解き放たれて自由になりたいのです！

深く愛しあっている人々は、お互いの存在で心が占められています。ですから**あなた**をもっと十分に、「心を尽くし、魂を尽くし、思いを尽くして」愛することを学ぶのは、あなたにもっと心を集中させる最高の方法なのです。聖書はこの教えを「もっとも重要な第一の戒《いまし》め」と呼んでいますが、これは非常に大切な目標です！　私がこのことを完全におこなうのは、この人生では無理だとわかっています。それでも、あなたの私に対する無限の「変わらぬ愛」を理解して、喜べるようになればなるほど、もっと強い愛であなたにこたえられるようになるのです。これはなんとすばらしい栄光に満ちた探求でしょうか！

どうか私が、あなたの**愛**をさらに高く深く広く、変わらぬものとして受けとって、ますます強くなるあなたへの愛でこたえることを学べるように助け導いてください。こうすることで自分のことしか考えられない呪縛から「解放されて」、私の**救い主**であり**王**であるあなたにさらに心を満たされるようになるのです。そうすれば「私は本当に自由になれる」のですから！

私を解放してくださるあなたのお名前によってお祈りします、アーメン。

マタイ22:37-38、詩篇52:8、Ⅰヨハネ4:19、ヨハネ8:36

12月31日

私を導いてくださる神イエスさま、
今年も最後の日を迎えました。私に必要なのは、これまでの日々をふりかえると同時に、これから先に目を向ける時間を取ることです。今年のハイライトを――良いときだけでなく大変だったときのことをもふりかえれるように、そしてこれらの思い出の中に**あなた**を見いだすことができるよう、助け導いてください。この一年の道のすべての歩みに、ずっとあなたが寄り添ってくださっていたのを知っているからです。

つらい試練の最中《さなか》で助けを求めてすがりつく私を、あなたはその愛で包みこみ、私が大きな**喜び**に満たされたときも常にそばにいてくださいました。山の頂《いただき》にも、谷間にも、そしてその途中のあらゆる場所に、ともにいてくださったのです！

私の未来は、永遠に向かって、目の前に広がっています。あなたは決して私を置き去りにすることのない**道連れ**であり、前方の道の一歩一歩をすべて熟知している**案内人**でもあります。天の国で私を待っているのは「ことばに尽くせない、栄光に満ちた」**喜び**です！　新しい年に歩み出す備えをするために、どうかあなたの栄光の**光**が私を照らし、目の前に広がる道を輝かせてくださいますように……。

勝利に輝くあなたのお名前によってお祈りします、アーメン。

イザヤ41:13、詩篇48:14、Ⅰペテロ1:8-9、ヨハネ8:12

サラ・ヤングのディボーション用の著作は、彼女自身が聖書を読み、祈り、祈りの日記に書きとめる日々の静かな時間から生まれた個人的な想《おも》いを書きつづったものである。*Jesus Calling*®(『わたしは決してあなたをひとりにしない』)は、世界中で三千五百万部を売り上げ、すべての主要なベストセラーのリストに取り上げられた。

サラ・ヤングの著書にはこのほか、*Jesus Today*®(『わたしの希望があなたを永遠に守る』)、*Jesus Always*®(『わたしはいつもあなたとともに』)、*Jesus Lives*™(『わたしはあなたを最後まで愛する』)、*Dear Jesus*、*Jesus Calling*® *for Little Ones*、*Jesus Calling*® *Bible Storybook*、*Jesus Calling*®: *365 Devotions for Kids*、*Peace in His Presence* がある。

どの本も読者に、それぞれの人生の旅路におけるイエス・キリストとの親しいふれあいを勧め、励ますものだ。サラ・ヤングは、夫とともに日本とオーストラリアにおいて長年、宣教師として労した。現在は、米国テネシー州に在住。

サラ・ヤングの著書は、読者を〝生けるみことば〟であるイエスに結びつけるのを助けるために書かれている。と同時に、誤りのない絶対的な〝書かれた神のことば——聖書〟に結びつける助けとなることを意図したものだ。彼女は自分のディボーション用の著作を、この変わらぬ規範である聖書と一致させつづけることに全力を尽くした。多くの読者が、彼女の著書のおかげで〝神のことば〟を愛するようになった、と語っている。

サラ・ヤングの好きな時間の過ごし方は、聖書やクリスチャンブックを読み、祈り、聖句を暗唱すること。自分のすべての著書の読者のために、毎日祈ることも楽しみだという。

※サラ・ヤング氏は2023年８月31日に召天しました。

※各月扉の聖句は、新改訳聖書を使用しました。
※本文中の聖句は、新改訳聖書をそのまま使用したものと、新改訳聖書等を参考に訳者が作成したものとがあります。

訳　者

佐藤知津子（さとう・ちづこ）

日本同盟基督教団教会員。
おもな訳書に、『ファイナル・ウィーク』『イエスのように』『希望の数字３・16』『ダビデのように』『あなたをひとりで逝かせたくなかった』『愛という名の贈り物』『わたしは決してあなたをひとりにしない』『ほんとうの天国』『わたしの希望があなたを永遠に守る』『聖霊に導かれて歩む366日』『教えて神さまのこと』『主と祈り 主と生きる366日』（以上、いのちのことば社）などがある。

あなたがいつも聴いてくださるから
――主イエスと祈り、心をつなぐ366日

2023年12月１日発行

著　者　サラ・ヤング
訳　者　佐藤知津子
印刷製本　モリモト印刷株式会社
発　行　いのちのことば社
〒164-0001 東京都中野区中野2-1-5
電話 03-5341-6923（編集）
03-5341-6920（営業）
FAX 03-5341-6921
e-mail:support@wlpm.or.jp
http://www.wlpm.or.jp/
新刊情報はこちら

ISBN 978-4-264-04469-7